在希望的田野上

校园小农田建设创造劳动教育新天地

广州市教育研究院　编著

SPM
南方传媒　广东人民出版社

·广州·

图书在版编目（CIP）数据

在希望的田野上：校园小农田建设创造劳动教育新
天地 / 广州市教育研究院编著. -- 广州：广东人民出
版社，2025. 4. -- ISBN 978-7-218-17859-2

Ⅰ. G633.932

中国国家版本馆CIP数据核字第2024RG3203号

ZAI XIWANG DE TIANYE SHANG: XIAOYUAN XIAONONGTIAN JIANSHE CHUANGZAO LAODONG JIAOYU XINTIANDI

在 希 望 的 田 野 上 ： 校 园 小 农 田 建 设 创 造 劳 动 教 育 新 天 地

广州市教育研究院 编著

出 版 人：肖风华

策　　划：李　敏
责任编辑：李　敏　罗　丹
封面设计：李明君
责任技编：吴彦斌　马　健

出版发行：广东人民出版社
地　　址：广州市越秀区大沙头四马路 10 号（邮政编码：510199）
电　　话：（020）85716809（总编室）
传　　真：（020）83289585
网　　址：http://www.gdpph.com
印　　刷：中华商务联合印刷（广东）有限公司
开　　本：787 毫米 × 1092 毫米　1/16
印　　张：22.25　　字　　数：421 千
版　　次：2025 年 4 月第 1 版
印　　次：2025 年 4 月第 1 次印刷
定　　价：78.00 元

如发现印装质量问题，影响阅读，请与出版社（020-85716849）联系调换。

《在希望的田野上：校园小农田建设创造劳动教育新天地》编委会

主　　任：方晓波

副 主 任：周　鹏

主　　编：邹立波

副 主 编：吴小敏　孙媛媛

编　　委（按姓氏笔画排序）：

江启灿　张　慧　林　惠　周广星

郑闽秋　钟德标　黄艳钏

目 录
CONTENTS

《————》 **第一部分 课程篇**

爱上农业
——广州市番禺区沙湾中心小学校园小农田课程建设

谢锦棠 李婉琼 伍新宁／2

出力流汗磨炼意志 劳动实践以行铸魂
——广州市番禺区市桥中心小学校园小农田课程建设

梁彩英 黄焕兴 陈淑金／10

劳动创造幸福 实干助力成长
——广州市番禺区石碁第四中学校园小农田课程建设 香碧颜／17

精心耕耘创特色，科学种植有成效
——广州市花都区花城街长岗初级中学雅乐农耕生态园科学种植课程
建设 肖玉娴 郭燕萍／25

三域四美，濡染人生底色
——广州市南沙区莲塘小学"三域四美"课程建设 陈建雄／31

"顺和"生态种植课程
——广州市南沙区顺平小学校园小农田课程建设 黄健仪／38

劳作在天畦
——广州市天河区先烈东小学小农夫课程建设 谢镇宇／46

艾草·爱天下
——广州市从化区街口街新城小学校园小农田课程建设 温勤燕／56

绿色环保，科学种植
　　——广州市越秀区农林下路小学校园小农田环保种植项目式学习课程
　　建设　　　　　　　　　　　　　　　　　　　　　　　　陈艺晶 / 62

《————》**第二部分　案例篇**

活动案例

生态种植大豆
　　——PBL项目式学习活动案例　　利钰仪　简碧君　童春丽　方惠华 / 72
家校合作，小农田也有大收获
　　——种植青瓜活动案例　　　　　　　　　　　　　　　　曾燕玲 / 78
小农田生态蔬菜种植案例　　　　　　　　　　　　　林卓盈　余铭健 / 84
耕读为乐，劳作至美
　　——"澍耕园"种植活动案例　　　　　　　　　　　　　曾连好 / 90
"韭"是校园香
　　——校园小农田种植劳动项目实施案例　　　　　陈佳玲　黄艳钏 / 95
"艾"满校园
　　——校园小农田劳动活动案例　　　　　　　　　朱秋萍　都海霞 / 102
"新绿苑实践基地"小农田种植活动实施案例　　　　　　　张彩莲 / 106
体验农耕乐趣，感悟劳动之美
　　——"开心农场"社团劳动活动案例　　　　　　　黄淑华　黄伟珊 / 110
"我是食材种植小能手"劳动活动案例　　　　　　　郑颖祁　何惠贞 / 115
香江田园四时兴　劳动光荣五谷丰
　　——小学三年级"我是种植小能手"劳动项目案例　　　张惠婷 / 121
以心为媒，回韵共美
　　——广州市回民小学与增城小楼镇麦韵芳小学劳动教育结对活动案例
　　　　　　　　　　　　　　　　　　　　　　　　　　　冼桂芳 / 127
"从种子到销售"劳动项目案例　　　　　　　　　　　　　陈晓黎 / 131

"我来栽种中草药"劳动项目活动案例 　　　　　　　　崔诗棋／137

耕种属于特殊孩子的一方乐土

　　　——培智学校"丰收"系列劳动活动案例 　　　　　李 琪／144

教学叙事

劳动育人　自主成长

　　　——柠檬树成长记 　　　　　　　　　　　　　　宋 妍／150

年橘盆中的水稻 　　　　　　　　　　　　　　　　　钟允康／152

抓住教育契机，撒播责任种子 　　　　　　　　　　　龙其燕／154

种一株玉米

　　　——让劳动教育落地生根 　　　　　　　　　　　黄敏静／156

生锈的锄头 　　　　　　　　　　　　　　　　　　　粟建明／158

劳动最美丽 　　　　　　　　　　　　　　　　　　　古淑琪／160

让成长在劳动中悄然发生

　　　——"躬耕园"小农田建设教育叙事 　　　　　　刘丽明／162

人就像种子，要做一粒好种子 　　　　　　　　　　　曹卓敏／164

劳动传递爱 　　　　　　　　　　　　　　　　　　　余三妹／166

校园农田故事多 　　　　　　　　　　　　　　　　　林仕琴／168

"劳"有所思，"动"有所获

　　　——记我和孩子们第一次种菜 　　　　　　　　　谢 凡／170

劳动的成果，收获的喜悦 　　　　　　　　　　　　　李 晶／172

菁菁田园忙躬耕　双手劳作归自然 　　　　　　　　　李 静／174

深耕心田，播种未来

　　　——小农田里的教育之旅 　　　　　　　　　　　温淑云／176

劳动教育，不妨让孩子们动起来 　　　　　　　　　　温小金／178

一陇田地，美好至极 　　　　　　　　　　　　　　　陈绮雯／180

播种"真我"，乐享劳动 　　　　　　　　　　　　　吴仕婷／182

教学心得

巧手扦插茉莉花 　　　　　　　　　　　　　　　　　谭君仪／184

"莘莘"小农田的教学心得   何思敏 / 186

"薄荷的扦插繁殖"课程教学心得   陈子科 / 188

小农田大世界   王锦辉 / 190

实实在在的小农田教学   李碧瑶 / 192

绿树浓荫草木长·风暖育才花果香   朱雪梅 / 194

小农田探索：激发创新思维与综合素养   曾庆奇 / 197

我和小农田   洪秀琴 / 199

青青幸福田，绽放劳育之花   李连娣 / 202

第三部分 课例篇

我为瓜苗安个家——搭瓜棚   梁彩英 / 206

基于小农田的微型创意盆景制作   李瑞玲 / 212

学包防果蝇网袋   何莹亮   陈晓晴 / 217

开心菜园欢乐多：阳台种菜   叶琴心   杨婉欣 / 223

给石斛浇水   苏惠娟 / 229

甘甜农场齐耕种——水乡瓜菜棚架的搭建   陈志文 / 233

我是"顺和"新农夫——移植辣椒学问多   梁海伦 / 239

鸢尾花间苗与移植   樊翠萍 / 244

家庭创意菜单我设计   张颖晖 / 249

我是种植小能手

　　——趣味多肉植物拼盘   黄伟珊 / 254

移栽生菜苗   张艾菁 / 260

水培番薯   陈淑榆 / 264

一起种蒜吧   颜　妍 / 270

小浇水，大学问   张　典 / 277

走进小农田——我给农田开荒   徐翠锋 / 281

回收垃圾再利用——有机肥料的制作   曾秋荣 / 286

《 —— 》
第四部分　人物篇

建生态菜园，育时代新人　　　　　　　　　　　　　　潘国洪 / 292

劳动育人　乐享种植　　　　　　　　　　　　　　　　黄艳钏 / 295

劳动教育　开启新篇　　　　　　　　　　　　　　　　张颖晖 / 298

综合实践主题活动筑就劳动教育新天地　　　　　　　　郭淑珺 / 300

用劳动滋养孩子的心田　　　　　　　　　　　　　　　陈永健 / 302

深挖资源　创建"百草园"　　　　　　　　　　　　　陈惠茹 / 304

让"善乐园"小农田成为师生快乐成长的沃土　　　　　李勉聪 / 306

在传承中发展，以农田育心田　　　　　　　　　　　　杜碧红 / 309

用耕耘的汗水孕育希望的种子　　　　　　　　　　　　龙锦胜 / 312

笃定前行　行稳致远　　　　　　　　　　　　　　　　冯毅妍 / 315

"耕·创"园里"耕·创"人　　　　　　　　　　　　熊翠梅 / 318

建设校园小农田　推进劳动促成长　　　　　　　　　　梁绮铭 / 321

以耘为乐　实践育人　　　　　　　　　　　　　　　　张嘉韵 / 323

躬耕力行　成就最美　　　　　　　　　　　　　　　　黄惠兰 / 325

多彩小农田，师生共成长　　　　　　　　　　　　　　湛芷珊 / 327

千金百草　五育相得　　　　　　　　　　　　　　　　马雪俏 / 329

《 —— 》
第五部分　影像篇 / 333

01

课程篇

爱上农业

——广州市番禺区沙湾中心小学校园小农田课程建设

◎ 广州市番禺区沙湾中心小学　谢锦棠　李婉琼　伍新宁

一、课程理念

中国自古以来就是农业大国。勤劳的中华民族通过耕作等劳动解决了温饱问题，也留下了代代相传的"耕读传家"美德，告诫后辈既要做到勤劳耕作学谋生，也要读书上进学做人。在沙湾留耕堂门前的对联"阴德远从宗祖种，心田留与子孙耕"，便印证着耕读传家、礼仪传家的家风传承。

沙湾中心小学正在努力推动德智体美劳全面发展的育人课程，教育引导学生崇尚劳动、尊重劳动，懂得劳动最光荣、劳动最崇高、劳动最伟大、劳动最美丽的道理，培养学生诚实劳动、创造性地劳动。"爱上农业"研学实践活动课程具有深远的意义，引导学生探究乡土农耕文化，充分利用农科院基地资源，发挥学校小农田和家庭小阳台的作用，深入推进劳动教育的常态化实施。

二、课程目标

1. 通过开展农业劳动，激发师生参与劳动的兴趣和热情，体验劳动的价值，提高学生劳动意识，树立正确的劳动观念，让学生在活动中懂得珍惜劳动成果，养成勤俭节约的好习惯。

2. 通过开展农业劳动，可以持续地推进提升学生的劳动技能，初步掌握农业劳动的基本技能和方法，了解科学种植、科技农业的发展前景。

3. 探索家庭、学校、基地三方联动推进劳动教育的机制，真正做到全员、全方位、全过程参与劳动教育，同时提升教师团队的劳动教育专业水平。

三、课程内容

本课程立足于小学农业劳动教育，充分挖掘家校种植基地的资源，根据本校实际情况及不同年级学生的认知发展水平和掌握的农业知识、技能情况，设定不同年级、不同主题的农作物种植任务，设计完善年级主题研学手册。学生在历时几个月的农业劳动中，在家庭小菜园、学校小农田、基地大农田的三个研学地点，经历基础导学、家校培育、基地研学、研学延伸几个环节，参与耕作劳动。学生在种植中观察发现，在研学中思考积淀，学习农业劳动的基本技能，学会发现及处理种植管理中存在的问题，并通过与农业专家面对面交流，了解更多农业发展状况，培养劳动兴趣和习惯，培养学生德智体美劳全面发展。各年级"爱上农业"研学实践活动课程所设计的研学问题见表1。

表1 "爱上农业"研学实践活动课程研学问题设计表

年级	主题	研学实践问题
一年级	走进奇妙的豆子家族	1. 种子发芽需要哪些条件？ 2. 豆子在哪个时期收获最合适？
二年级	走进神奇的玉米世界	1. 玉米有什么价值？ 2. 玉米成熟共需要多少天？
三年级	走进热情的辣椒王国	1. 辣椒生长最适宜的温度和湿度？ 2. 辣椒常见病有哪些？该如何防治？
四年级	走进奇异的茄子世家	1. 茄子有哪些营养价值和药用价值？ 2. 根据茄子的生长周期与天数的关系，制作条形统计图。
五年级	走进有趣的节瓜小屋	1. 节瓜的成长周期经历哪些阶段？ 2. 节瓜病虫害防治有哪些方法？ 3. 对比不同瓜架的优缺点。
六年级	走进芬芳的香草园	1. 对比不同繁殖方法的生长周期。 2. 利用芳香植物的药用价值制作不同的香囊。

四、课程组织与实施

（一）课时安排

本课程课时安排见表2。

表2 "爱上农业"研学实践活动课程课时安排表

活动安排	研学地点	课时安排（天）
基础导学	课室、电教室、阶梯室、学校小农田	7

（续表）

活动安排	研学地点	课时安排（天）
家庭研学	家里的小阳台、小花园、小菜园	90
学校小农田研学	学校四楼的和美小农田	90
基地大农田研学	广州市农业技术研究院（南沙基地）	3
研学延伸	家庭、学校	7

（二）实施内容

1. 基本知识。通过基础导学，掌握年级农作物的基本常识，包括所属科目、生长习性、发展流传等。

2. 种植管理。学生根据研学手册的提示，学习种植年级主题作物，根据农作物的特点，进行浇水、除草、防虫等日常农田管理。

3. 观察记录。学生每天都有观察记录的任务，了解农作物的生长过程，及时记录管理农田中发现的问题并尝试解决；不能解决的问题通过同伴互助、教师指导、专家引领等渠道解决，培养学生发现问题、解决问题的能力。

4. 知识融合。研学任务的设计与安排，融合了学科知识的应用。例如根据农作物的植株间距，融入数学知识，通过测量小农田的长、宽，根据植株间距要求，计算出最佳的种植数量；通过阅读、鉴赏与年级农作物有关的诗词或故事，感受农作物的耕种历史及其和人们生活的关系。

5. 实验操作。在研学中，老师有意识地设计实验操作的项目。实验操作包括常规性实验和指向性实验。例如：检测土壤酸碱度、农药残留等常规性实验；测试辣椒的辣度等指向性实验。

6. 拓展延伸。研学结束后组织学生进行研学总结和延伸，通过思维导图、劳动心得分享、舌尖上的美食等环节，引导学生分享研学中的得与失，通过烹饪制作种植所得的劳动果实，培养学生必要的生活技能，学会珍惜劳动成果的品质。

学生在研学实践活动课程中学习农业劳动的知识，掌握基本技能，更重要的是树立正确的劳动观念，提高自身的劳动素养。

（三）实施过程

课程准备阶段：

1. 实地考察，评估可行性。为了更好地开设"爱上农业"研学实践活动课程，我校投入专项经费，提升了学校劳动基地的环境，申报并获得了"广州市4A小农田"

认证，组织行政团队、骨干教师到广州市农科院南沙基地实地考察，与基地专家面对面交流学校开展农业研学实践活动的设想，评估课程的科学性及可行性。

2．编写学材（编按：学材指教育教学领域中所使用的各种教学材料），明确研学任务。学校组成骨干教师为核心的研学手册编写小组，并以三年级"走进热情的辣椒王国"的研学手册（课程学材）为突破口，共同研讨研学手册框架。其他年级以三年级的研学手册作为范例，同步进行研学手册的编写。经过反复地修改、研制，确定最终各年级使用的《"爱上农业"研学实践活动研学手册》（下文简称《研学手册》）课程学材。见图1。

"爱上农业"研学实践活动

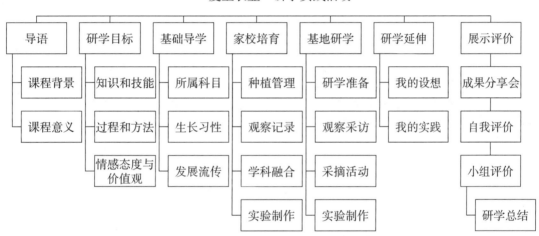

图1　《"爱上农业"研学实践活动研学手册》框架图

3．组织家委会议，发动宣传。学校通过校级家委会议、各班家委会议，加大宣传力度，介绍"爱上农业"研学实践课程的目的、内容，争取家长的支持；举行家长讲座培训，形成家校联动力量，为课程的开展做好前期准备。

课程实施阶段：

1．基础导学

（1）师生研学，探究通识。教师根据《研学手册》的指引，引导学生通过查阅资料、实地访问、动手实践等形式完成导学部分。在基础导学环节，完成探究任务。如：了解芳香植物的种植历史、节瓜的种植历史、茄子的类型、辣椒的本土化历程、玉米的流转历史以及搜集关于主题农作物的古诗词。

（2）专家到校，指导种植。广州市农科院南沙基地种植专家到校进行种植培训。培训分为教师班、学生班。教师班：专家在和美小农田给老师授课，讲述基本的种植知识和常见的虫害预防知识。学生班：专家分六场进行专题讲座，分别就级部的课程主题进行培训，如一年级的豆子，二年级的玉米，三年级的辣椒，四年级的茄子，五年级的节瓜，六年级的香草。专家从分类、生长条件、如何种植、常见虫害等方面进行介绍，随后在和美小农田手把手指导学生种植。

2. 家校培育

（1）学校和美小农田管理。各班在学校和美小农田种植主题农作物，根据研学手册的任务，完成种植、管理、观察、记录等任务，探究主题农作物的生长奥秘。

（2）家庭阳台小菜园管理。学生把从学校领取的优质种苗带回家，种在家里的小阳台或小菜园，完成《研学手册》中家庭研学部分的内容。学校小农田研学和家庭研学相互补充，以便学生更好地完成研学任务。详见表3。

表3　家庭、学校研学任务表

年级	家庭研学任务	学校小农田研学任务
一年级	1. 发豆芽，记录豆芽生长情况。 2. 走进市场，了解豆子的品种和价格。 3. 科学小实验：会跳舞的豆子。 4. 种植豆子，记录豆子生长状况。	1. 种植豆子，记录豆子生长状况。 2. 交流了解到的豆类知识。
二年级	1. 播种育苗。 2. 种植玉米并记录生长状况。 3. 做一做：玉米皮拼画。	1. 种植玉米，记录生长状况。 2. 交流了解到的玉米知识。 3. 展示玉米皮拼画。
三年级	1. 辣椒育种，记录辣椒种子生长情况。 2. 辣椒苗移植，观察记录辣椒苗生长情况。 3. 探究辣到底是"痛"还是"味道"。	1. 辣椒育种，记录辣椒种子生长情况。 2. 辣椒苗移植，观察记录辣椒苗生长情况。 3. 探究辣椒的秘密。
四年级	1. 茄子育种，记录茄子种子生长情况。 2. 种植茄子，记录茄子生长过程。 3. 陪家长选购茄子。 4. 茄子趣味实验。	1. 茄子育种，记录茄子种子生长情况。 2. 种植茄子，记录茄子生长过程。 3. 茄子趣味实验。
五年级	1. 节瓜育种，记录情况。 2. 移植节瓜苗，种植节瓜，记录生长过程。 3. 节瓜病虫害防治。	1. 节瓜育种，记录情况。 2. 移植节瓜苗，种植节瓜，记录生长过程。 3. 节瓜病虫害防治。 4. 区分节瓜的雌花与雄花，进行人工授粉。
六年级	1. 种植芳香植物（水培、自根苗繁殖）。 2. 观察不同种植方法的芳香植物的生长情况和施肥、病虫管理的方法。 3. 移植芳香植物。	1. 种植芳香植物（水培、自根苗繁殖）。 2. 观察不同种植方法的芳香植物的生长情况和施肥、病虫管理的方法。 3. 移植芳香植物。

3. 基地研学

学生在家庭研学和学校研学积累了一定的基础后进行基地研学。各年级学生来到基地大农田，在导师指导下开展一系列的研学实践活动，完成《研学手册》的任务。见表4。

表4 基地研学任务表

年级	研学任务	研学形式	组织形式
一年级	1. 参观豆子园，了解豆子的种类、种植。 2. 采摘小番茄。 3. 制作植物香囊。 4. 蔬菜调色实验。	参观、访问、种植、采摘、实验	团队+小组
二年级	1. 参观玉米园，了解玉米的种类、种植。 2. 采摘小番茄、辣椒。 3. 制作植物香囊。 4. 蔬菜调色实验。	参观、访问、种植、采摘、制作、实验	团队+小组
三年级	1. 参观辣椒园，了解辣椒的种类、种植。 2. 采摘辣椒。 3. 手工制作植物书签。 4. 土壤pH实验。	参观、访问、种植、采摘、实验	团队+小组
四年级	1. 参观茄子园，了解茄子的种类、种植。 2. 采摘茄子、椰菜；体验插秧。 3. 手工制作植物书签。 4. 土壤pH实验。	参观、访问、种植、采摘、制作、实验	团队+小组
五年级	1. 采摘小番茄。 2. 体验插秧、捉鱼。 3. 搭建瓜棚架。 4. 蔬菜农残实验。	参观、访问、种植、制作、实验	团队+小组
六年级	1. 芳香体验活动，了解芳香植物的经济价值。 2. 采摘芳香植物。 3. 植物拓印染。 4. 蔬菜农残实验。	参观、访问、种植、采摘、制作实验	团队+小组

4. 研学延伸

基地研学实践活动后，老师指导学生开展一系列的课程延伸活动，包括研学分享、美食制作等。学生历时三个多月，研学延伸是整个研学过程的升华部分。研学延伸内容见表5。

表5　研学延伸活动内容表

年级	延伸活动	研学形式	组织形式
一年级	与家长一起制作豆类美食。	制作	亲子合作
二年级	1. 与家长一起制作爆米花。 2. 设计一道玉米美食。	制作、设计	亲子合作
三年级	1. 绘画辣椒卡通形象图。 2. 用辣椒制作1-2道美食，把菜谱写下来。	制作	亲子合作+个人
四年级	1. 茄子菜谱制作。 2. 茄子创意拓印画。	制作、设计	亲子合作+个人
五年级	1. 用节瓜制作冬瓜糖。 2. 烹饪美味的节瓜。	制作	亲子合作+个人
六年级	1. 搜集、整理芳香植物的烹饪方法，并尝试烹饪。 2. 走进古镇，调查香囊的制作材料有何作用。	制作、调查	亲子合作+个人

在三个研学阶段完成后，学生开展研学发现的对比探究活动，并制作成表格。见表6。

表6　对比研究活动表格

年级	探究活动	我的发现
一、二年级	分别往紫甘蓝汁中加入不同液体，颜色会发生变化吗？	
三、四年级	通过土壤pH实验测试结果，找出最适宜生长的5种蔬菜。	
五、六年级	根据蔬菜农残实验结果，探究去除蔬菜农残的方法。	

五、课程评价

课程评价采用个人评价、小组评价、基地评价相结合的方式进行。从劳动态度、参与度、合作能力等方面进行评价。根据不同年级的学生特点分别进行评价，具体的评价标准见表7。

表7　评价标准表

个人评价	小组评价
1. 学到新的植物知识，了解豆类（玉米、辣椒、茄子、节瓜、芳草植物）的品种。 2. 活动中积极参与研学，学会种植辣椒。	1. 小组成员积极完成小组任务。 2. 小组成员团结协作，合理分工、互帮互助。

（续表）

个人评价	小组评价
3. 活动中能够与小组其他成员合作，积极沟通交流。 4. 活动中能够主动承担相应的责任，主动完成研学任务。	3. 小组成员积极承担各自角色的责任。 4. 遇到困难小组内部能及时解决。

个人评价、小组评价分别有5颗星，学生对自己和小组成员的研学表现作出评价。在基地研学活动结束后，学校和研学实践基地联合对学生进行评价，并给学生颁发证书。

六、实施成效

在课程的实施过程中，我们探究了学习与劳动实践相结合，深化了劳动教育的内涵；家庭、学校、基地三方联动，形成全员参与劳动教育机制；研学实践与劳动教育相结合，促进了学生的成长。学生参与农业劳动，强调既要出力出汗劳动，也要观察发现、探索思考，从小就种下用科技促进农业发展的理想信念。我校是广州市劳动教育特色学校，和美劳动教育模式荣获了广州市中小学劳动教育试点学校、特色学校和基地学校建设阶段性成果一等奖。谢锦棠校长主持的课题《小学农业劳动研学实践活动的研究》于2022年1月立项为市教研院科研课题，《"爱上农业"研学实践活动》在广州教育学会2021年教育教学研究成果评选中荣获一等奖，《"爱上沙湾"研学实践活动系列成果》成为广州市教育科研培育项目、番禺区教育科研重点培育项目。

（本文为广州市教研院2022年劳动教育专项课题《小学农业劳动研学实践活动的研究》成果，《"爱上农业"研学实践活动》在广州市教育学会2021年教育教学研究成果评选中获一等奖）

图2 "爱上农业"研学实践活动剪影

图3 学生在小农田进行观察记录

出力流汗磨炼意志　劳动实践以行铸魂

——广州市番禺区市桥中心小学校园小农田课程建设

◎ 广州市番禺区市桥中心小学　梁彩英　黄焕兴　陈淑金

一、课程理念

习近平总书记在2018年9月10日全国教育大会上作出重要指示："要在学生中弘扬劳动精神，教育引导学生崇尚劳动、尊重劳动，懂得劳动最光荣、劳动最崇高、劳动最伟大、劳动最美丽的道理，长大后能够辛勤劳动、诚实劳动、创造性劳动。"习近平总书记强调，坚持中国特色社会主义教育发展道路，培养德智体美劳全面发展的社会主义建设者和接班人。为全面贯彻落实党的二十大精神和习近平总书记在全国教育大会上的重要讲话，结合我校的实际情况，渗透"全人教育"理念，在总结近年来我校开展劳动教育经验的基础上，特开设小农田建设课程。

二、课程目标

学生能从小农田劳动中获得丰富的劳动实践经验，形成正确的劳动观念、养成良好的劳动习惯、培养真挚的劳动情感、掌握必备的劳动技能和训练创造性的劳动思维，具有崇尚劳动、尊重劳动、乐于劳动、解决问题、激发创造等方面的意识和能力。传承和弘扬中华民族勤劳奋斗、乐于奉献的优良传统和作风。具体目标如下：

1. 认知性目标：在家长、老师的指导下，通过观察、参与小农田劳动，了解农耕工具、用途等知识。

2. 参与性目标：能坚持参加小农田劳动，初步形成正确的劳动观念和劳动习惯；增强服务他人、社会的意识，具有积极参与农耕劳作的意愿。

3. 体验性目标：通过亲身经历劳动的过程，获得劳动体验。体会劳动艰辛和劳动创造的快乐，乐意分享劳动成果，养成良好的劳动习惯。

4．技能性目标：通过动手操作，逐步掌握种植的技能；学会使用简单的劳动工具，参与小农田劳动，学习与他人分享成果。

5．创造性目标：逐步学会利用种植技能参与农耕劳动，从中发现问题，并借助合适的方式和技能解决实际问题、服务学习和生活；树立技术意识、实践创新精神，培养动手能力和审美情趣。

三、课程内容

可利用不同主题设置课程内容，范例见表1、表2、表3、表4。

表1　主题一：播种春天·收获希望

活动年级	活动板块	活动内容	实施要点	备注
一年级	茄子	1．翻土养田 2．育芽 3．育苗 4．间苗、定植 5．施肥管理 6．收获	1．翻土的必要性、平整土地 2．如何育芽 3．如何育苗 4．如何间苗、如何定植 5．施肥、日常管理 6．收获、处理、美食制作指导	提醒学生使用工具时注意安全，使用后注意清洗工具。
二年级	秋葵			
三年级	辣椒			
四年级	生姜			
五年级	豆角			
六年级	甘蔗			

表2　主题二：夏植绿苗·金秋结硕果

活动年级	活动板块	活动内容	实施要点	备注
一年级	番茄	1．翻土养田 2．育芽 3．育苗 4．间苗、定植 5．施肥管理 6．收获	1．翻土的必要性、平整土地 2．如何育芽 3．如何育苗 4．如何间苗、如何定植 5．施肥、日常管理 6．收获、处理、美食制作指导	提醒学生使用工具时注意安全，使用后注意清洗工具。
二年级	大白菜			
三年级	菠菜			
四年级	芥蓝			
五年级	大白菜			
六年级	黄瓜			

表3 主题三：自力"耕"生

活动年级	活动板块	活动内容	实施要点	备注
一年级	萝卜	1. 翻土养田 2. 育芽 3. 育苗 4. 间苗、定植 5. 施肥管理 6. 收获	1. 翻土的必要性、平整土地 2. 如何育芽 3. 如何育苗 4. 如何间苗，如何定植 5. 施肥、日常管理 6. 收获、处理、美食制作指导	提醒学生使用工具时注意安全，使用后注意清洗工具。
二年级	头菜			
三年级	菠菜			
四年级	苦瓜			
五年级	香菜			
六年级	大葱			

表4 主题四：面向新时代·劳动最光荣

活动年级	活动板块	活动内容	实施要点	备注
一年级	南瓜	1. 翻土养田 2. 育芽 3. 育苗 4. 间苗、定植 5. 施肥管理 6. 制作爆米花 7. 豆类食品 8. 禾秆编织	1. 翻土的必要性、平整土地 2. 如何育芽 3. 如何育苗 4. 如何间苗，如何定植 5. 施肥、日常管理 6. 收获、处理、美食制作指导 7. 编织指导	提醒学生使用工具时注意安全，使用后注意清洗工具。
二年级	黄瓜			
三年级	毛豆			
四年级	玉米			
五年级	豌豆			
六年级	水稻			

四、课程组织与实施

（一）课程组织

为了使学生的学习有效地联系在一起，使学习产生积累的效应，需要对选取的课程内容加以有效组织，使其起到相互强化的作用。农田农种是具有季节性的，所以，本课程以"季节"为线索组织开展课程内容。

（二）课程实施

1. 规范必修课，开足、开好课程。学校严格按照义务教育课程方案，因地制宜编制课程内容，每周开设1节劳动课，开足开好劳动必修课。课堂课时用于活动策划、技能指导、练习实践、总结交流等。课外实践2至3课时，用于学生劳动实践，促进学生动手动脑，出力流汗，收获劳动成果。

2. 采取"必修课与选修课相结合""长课与短课相结合""分散节点式与集中探究式相结合"的方式，在学校小农田实施劳动教育。如搭建瓜棚内容多样且时间跨度较长，通过学科内的整合、学科间的整合及学科与社会领域的整合，引导学生经历相对完整的劳动过程，并根据学校情况与学生兴趣爱好，给予一定程度的选择性。

3. 专兼职教师承担劳动必修课教学任务。设立劳动专职教师岗位，由专职教师主管劳动学科教研教学活动，推进课程实施。其他语数英科任教师兼任劳动教师，承担本班或几个班劳动教学，参与本年级劳动课程内容建设及资源的开发与实施。

4. 做好课前准备。上课前，任课教师做好劳动工具、劳动材料的准备，提早到工具室领取相关工具，规范工具的使用，及时做好登记，指导学生做好管理，按要求及时归还。自备材料部分要充分考虑学生的年龄特点、家庭实际情况，以适度、合理为主，不增加家庭负担。

5. 定期组织集体备课。每周三组织年级进行集体备课，根据年级的任务群的劳动项目，备好每个劳动项目的教学目标、课程内容、实施要求、课时安排和评价建议，然后再进行教学环节的设计、资源的开发，不断完善课程体系，形成校级劳动教育资源。

6. 适度布置劳动实践作业。劳动项目实施过程中，利用周四"无作业日"开展家务劳动实践活动外，还布置种植劳动，延伸学校小农田耕种活动。每月适度布置劳动实践作业。

7. 常态化教研活动推进。每周三下午2：30—3：30是劳动教研活动时间，科组开展校本培训、集体备课、课例研讨、资源开发等活动。每年级每学年组织一次校级教研活动，定专题，同级教师备1节课，1人上课、1人作专题汇报，科组成员围绕专题进行评课议课。通过专业引领、同伴互助、合作研究，提高劳动课程实施水平，提高劳动教师业务水平。

8. 探究课堂教学模式。初探以"课堂五步"流程作为劳动教学设计的基础范式。"课堂五步"指课堂中的五个步骤：

第一步骤：导入。教师设计以指导学生在家庭或社会的真实情境中学会观察、发现问题、体验解决问题的劳动活动作为导入，引发学生的思考和激发劳动的兴趣。

第二步骤：讲方法。教师就情境再现、发现和聚焦问题，尝试通过劳动解决问题；通过师生讲解劳动知识技能以初步解决。

第三步骤：练操作。学生分工合作、设计方案、实践体验，不断练习，掌握劳动技能，提升劳动能力。

第四步骤：乐分享。教师搭建平台，让学生进行成果分享、展示评价、交流反思。

第五步骤：拓延伸。教师引导学生拓展延伸、创新应用，养成良好的劳动品格和

劳动习惯。

9. 整理资源，形成成果。一学期实施以来，以年级为单元，总结课程的阶段实施情况。教师对劳动教育工作进行述评，反思教学行为；各年级整理课程实施的教学设计、教学课件、微课等配套资源，形成劳动教育校本资源库。

五、课程评价

劳动课程评价是劳动课程体系建设的重要组成部分，对促进劳动课程的目标实现、保障劳动教育的实施效果等具有重要意义。课程实施中，以提升学生的劳动素养为导向，关注学生劳动观念、劳动能力、劳动精神、劳动习惯和品质的发展状况。以劳动教育的目标、内容要求为依据，将过程性评价和结果性评价结合起来，注重平时表现评价和阶段综合评价，健全和完善学生素养评价标准、程序和方法，发挥评价的育人导向和反馈改进功能。

（一）评价内容

紧扣课程内容要求和劳动素养要求，客观准确地反映学生在真实情境下劳动素养的表现水平。不同类型的劳动内容、不同任务群，评价的侧重点有所不同。耕种活动属于生产劳动，侧重于工具使用和技能掌握、劳动价值观、劳动质量意识，以及劳动精神等的评价。

（二）评价工具与评价方法

以质性评价为主，适当结合量化评价的手段，吸纳家庭、学校、社会、基地等多主体对学生的劳动素养发展状况进行评定。

1. 自我评价与他人评价相结合

评价方式体现一元多维的评价原则，学生在劳动过程中的认识、体验、感悟等自我评价是教学评价的内核，学生以自评促进自我反思，改进劳动行为，培养劳动品质。同时，结合同伴、教师和家长等开展多元评价：同伴互评，发挥互助作用；教师点评，引导正确的劳动思想；家长参评，发挥家校共育作用。

2. 过程性评价和总结性评价有机结合

（1）过程性评价

过程性评价不仅关注劳动成果，还要关注劳动观念、劳动知识与能力、劳动态度、劳动习惯与品质等过程要素。

①日常观察即时评价。日常观察即时评价贯穿于劳动教育课程实施的整个过程。

一方面可以随时随地激励学生，调节课程的实施；另一方面日常观察能有效地提高形成性评价的准确度和有效率。

②课堂学习评价。针对学生在课堂学习过程中的参与度、表现度、劳动能力掌握程度进行评价，以自评、小组或教师评价为主。见表5。

表5　劳动课堂学习评价表

评价项目	自己评	他人评
积极参与	☆ ☆ ☆	☆ ☆ ☆
掌握技能	☆ ☆ ☆	☆ ☆ ☆
认真完成	☆ ☆ ☆	☆ ☆ ☆
问题解决	☆ ☆ ☆	☆ ☆ ☆

③档案袋评价。要求每位学生建立劳动教育课程档案袋，其中包括劳动课堂评价表、一周劳动大盘点（见表6）、劳动教育主题活动记录、劳动日记、劳动成果等与劳动教育课程有关的文字、图片、表格、音像资料，作为学生评价的主要依据。

表6　一周劳动大盘点

劳动类型	劳动项目	劳动场景	劳动时间	劳动成果
农田劳动	除草	"稼穑园"小农田	×月×日	把班级小农田的草除干净

④学习成果展示评价。成果展示包括小论文、调查报告、劳动日记、劳动成果等。学校每学期举办劳动教育课程学习成果展示评价活动，每学年举办劳动成果展示评比活动，评选劳动小能手。（低年级每学期至少完成1份劳动技术作品、进行1次分散的劳动实践；中高年级每学期至少完成2份劳动技术作品，参与劳动实践）

（2）总结性评价

劳动项目综合评价。采用过程性评价与结果性评价相结合的方式进行。过程性评价占60%，结合档案袋、一周劳动大盘点进行综合考查；结果性评价占40%，采用测评形式，考查学生在完成测评任务过程中的表现。（参考《义务教育劳动课程标准（2022年版）》、劳动课程阶段综合评价表）

六、实施成效

经过师生团队有计划、有步骤地建设小农田，日常精耕细作，师生对农作物的认识加深了，生产劳动技能增强，一大批师生在小农田劳动中出力流汗、磨炼意志，在劳动实践中以实际行动铸魂。

我校依托"稼穑园"小农田获得以下荣誉：广东省基础教育劳动教育学科教研实验基地实验学校、广州市中小学校园劳动实践小农田建设评比活动5A级小农田、广州市中小学结对共建劳动教育活动、广州市南泥湾劳动基地教育实验基地、广州市延安精神示范学校、广州市红色教育示范学校、番禺区农业科学研究所劳动教育实践基地、广州市劳动教育实践基地、广州市劳动试点学校、广州市劳动教育特色学校。我校将继续发挥农田建设的良好效应，做好劳动教育，做出特色，做出品牌，培养全面发展的新时代追梦人！

图1 "稼穑园"小农田

图2 学生劳动场景

劳动创造幸福　实干助力成长

——广州市番禺区石碁第四中学校园小农田课程建设

◎ 广州市番禺区石碁第四中学　香碧颜

一、课程理念

以习近平新时代中国特色社会主义思想为指导，全面贯彻党的教育方针，遵循教育教学规律，落实立德树人根本任务。贯彻落实《义务教育劳动课程标准（2022年版）》《大中小学校劳动教育指导纲要（试行）》等文件的精神，结合《广州市中小学劳动教育指导纲要》，融合区域的劳动教育理念，立足学校"为学生的终身发展奠基"的办学理念，培养四中学子的六大关键能力，磨砺坚强的意志，铸造勤俭、奋斗、创新、奉献的劳动精神；坚持育人导向，聚焦中国学生发展核心素养，构建以实践为主线的课程结构，加强学生与生活和社会实际的联系，注重动手实践，学创融通，强化学生劳动安全意识，培养学生适应未来发展的正确价值观、必备品格和关键能力；注重综合评价，发展创新意识，提升实践能力和社会责任感，使学生成为懂劳动、会劳动、爱劳动的时代新人。

二、课程目标

（一）总目标

通过开设常态化的劳动课程，落实"立德树人根本任务"，发展学生的劳动观念、劳动能力、劳动习惯和品质、劳动精神，培育德智体美劳全面发展的社会主义建设者和接班人。

通过构建特色化的劳动课程，探索"一体两翼"的劳动教育模式（以劳动实践为主体，以劳动课程建设和劳动基地建设为抓手），实现"做中学，学中悟"的育人思

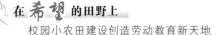

想，培养"能做会说"全面发展的四中学子，进一步深化我校的办学理念，实现劳动课程育人的总目标。

（二）具体目标

1. 通过开展日常生活劳动，使学生明白"劳动创造美好生活"的道理，提升学生的劳动技能、生活自理能力，增强家庭责任意识，规定学生能运用小农田的种植成果，至少学会独立制作3款药膳、茶饮、汤羹或传统美食，每周家庭劳动不少于3小时。其中通过烹饪与营养课程，掌握"不时不吃""营养均衡"的饮食理念，了解端午等传统文化与节日习俗，学会制作艾糍、粽子等传统食品的方法。

2. 通过开展生产劳动，使学生认识到"劳动是推动人类社会进步的根本力量"，学会把书本知识运用到劳动实践中，培育学生的职业意识和生涯规划意识，规定学生至少能独立种植一种农作物，制作一种手工艺制品。其中通过农业生产劳动课程，使学生掌握锄地松土、堆肥、农作物种植与养护的基本方法；通过传统工艺制作课程，掌握姜撞奶、中药香囊等传统工艺的制作方法；通过工业生产、新技术体验与应用课程，了解3D打印设计制作、激光切割物品设计制作，学会运用新技术进行农作物相关文创作品创作，提高动手操作能力和创意物化能力，形成积极的劳动观念和态度。

3. 通过开展服务性劳动，增强学生的公共服务意识，提高学生为社会发展和国家建设付出辛勤劳动的意愿，规定学生每年志愿服务时长不少于3小时。其中通过小农田管理、学校垃圾分类、校园绿化志愿服务，安全急救志愿宣传等服务性劳动，提升学生劳动创造美好生活的社会责任感，使学生学会服务他人的方法，培养学生不畏艰辛、甘于奉献、不断创新的劳动品质和劳动精神。

三、课程内容

（一）内容设计

学校根据劳动教育的理念和目标，以培养学生劳动素养为导向，围绕日常生活劳动、生产劳动和服务性劳动，以任务群为基本单元，结合广州市劳动教材内容、学校实际与学生兴趣，根据地域特点，将传统农耕、现代农业技术融入校园小农田劳动实践中，并结合传统文化与优秀地方文化，进行小农田衍生项目特色课程建设，开发各年级劳动实践项目，构建校园小农田劳动课程内容结构。如结合农耕文化开展的小农田系列劳动课程，种植蔬果、中草药等，并且将种植、烹饪、制作相结合，开发系列劳动项目，如提高生活劳动技能的美食烹饪等活动课程，注重劳动创新的3D打印建模设计、创意制作等项目课程等。见图1。

学校小农田劳动实践基地的面积为1000多平方米，划分为"蔬果区""中草药区""无土栽培区"和"观赏植物区"，分别种植蔬果、中草药和观赏植物，组织学生进行种植与日常管理。

蔬菜区：以试验田的形式，由试验班开垦、分畦、种植，种植时令蔬果并进行日常田间管理。

中草药区：以试验田的形式，由试验班开垦、分畦、种植，种植常见中草药并进行日常研究管理。

无土栽培区：开展无土栽培试验，研究智能蔬果种植，试验水培种植和基质种植，开展生态循环种养，鱼菜共生系统探究。

观赏植物区：学校教学楼走廊上，每班负责种植一个花架的观赏植物以及日常养护。

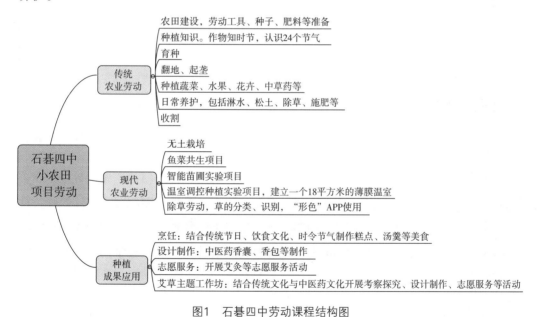

图1　石碁四中劳动课程结构图

（二）项目示例

劳动项目是落实劳动课程内容及其教育价值，体现课程实践性特征，推动学生"做中学""学中做"的重要实施载体。学校开展农业生产劳动实践，包括土壤保护、土壤改良、有机种植等主题实践活动，特别注重绿色生态种植。以树叶厨余堆肥项目为例。

用校园树叶垃圾与厨余垃圾堆肥，从源头进行垃圾减量，将垃圾变成了小农田的有机肥料，用智慧与汗水创造良好的生态环境，减少碳排放，践行生态环保理念。劳动前要现场勘查，检查劳动场地有无安全隐患，强调劳动安全注意事项。实施堆肥后在一定周期内进行观察记录，对肥堆温度、湿度等数据进行技术监测。考虑到农业生产项目周期较长、耗时较多，需要持续地学习与实践，可与其他项目穿插进行安排。见表1。

表1 树叶厨余堆肥项目实施建议

项目安排	内容建议	课时建议	劳动场域
树叶厨余堆肥劳动	了解堆肥法及堆肥处理的原理，知道堆肥的作用，根据堆肥的步骤与方法，分工合作完成任务。	2课时	校园小农田
堆肥桶设计制作	画堆肥桶设计图，选取合适的工具材料进行制作。	2课时	课室
堆肥成效监测	用技术手段监测堆肥的成效，设计程序，利用传感器在手机上监测肥堆温度、湿度等变化情况，进行智能控制。(根据实际情况选做)	2-5课时	创客室

四、课程组织与实施

（一）劳动必修课

按照国家课程要求，每周设置一节劳动课，劳动课作为一门独立课程写进课表，形式有活动策划、技能指导、练习实践、总结交流等。配备专兼职劳动科任教师，针对不同年级学生的经验基础和发展需要，结合学校条件和教师能力，围绕体现日常生活劳动、生产劳动、服务性劳动的九个任务群，合理选择和确定教学内容，通过日常课程进行教学。

（二）学科渗透

按照国家对劳动教育课程的要求，结合本校实际，由教导处牵头，组织各学科进行劳动教育学科渗透的专题研讨等活动；根据劳动教育的理念和目标，做好课程设计、规划，定好方向、主题、内容、实施对象、范围、途径、预设成果形式等。如：语文科的品读有关农耕文化的诗词、数学科的农作物喷淋系统设计、历史科的探索农耕文明等，突出劳动教育的思想性。

（三）社团活动课程

结合学校实际，基于校园小农田建设开展特色社团活动，激发学生的劳动积极性，让劳动成为学生的兴趣爱好，通过劳动锤炼学生坚强品格。目前开设有科技创新类、实践类、非遗文化传承类的社团，如：农业机器人设计制作、美食烹饪、种植养护、剪纸等。

（四）专项活动

专项活动可以根据时间、内容、节日、兴趣等不同需要来丰富活动课程的形式，是日常教学课程的有效补充。结合校本特色，定期开展各类劳动教育专项活动：校外劳动基地实践活动、劳动教育主题班会、劳动文化建设活动等。

（五）劳动周活动

学校根据市区有关文件精神，做好劳动周方案，做好安全防范预案、意外事件处理紧急预案等各方面的准备。劳动周采用专题讲座、主题演讲、劳动技能竞赛、小农田种植成果分享、劳动成果展示、劳动项目实践、劳模宣讲等形式进行，弘扬劳动精神。

（六）家校社协同教育

家庭在劳动教育中起基础作用，社会劳动实践基地是课程实施的拓展资源，家校社协同开展，把劳动教育落到实处。学校根据社区资源情况和自身条件，采取"请进来，走出去"的形式，开展有针对性的劳动教育。如：劳动模范大讲堂、生态环保志愿活动、校外劳动基地实践活动等。

五、课程评价

劳动课程评价要遵循导向性、发展性、系统性等原则，注重平时表现评价和阶段综合评价，过程性评价与结果性评价相结合，兼顾家庭、社会劳动实践评价，采用多样化评价方式，通过评价的积极引导作用，促进劳动育人价值的实现。

（一）评价要求

1. 客观记录学生参与小农田相关劳动实践项目情况，纳入学生综合素质评价。

2. 劳动课程的评价方法以表现性评价为主，可采用劳动任务单、劳动清单、劳动档案袋等工具。

3. 劳动课程阶段综合评价应采用过程性评价与结果性评价相结合的方式。

4. 要用好评价结果，充分发挥评价的反馈改进功能，帮助学生了解自己的劳动学习与实践状况，提出改进策略。

5. 注重评价内容多维、评价方法多样、评价主体多元。以教师评价为主，鼓励学生、其他学科教师、家长等参与到评价中。

（二）评价示例

运用小农田种植的艾草，结合清明节气，制作兼具药用和食用价值的广府传统小吃艾糍。采用测评形式进行结果性评价，根据评价标准（见表2）对学生在劳动过程中的表现及成果进行评价。

表2　广府传统小吃——艾糍的制作评价表（示例）

核心素养	主要表现特征	自评	师评
劳动观念	主动积极、开心快乐地参与传统小吃制作。	☆ ☆ ☆	☆ ☆ ☆
劳动能力	遵循传统小吃艾糍的口感味道进行制作，有一定的创新变化；熟练使用劳动工具，熟练完成整个制作流程；达到艾糍的制作要求。	☆ ☆ ☆	☆ ☆ ☆
劳动习惯和品质	认真完成艾糍制作的任务，制作过程中精力集中；能规范使用制作工具，制作完成后能主动清理桌面，保持桌面干净整洁，将制作工具洗刷干净，将厨余垃圾、纸屑等进行分类投放。	☆ ☆ ☆	☆ ☆ ☆
劳动精神	遇到困难努力解决；有合作意识，互相帮助；对成品品质要求高，精益求精，不断钻研创新。	☆ ☆ ☆	☆ ☆ ☆
总评			

说明：完全达到指标要求为"三星"，基本达到为"二星"，离要求还有一定距离为"一星"。获得21颗星及以上总评为"A"，15至20颗星为"B"，14颗星（含）以下为"C"。

劳动素养测试题（示例）

1. 以下不属于艾糍制作的材料是（　　　　）

A. 面粉　　　　　　B. 豆沙　　　　　　C. 糖　　　　　　D. 糯米粉

2. 请对以下制作流程进行先后排序（　　　　）

A. 清洗艾叶，打艾汁　　　　　　　　B. 放入蒸笼，大火蒸制20分钟

C. 包入豆沙、蛋黄等馅料　　　　　　D. 称取糯米粉、糖，加热水揉匀

六、实施成效

（一）建设特色活动课程

结合校本特色，做"能做会说"的特色劳动教育。根据地域特点，实施校园小农田及其衍生项目特色劳动项目课程，如：锄地起畦，松土施肥，搭建瓜豆棚、百香果棚、绿色长廊，种瓜果蔬菜，开设树叶厨余堆肥、用蔬菜边割料、花生麸等制作酵素水肥等研究性课程，增加小农田的有机肥料品种和供应量；结合传统文化与优秀地方文化，开展主题为"用美食演绎传统文化用手艺诠释生活习俗"劳动课程；开展注重劳动创新的3D打印等课程。形成三本校本参考读本，逐步完善劳动教育校本化实施。学生在劳动中，学会规范使用劳动工具，养成良好的劳动习惯，通过分享收获体会、演讲等表达形式弘扬劳动精神，同时使绿色生态理念得到根植深化。

（二）构建多维互动模式

构建以学校为核心、社区为依托、家庭为支撑的多维互动模式，合力共育。根据学校的实际情况，结合乡村振兴战略创建美丽宜居村，为学生提供劳动教育实践机会。加强基地建设，开辟校外劳动基地，如禺锋蔬菜基地、区农科所等，拓展劳动教育的实施途径，发挥学校的主导作用、家庭的基础作用和社会的协同作用。

（三）研制劳动教育评价办法

研究建立劳动清单制，以考证结业方式进行评价。在三年学习生活中，每位学生都要拿到学校颁发的《劳动教育证》。《劳动教育证》下设《校园劳动证》《家务劳动证》《社会劳动证》三个二级证书，每个二级证书均设有优秀、良好、合格三个等级。同时，根据同学们的劳动表现，开展"劳动之星"等评选活动，对劳动观念、劳动能力、劳动精神、劳动习惯和品质等劳动素养发展状况进行综合评定。

（四）教育教研及获奖情况

学校师生在各级各类劳动教育活动、比赛中表现突出，同学们积极参与各类劳动实践类竞赛活动，屡获佳绩。三位同学荣获广州市劳动小能手称号，两位同学通过层层选拔，先后分别荣获"羊城小市长""番禺小区长"称号；堆肥实践项目获番禺区青少年科技创新二等奖；受邀参加广东省中小学劳动教育现场活动、广州科技活动周校园科技教育成果交流展示、区春耕秋种现场活动、片区劳动教育文化节展示等活动。

以研促教，积极开展教学研究，多项综合劳动类课题获立项、结题，多篇教学案例、论文获奖。多位老师分别在区、片区教研活动上进行线上线下课例展示，专题发言交流分享劳动教育工作开展情况；区内外多所兄弟学校到校学习交流。

我校劳动课程以"以劳树德，以劳增智，以劳强体，以劳育美，以劳创新"为导向，以课程建设和基地建设为抓手，发挥劳动育人功能，把"立德树人"落到了实处、细处。

图2 "四季园"小农田劳动基地

图3 学生开展劳动实践

精心耕耘创特色，科学种植有成效

——广州市花都区花城街长岗初级中学雅乐农耕生态园科学种植课程建设

◎ 广州市花都区花城街长岗初级中学　肖玉娴　郭燕萍

一、课程理念

从2020年开始，我校围绕教育部规定的劳动教育内容，建构完整的校本劳动教育课程内容体系，创新开发课程资源，开始实施日常生活劳动、生产劳动、服务性劳动三大类劳动内容，并结合广州市劳动教材和广东省劳动教育实验新教材，开发了具有本校特色的职业体验劳动教育课程。通过教师带课程走班教学、全面覆盖学生各板块劳动内容的学习，全面实施"N+4"的课程教育。我们坚持"创新教育和适合教育"的理念，坚持努力让每一位学生得到成长。

二、课程目标

1. 让学生了解种植的基本常识，掌握简单的种植方法。
2. 培养学生动手操作能力和热爱劳动、勤于实践的劳动品质。
3. 通过参与农耕生态园的实践，使学生初步掌握一些种植方法，学会栽种植物，体会劳动的艰辛。

三、课程内容

以研促教、以研促学。2020年10月，在学校申报的省级劳动课题《劳动教育在城乡结合部学校实施的策略研究》引领下，融合多学科和城乡特色，学校把"开心农场"升级改造为440平方米、具有中草药文化传承和现代农业特色的都市立体"雅乐农耕园"（见图1），在此开展校园科学种植课程。通过探究检测土壤的水分、肥沃度、酸碱度和光照情况，合理规划每个种植区的农作物，既传承了"乡"的优秀传统，又发展了"城"的现代特色，形成了具有中草药种植区、蔬菜种植区、彩虹花海、大棚立体瓜果种植区、多肉植物区、热带亚热带作物区、盆景长廊、攀爬类植物区、乔木灌木蕨类种植区、水生动植物养殖区等特色的生态农耕园。此外，还对土地进行集约化、立体化开发利用，逐步形成具备精耕细作、科学、高效、立体、有机特点的生态农业。具体课程内容见图2。

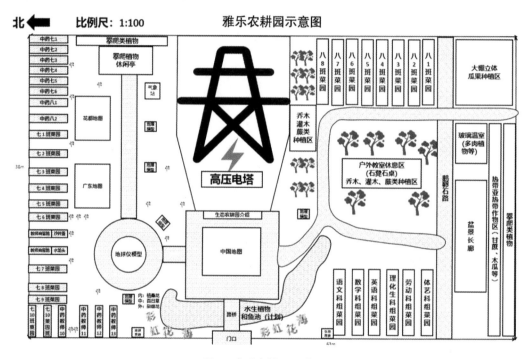

图1 雅乐农耕园示意图

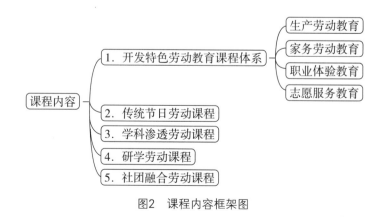

图2 课程内容框架图

四、课程组织与实施

（一）整体规划，实施劳动教育课程

我校把劳动教育纳入学校三年规划中，2021年3月设立了劳动科组，由肖玉娴校长亲自挂帅，指导劳动科组建设，广州市劳动科组中心组成员黄秀兰老师担任科组长，郭燕萍主任落实农耕教育各项措施。劳动科组充分调动全体教师的积极性，实现全员参与"劳动教育"课程体系的实施。通过老师带课程走班、常规劳动课和各学科渗透农耕种植，开展科学种植活动，促进科学种植课程的实施与开发；利用劳动课、社团课及各种主题活动，实施农耕生态园科学种植的课程；通过一系列的校园节日活动，促进农耕生态园科学种植课程的实施与开发；细化管理，实施各种植区域分别由班级、学科教研组、教师个人承包，开展科学种植和管理等劳动实践活动。设"雅乐诚信超市"，售卖学生种植的蔬果，制作的干货及衍生品，让学生通过探索、发现、制作，把科学知识运用于实践、体验、传承、弘扬农耕文化，真正做到"劳有所思，行有所获"，从而使七彩劳动课程在成长中美丽绽放。

（二）通过常规劳动课，保障农耕劳动教育的开展常态化

农耕劳动教育课程贯穿于七、八年级常规劳动课中，学生通过小组合作做好日常农作物的种植和雅乐农耕园区维护工作；通过项目式、主题式的方式开展考察探究活动，并在期末交流与展示成果。落实劳动教育培养目标"培养有中国灵魂有世界眼光的现代人"，培养具有正确劳动观念、良好劳动习惯和品质的"现代人"。

（三）多学科融合与渗透，拓展农耕劳动教育的深度与广度

与艺术、语文学科组融合，开展模具设计、班级小农田设计评比、小菜园设计征文活动；与地理、生物、化学学科融合，让学生自主调查不同农作物的生长习性与光照、土壤、水分等的差异，并进行对比分析，撰写科学种植的小论文，提高农耕劳动教育的深度和广度。带领学生参观现代农业生产基地，学习科学的种植技术，利用搭建简易攀爬墙、购置简易新型播种器，极大提高农产品种植成效。

（四）通过探究检测土壤的水分、肥沃度、酸碱度和光照情况，合理规划每个种植区的农作物

雅乐农耕园共分为十个区域，分别为中草药种植区、蔬菜种植区、彩虹花海、大棚立体瓜果种植区、多肉植物区、热带亚热带作物区、盆景长廊、攀爬类植物区、乔

木灌木蕨类种植区、水生动植物养殖区等。每一个区域由老师开展项目式教学，带领学生检测土壤的水分、肥沃度、酸碱度和光照情况，培养科学种植的意识。

图3　《乐·生产》校本课程

（五）通过编写农业生产劳动教育校本课程，保障农耕劳动教育有序、系统实施

通过各类科学种植技术，制定种植计划，做好种植园的日常管理和当季农作物的种植，不断积累优秀的种植案例、研究主题、实物成果和研究报告，编写特色的《乐·生产》劳动种植教育校本课程，保障农耕劳动教育和科学种植计划有序、系统实施。

（六）与各类综合实践基地、现代化农业基地合作，开发小农田教育资源

通过蔬菜种植基地的研学活动，邀请专家学者及专业人士、家长到校出谋划策，增加学生对瓜果蔬菜种植的认识，拓宽劳动教育的广度，提高科学种植的成效，让学生走向社会、走进大自然，换个地方、换种方式接受不一样的劳动教育和实践体验。

五、课程评价

我校劳动教育课程体系，均有相应的评价方式和评价指标制度。如有"一周劳动盘点"，每月"劳动之星"评比，每学期"劳动小模范""劳动小能手人"评比等，采用自评、小组评、教师评、家长评的多元评价方式进行等级评价及描述性评价；根据学生平时劳动参与的积极性、劳动项目的多样性、劳动技能的熟练性、劳动活动的坚持性、劳动成果的可接受性、劳动过程的创造性等"六性"进行评价。学期末，结合德育综合评价系统对每个学生进行线上评价，将过程性评价与终结性评价相结合，既有量化评价，又有质性评价，从而促进学生多元化发展。

六、实施成效

（一）学校方面

学校落实立德树人根本任务，构建了德智体美劳全面培养的教育体系，以校本课程、常规化社团活动和具有区域特色劳动主题或项目为依托，提高了学校的办学特色和育人功能。学校"N+4"劳动教育课程已经实施两年，成果显著，形成了"正·科

创、雅·生活、和·志愿、乐·生产"的劳动教育特色课程。先后被认定为"花都区中小学劳动教育特色学校""广州市中小学劳动教材试点学校""广州市中小学劳动教育特色学校""广东省劳动教育专项课题研究学校"和"广东省劳动教育教研基地实验学校"。我校劳动教育办学特色在市和区均享有盛誉：2023年3月代表花都区参加广州市教育局关于举办的"广州市中小学劳动教育现场会暨中小学劳动教育特色学校成果展示"；2023年5月，参加2023年广州科技活动周校园科技教育交流&校园科学种植成果展示；2023年参加了首届广州市中小学劳动课程优秀科组评选活动，通过了6月的现场答辩，获得"首届广州市中小学劳动课程优秀科组"称号；2023年7月参加了"先行先试 蓄力发展"广州市劳动教育试点学校经验交流现场会，肖玉娴校长作《校长领航促发展 齐心协力创特色——学校如何加强劳动课程与教学的领导和管理》主题发言。还多次在区内中小学校的劳动办学特色交流会上介绍经验，师生的劳动教育教学成果和作品在市、区的教学成果评比中获奖累累。

（二）教师方面

提高了教师对劳动教育的认识和重视程度，提高了跨学科、跨领域的综合性学习和研究能力。部分获奖成果："葵花籽原来是这样来的"获广东省2021年"我劳动，我快乐"劳动教育主题活动三等奖；"变废为宝之山体模型制作""我劳动我快乐""农耕生态园农耕生产劳动"分别获广州市"双减"工作中综合实践活动和劳动课程作业设计与实施成果二等奖、三等奖；从"开心农场"到"农耕生态园"获2021年广州市中小学劳动教育特色成果奖；"双减政策下开展劳动教育课程建设与实践"案例获2022年广州市中小学教育教学优秀典型案例三等奖；等等。

（三）学生方面

通过农耕生态园的学习，学生掌握了相关的劳动技术，学会使用劳动工具，懂得种植不同瓜果蔬菜鲜花的环节；初步掌握了农作物的种植方法，学会栽种植物。培养学生的劳动观念，激发学生劳动的热情，体会劳动人民的艰辛，也体验到劳动创造美好生活、劳动创造财富的过程，感受劳动创造价值，增强产品质量意识，培养工匠精神。部分学生获奖成果："长岗中学现代都市农耕生态园""小菜园里的酸甜苦辣""从开心农场到农耕生态园""自然地理环境对农作物生长的影响"入选2021年广州市"城市小菜园"中小学生主题作品；"地理实践力融合劳动教育共发展项目式作业"获2022年花都区初中"双减"教学案例一等奖；等等。

图4 雅乐农耕园一角

图5 雅乐农耕园宣传栏

三域四美，濡染人生底色

——广州市南沙区莲塘小学"三域四美"课程建设

◎ 广州市南沙区莲塘小学　陈建雄

一、课程背景

劳动教育是基础教育的重要内容，是素质教育的重要载体，是全面落实党的教育方针的重要组成部分。习近平总书记在多个时段、多个时节、多种场合反复宣传和强调劳动的重要性和劳动教育的重要性。2020年3月20日，《中共中央　国务院关于全面加强新时代大中小学劳动教育的意见》对加强大中小学劳动教育进行了系统设计和全面部署，并明确指出：把劳动教育纳入人才培养全过程，贯穿大中小学各学段，家庭、学校、社会各方面……全面构建体现时代特征的劳动教育体系。这意味着在新课程实施的大背景下，让学生接受扎实有效的劳动教育，大中小学都要建立起一套完备的劳动教育体系。

"居于田而识美，耕于田而为善，思于田而修真。"未亲近泥土的童年不是快乐的童年，远离大自然的教育不是完美的教育。劳动教育是在特定场所中发生的活动，其场所是开展劳动教育活动的必要条件。建设一个让学生自主探究、观察体验、动手实践的校园小农田，开发丰富的课程资源，既能丰富和拓展劳动实践场所，满足学生便捷、持续的劳动实践活动要求，也可以更好地体现劳动的生活属性，让学生在具象化的实践活动中进行学习与感悟，体验劳动教育的深刻内涵，实现从"学生"到"劳动者"的价值统一。

二、课程理念

在新时代劳动教育的指引下，南沙区莲塘小学秉持"让每一个生命美丽生长"的办学理念，遵循"以田赋能、以田育心、以田成美"的育人理念，以《义务教育劳

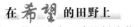

动课程标准（2022年版）》为引领、项目任务课程为主体、学科融合课程为补充构建"三域四美"小农田课程体系（见图1），通过"校家社"三域协同推进"美心、美艺、美园、美行"课程群，以"课程契合、学科融合、项目整合、校家社配合"的方式来实现"田园+教育"的五育融合，培养学生正确的劳动观念，热爱劳动并珍惜劳动成果，养成良好的劳动习惯，丰富学生的人生底色。

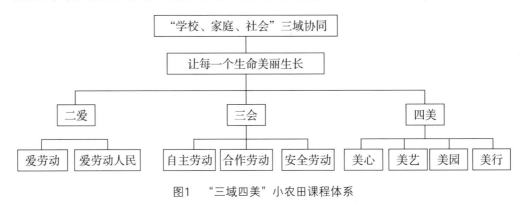

图1　"三域四美"小农田课程体系

三、课程目标

（一）总目标

进一步优化学校课程结构，丰富新课程资源，提高学生的综合素质，为学生未来美好人生奠基，使他们能适应未来社会对人才的要求。

（二）具体目标

1. 通过生态种养与研究，丰富学生研究性学习的素材，提高学生实践研究的能力。

2. 为相关学科提供适宜的课程资源，服务学科教学。

3. 创新学校德育形式，丰富德育内容，提高德育的实效性。

4. 培养学生劳动意识，逐步提高实践能力、社会责任感和创新精神等综合素养，从而为学生终身发展和人生幸福奠定基础。

5. 培养教师课程开发的能力，不断提高教师的专业素养和实践能力，以更好地实施新课程服务。

四、课程内容

"三域四美"小农田课程以服务学习课程为统领及前提条件，以服务学习的课程要义为活动组织规范，通过"三域协同"的方式实施"田园+教育"课程。课程内容设计体现了田园野趣、学创融通、润心育美等鲜明特点。见图2。"三域"是指"学校""家庭"和"社会"三个场域。以学校为轴，规范化训练农耕技能，充盈劳动教育底色；以家庭为链，日常化巩固技能，强化烹饪与营养教育；以社会为场，多样化运用技能，厚植劳动教育情怀。"四美"是指"美心、美艺、美园、美行"四大课程群。美心课程激发学生劳动兴趣，培养学生劳动意识，树立正确的劳动价值观；美艺课程培养农耕生活本领，助力未来成长；美园课程培养学生良好的劳动生活技能，服务学校环境建设与管理；美行课程引导学生深入社会实践场域，参与公益劳动，从而养成生命自觉的过程。

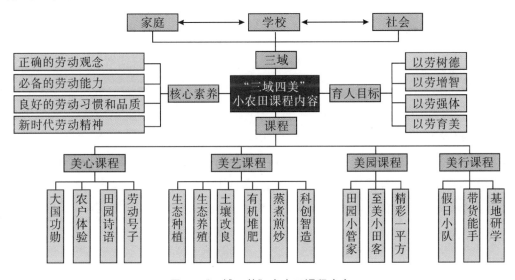

图2　"三域四美"小农田课程内容

五、课程组织与实施

（一）组织推动，让课程体系"立"起来

当前劳动教育成为一门独立课程全面走进中小学，小农田建设是实施劳动教育的有效载体。为推动劳动教育的常态化、科学化实施，我校创建了统筹有力、职责明确、三域联动的"引领式"小农田特色课程管理架构，对课程的开发与实施实行全方位、全过程的管理，保证了"三域四美"小农田特色课程的顶层设计能够有效落地。

（二）基地撬动，让课程体系"实"起来

实践基地是劳动教育的重要场域，支撑学生进行探究和实践，直接影响学生的学

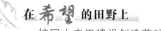

习效果，是课程有效实施的重要支持。为此，学校为劳动教育科组打造了校内小农田实践基地和校外劳动教育实践共建基地。

1. 建设校内小农田。目前已经建成了"三园一廊一塘"的植美园小农田实践基地：本草园（中草药种植园）、东篱园（蔬菜种植园）、百果园（果树种植园）、成美廊（爬藤植物廊）、同心塘（锦鲤观养塘），并以学生学习为中心，配备了完善的劳作设施设备，服务学生的"美丽生长"。

2. 校外基地研学。学校分年级组织学生走进南沙明珠农业园共建实践基地，进行以劳动体验为主的生态研学，了解无土栽培、生态大棚种植、鱼菜共生系统等新型农业，启迪创新思维，感受劳动的创造之美。

（三）学科拉动，让课程边界"通"起来

"三域四美"小农田课程群具有跨学科的鲜明特点，在农耕实践过程中，学生会运用到各学科的知识与能力。为此，我们融合各学科特点，挖掘本学科蕴含的劳动教育资源，创设劳动教育情境，设计劳动教育问题，打通课程边界，将学科教学与小农田进行有机融合，把劳动教育课开进小农田，让劳动教育真实发生。如语文课，学生高兴地在小农田找春天；数学课，学生到自己的责任田来丈量土地、测量株距；美术课，学生在小农田全神贯注地写生创作；音乐课上，学生唱田园歌曲、劳动号子；科学课，学生在小农田与昆虫相约……

（四）项目带动，让课程实践"燃"起来

结合小学生年龄和认知特点，我们从"田园·生活""田园·创作""田园·服务"三个维度，分低段、中段、高段三个学段，整合资源，开发了"植物王国""昆虫世界""驱蚊小香包""直播带货""广府美食"等系列小农田劳动教育综合实践活动。这些活动让学生亲历劳动过程，学会手脑并用，在劳动实践中锻炼动手能力、培养思想品德、探究科技奥秘，增强了劳动综合育人的实效。

（五）科研驱动，让课程内容"富"起来

学校以科研为引领，驱动课程"纵深式"发展。劳动教育科组积极围绕劳动教育开展课题研究。2022年7月，我校课题《新时代校家社协同开展小学劳动教育的实践研究》成功被教育部课程教材研究所立项。今年，我校继续纵深拓展"田园+教育"课程的研究，组织团队申报广州市教育研究院2023年度科研课题《校家社协同下校园小农田的建设与实施研究》，让"三域四美"小农田课程走向特色化、精品化。

（六）三域联动，让课程队伍"强"起来

为打破教育围墙，保证校内小农田劳动基地的顺利运作，学校以班级责任田分包制形式进行建设和管理，并由劳动教育科组长当园主，聘请在种植方面有丰富经验的校外辅导员向师生传授种植实践经验，并现场指导班级种植。招募家长志愿者协助班级责任田管理，解决节假日小农田的管理难题。同时，与黄阁镇"扫黄打非"办、南沙区明珠农业园签订共建协议，支持和帮助我校师生开展劳动实践活动。

六、课程评价

适时、适切的评价能够激发、引导、保持和规范学生的行为，使之成为更好的自己。《义务教育劳动课程标准（2022年版）》指出，劳动课程评价要遵循导向性、发展性、系统性的基本原则，注重平时表现评价和阶段综合评价。"三域四美"小农田课程评价遵循以上原则，以劳动素养为导向，以劳动实践为视角，对学生的发展变化进行多元、全程的评价，帮助学生实现持续的劳动热情，逐步走向创造性劳动。

1. 评价量规与非正式评价并用。劳动实践前，师生一起设计评价量规，每个学生都能够理解其中的评价指标，在整个劳动实践过程中，自动自觉地对照量规，不断自我评价、反思、改善。评价量规是面向全体的、前置性的，而非正式评价即是面向个别的、即时性的。当学生在劳动学习中遇到困扰而停滞不前时，要求老师及时用具有提示性的非正式评价语予以点拨："为什么这样呢？""试试用其他的方法！"让学生在这些富有启发性的话语中获得继续前行的方向与力量。

2. 个人评价与小组评价并重。学生在劳动实践中，依据相应的评价量规，对个人单独完成情况进行自评，通过自我评价提升反思能力。同时，为了培养学生的团队精神，促进小组成员之间互助互学、互补互促，活动后共同反思，小组各成员之间根据合作态度、合作方法、参与程度进行评价，通过同伴互评促成取长补短，激发学习的动力。

3. 表现性评价与阶段性综合评价并行。我们强调教师要关注学生在解决劳动问题过程中的表现，用学校研制的"至美币"为评价工具，对学生劳动过程中的表现进行持续性的表现性评价，指引学生不断改进学习。在学期、学年结束时，我们根据学生的综合表现评选"田园小达人""至美小田客""至美班级"等。

七、实施成效

1. 学生劳动热情高涨。"看！我们种的甜玉米棒子个个颗粒饱满，一定很好

图3　植美园小农田实践基地掠影

吃……"孩子们的脸上写满自豪和喜悦。"三域四美"小农田课程为孩子们提供了一个"体验农耕、享受田园"的美好实践平台，既建立了劳动与生活的有机联系，又秀出了孩子们的劳动风采，进一步激发了他们参加劳动的热情。校园无论冬夏，不论晨昏，总会看到孩子们活跃在田间的身影，成为了校园一道亮丽的风景，成为校园文化特色建设新的生长点。

2．学生劳动素养提升。"三域四美"小农田课程真正促进学生生命成长，促成了学生核心素养的养成，为学生获得未来生存与发展的能力奠定坚实的基础。

3．教师专业成长。"三域四美"小农田课程的开发与实施研究将教师推上了教育科研的探索之路，老师们不断修正、完善课程的设计、实施和评价，从被动到主动，教师的内驱力被激活，专业水平不断提高。

4．家长观念转变。家长从孩子的成长中切实感受到"三域四美"小农田课程的综合育人价值，树立起对课程的正确认知，从而身体力行地支持课程的全方位实施，以不同的姿态走进学校，成为"三域四美"小农田课程全面落地的有力推手，家校协同育人成效显著。

5．学校特色发展。"三域四美"小农田课程的开发与实施撬动学校教育文化革新，课程创新推动学校发展上台阶。我校先后被评为广东省绿色校、广东省基础教育劳动教育学科教研基地实验学校、南沙区垃圾分类先进学校，并获得南沙区教育工作先进集体荣誉称号。

图4　学生参与劳动场景

"顺和"生态种植课程

——广州市南沙区顺平小学校园小农田课程建设

◎ 广州市南沙区顺平小学　黄健仪

一、课程理念

顺和生态种植校本课程在"顺应天性，和谐与人"的办学理念的引领下，以面向全体学生和充分发挥学生主体地位为课程理念，结合劳动教育，在校内开发与实施的生态种植校本课程。

（一）面向全体学生

"顺和"生态种植课程的核心理念是尊重每一个人的发展需求，尊重生命成长的基本规律，相信每个人都能通过教育走向属于自我的成功人生。因此，该课程面向一至六年级全体学生开设，分为高中低三个年段，每个年段设置对应层次的学习目标、主题内容，开展相应的探究实践活动。课程为每一位学生提供学习实践、展示才华的平台，促进学生劳动素养全面和谐发展。

（二）充分发挥学生的主体地位

"顺和"生态种植校本课程为每一个孩子提供展现自己独特的个性的舞台，在这里表达自己、创造自己，鼓励学生按照自己的天性发展自己，让每一个人都能找到自己的兴趣和爱好。因此，该课程以项目学习为主要学习方式，选择项目种植品种、提出项目种植任务、实施项目种植过程、评价项目成果等步骤均由学生参与，激发学生的学习兴趣，发挥学生主体地位，让学生自主学习、主动参与。

二、课程目标

（一）总目标

1. 劳动素养：引导学生学习劳动知识，鼓励学生参加劳动实践，培养学生珍惜劳动成果的品质。锻炼学生的动手能力，培养学生的劳动观念，激发学生的劳动热情，体会劳动人民劳动的艰辛。

2. 生命教育：懂得尊重生命、尊重自然，培养科学实证的思想以及与人交往合作的能力。增进对大自然的认识，树立保护环境、创造环境的意识。

3. 科学素养：了解一些简单的生态种植知识和方法，如：科学用肥，施用土壤改良剂、微生物菌肥、有机肥，用中草药制剂早期预防，补充有益菌等。具备科学精神、科学态度和科学方法，学习科学家精神，养成坚持不懈、对抗挫折的良好意志品质，充满好奇心和求知欲，初步养成从事探究活动的正确态度。

4. 财经素养：养成正确的金钱观念、财富观念，学习一定的财经知识，如计算义卖活动成本支出与收入，初步学会控制成本、规划收入资金的使用等。

（二）各年段目标

低年段：一、二年级

1. 劳动素养：养成正确的劳动观念，激发劳动热情，体会劳动的艰辛，明白劳动的重要性；在老师的指导下能完成简单的种植管理任务。

2. 生命教育：懂得要尊重植物生命、有爱心；形成保护环境、创造环境的意识。

3. 科学素养：了解蔬菜的生长特点，初步掌握一些生态种植方法，学会栽种几种蔬菜；了解蔬菜与人体健康的关系，初步树立科学食用蔬菜的意识。

4. 财经素养：培养正确的劳动观念、金钱观念，懂得付出才有收获。

中年段：三、四年级

1. 劳动素养：培养学生的劳动观念，激发劳动热情，体会劳动人民劳动的艰辛，树立劳动最光荣的观念。能初步独立完成种植管理任务，初步养成参与种植劳动的习惯。

2. 生命教育：懂得要尊重植物生命，初步懂得生态种植的意义和价值，树立正确的保护生态环境的观念。

3. 科学素养：了解各种中草药的名称和药用价值；初步掌握一些生态种植方法，学会栽种几种中草药；懂得珍视并传承祖国的优秀传统文化。

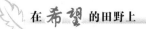
4. 财经素养：养成正确的金钱观念、财富观念，学习一定的财经知识；懂得计算简单的收入和支出问题。

高年段：五、六年级

1. 劳动素养：形成正确的劳动观念，提高动手能力，对劳动充满热情；能熟练运用劳动技能创造性地完成劳动，通过小组合作完成简单的研究小课题。

2. 生命教育：懂得要尊重植物生命、有爱心；增强对大自然的热爱之情，初步形成保护生态环境的责任意识。

3. 科学素养：了解家庭常见的花卉和种植的基本知识；提高审美能力和文化修养；初步学会开展小课题研究的步骤，并完成小组探究活动。

4. 财经素养：养成正确的金钱观念、财富观念，学习一定的财经知识；懂得计算种植产生的收入和支出问题，学会合理分配资金。

三、课程内容

"顺和"生态种植课程内容见表1。

表1 各年段"顺和"生态种植课程主题及内容

年段	活动主题	活动内容及要求	建议种植品种
低年段	我是蔬菜种植小能手	1. 完成种植项目方案表。了解一些当季的瓜果蔬菜属性，确定选择种植的瓜果蔬菜品种、项目分工安排。 2. 初步了解生态种植方法。 3. 种植体验。开展在劳动基地里整地、施肥、播种、管理等活动，了解蔬菜生长的知识，完成"植物名片"。 4. 用收获的蔬菜制作一道菜。	瓜果蔬菜：番茄、番薯、茄子、辣椒等
中年段	我爱我的百草园	1. 完成种植项目方案表。了解一些当季的中草药属性，选择种植的中草药品种，做好项目分工安排。 2. 学习生态种植方法。学习种植理论知识，如科学用肥，用中草药制剂早期预防，补充有益菌等，完成生态种植实验单。 3. 种植体验。了解中草药的品种、特点、生活习性等，懂得种植的环节，掌握简单的种植方法，学习栽种几种中草药，完成"植物名片"。 4. 制作中草药档案卡。通过看、嗅、尝、访等方式了解种植的中草药，并制作成档案卡，学会制作一道药食同源的食品。	中草药：艾草、薄荷、菊花、姜等

（续表）

年段	活动主题	活动内容及要求	建议种植品种
高年段	小花卉大世界	1. 完成种植项目方案表。了解一些当季花卉的属性，选择种植的花卉品种，做好项目分工安排。 2. 学习生态种植方法。学习种植理论知识，如科学用肥，施用土壤改良剂、微生物菌肥、有机肥，完成生态种植实验单。 3. 种植体验。了解花卉的品种、特点、生长习性等，懂得种植的环节，掌握简单的种植方法，学习栽种几种花卉，完成"植物名片"。 4. 制作花卉作品：学习利用花卉制作蜡染作品；学会以花卉为食材制作健康美食。	常见花卉：向日葵、波斯菊、太阳花、含羞草、多肉植物等

四、课程组织与实施

（一）实施过程

1. 有规律地开展劳动课。一、二年级每两周一节劳动课，三至六年级每周一节劳动课。

2. 项目学习流程：（1）设计项目方案。包括：选择种植品种并说明原因、设计场地要求并布置场地、人员安排、提出并描述项目任务。（2）实施项目。如种植体验，种植前期准备：翻土、育种、种植；种植中期：日常管理，如除虫、浇水、施肥、观察记录等；开展探究小课题。（3）小组整理活动成果，班内交流评价。教师指导整理和完善活动初步成果。（4）成果展示。根据课程目标，评选"顺和"劳动小达人；教师指导成果汇报形式，如：义卖活动、报告会、成果展示会等。

3. 各班根据季节选择种植品种，确保种植活动的合理性与科学性。

（二）实施形式

1. 集中授课。教师组织学生集中学习，课堂可设置在课室或劳动实践田。

2. 分组学习。将学生分成若干个小组，合作完成种植、观察等活动。

3. 个人活动。学生独立思考、完成课程项目，发挥学生的主观能动性。

4. 主题任务。确定一定的研究主题，学生进行考察探究、对种植成果进行整理并汇报。

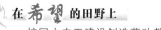

（三）时间安排

"顺和"生态种植课程各年级劳动课程安排见表2。

表2　各年级劳动课程安排表

主题	班级	时间	地点	内容	负责人
我是蔬菜种植小能手	一、二年级	第一周	课室居家	完成种植项目方案表。了解一些当季的瓜果蔬菜属性，选择种植的瓜果蔬菜品种，确定项目分工安排。	相关年级劳动教育老师
		第二周起	实践田居家	种植体验。在劳动基地里开展整地、施肥、播种、管理等活动，了解蔬菜生长的知识，完成"植物名片"。	
		第三周起	实践田课室	初步了解生态种植方法，绘制关于生态种植方法的手抄报。	
		第四周起	课室实践田	观察班级种植田里的植物生长情况，教师展示植物每阶段的生长照片，绘制植物生长过程的科普绘画。	
		第七周起	课室居家	制作蔬菜美食，与家人或同学分享。	
		第九周	课室	成果展示与评价交流	
我爱我的百草园	三、四年级	第一周	课室居家	完成种植项目方案表。了解一些当季的中草药属性，选择种植的中草药品种，确定项目分工安排。	相关年级劳动教育老师
		第二周起	实践田居家	种植体验。了解中草药的品种、特点、生长习性等，懂得种植的环节，掌握简单的种植方法，学习栽种几种中草药，完成"植物名片"。	
		第三周起	实践田课室	学习生态种植方法。学习种植理论知识，如科学用肥，用中草药制剂早期预防，补充有益菌等，完成生态种植实验单。	
		第四周起	课室实践田	制作中草药档案卡。通过看、嗅、尝、访等方式了解种植的中草药，并制作成档案卡。	
		第七周起	课室居家	制作一道药食同源的食品，与家人或同学分享。	
		第九周	课室	成果展示与评价交流。	

（续表）

主题	班级	时间	地点	内容	负责人
小花卉大世界	五、六年级	第一周	课室居家	1. 完成种植项目方案表。了解一些当季花卉的属性，选择种植的花卉品种，确定项目分工安排。	
		第二周起	实践田居家	种植体验。了解花卉的品种、特点、生长习性等，懂得种植的环节，掌握简单的种植方法，学习栽种几种花卉，完成"植物名片"。	
		第三周起	实践田课室	学习生态种植方法。学习种植理论知识，如科学用肥，施用土壤改良剂、微生物菌肥、有机肥，完成生态种植实验单。	
		第七周	课室实践田	利用花卉制作蜡染作品。	
		第八周	课室居家	制作花卉为食材的健康美食。	
		第九周	课室	成果展示与评价交流。	

五、课程评价

（一）对于学生的评价

以本课程目标、内容要求为依据，结合劳动教育目标要求设计评价内容，将过程性评价和结果性评价结合起来，利用互联网等现代信息技术手段，开展种植过程监测与评价，发挥评价的育人导向和反馈改进功能。

1. 平时表现评价

（1）关注学生在种植课程活动中的实际表现，注重从行为表现中分析把握劳动观念形成情况。

（2）以问答的形式进行自我评价，辅以教师、同伴、家长等他评方式。指导学生进行反思改进。

（3）对观察记录、作品等进行评价，选择有代表性的写实记录或作品进行展示。

2. 学段综合评价

学段结束时，依据学段目标和内容，结合综合素质档案分析，兼顾课堂表现和课外劳动实践，对劳动素养、生命教育、科学素养、财经素养等方面的发展状况进行综合评定。

（二）对于教师的评价

依据教师在开发与实施本课程中的表现进行量化评价。从课程目标、课程内容、组织实施、课程成果等方面进行评分。详见表3。

表3　顺平小学校本课程评价表（教师）

内容	具体指标	分值	得分
课程目标	1. 教学目标明确清晰。 2. 四维目标齐全。 3. 考虑到学生分层的因素，贯彻因材施教的原则。	20	
课程内容	1. 教材框架清晰，有序列性。 2. 教材内容科学、启发性强、突出实践能力的培养。	20	
课程实施	1. 学期初能制定好教学计划、安排好教学进度。 2. 能深入钻研教材，根据学生的实际，设计内容开放、容量适量、层次分明、有针对性的教案。 3. 每次上课有考勤记录。 4. 能面向全体学生，因材施教，学生情绪高涨，整体效果好。	20	
课程成果	1. 能激发并维持学生对该课程的兴趣，学生对教师满意度测评高。（5分） 2. 能及时收集、整理学生学习的过程性资料。（5分） 3. 成果展示，指导学生在各类比赛中获奖。（10分） 4. 能整理出完整的课程资料。（10分） 5. 教师个人参与校级以上有关本课程的课题及论文并获奖。（10分/篇）	40	
总分	每学期期末根据本考核表对辅导教师进行考核，评出优秀（90分及以上）5人，良好（80-89分）8人，并在绩效考核中相应加分。	100	

（三）对于课程的评价

采用问卷调查的方法，了解学生对课程的评价，促进课程发展。问卷示例如下：

广州市南沙区顺平小学"顺和"生态种植课程学生调查问卷

班级：＿＿＿＿＿＿＿　　姓名：＿＿＿＿＿＿＿

同学，你好！为了解学生对我校的"顺和"生态种植课程的看法，让学校更好地开设该门课程，请你配合完成以下问卷，请如实回答。本问卷的第一、二大题为单选题。谢谢你的参与。

一、你本学期参加了"顺和"生态种植课程了吗？（　　　　）

A. 参加了　　　　B. 没有参加

二、关于该门课程，这里有几个问题，请你对每一个问题作出选择。

A. 非常同意 　　　B. 同意 　　　C. 勉强同意 　　　D. 不同意

1. 你对该门课程感兴趣（　　　）

2. 该门课程的教学形式生动（　　　）

3. 学习该门课程你的收获很多（　　　）

三、综合上述原因，你对你所选的这门课程的总体评价是（　　　）

A. 非常好 　　　B. 较好 　　　C. 一般 　　　D. 较差

四、关于任课教师，这里有几个问题，请你对每一个问题作出选择。

A. 同意 　　　B. 有时 　　　C. 不同意

1. 教师按时上课，不提前下课，中途没有离场。（　　　）

2. 教师能提出富于挑战的问题供我们讨论、研究，并鼓励我们在课堂或课后思考。（　　　）

3. 教师充分准备每一节课，有效使用课堂时间。（　　　）

五、关于你本人，这里有几个问题需要你回答：

1. 你希望在下学期的该门课程里学习哪些内容？

_____

2. 你希望哪位或哪几位教师帮助你学习该门课程？

_____

六、你对学校开展该门课程有何意见和建议？

_____

_____

劳作在天畦

——广州市天河区先烈东小学小农夫课程建设

◎ 广州市天河区先烈东小学　谢镇宇

为贯彻落实《中共中央　国务院关于全面加强新时代大中小学劳动教育的意见》《大中小学劳动教育指导纲要（试行）》相关指导意见，先烈东小学在落实劳动常规实践的基础上依托学校"小农夫实践基地"开发小农夫课程，开展劳动教育。

一、课程理念

秉承绿色环保的理念，探索"循环—再生"的模式，进行"选种—育苗—种植—结果—育种"的实践和"杂草—制肥—施肥"的研究，促进天台种植可持续与劳动教育可持续，发展学生劳动素养。见图1。

图1　小农夫课程理念

二、课程目标

结合"先小天畦"种植园开展劳动教育，引导学生观察植物生长，了解种植和养护知识，掌握基本劳动技能，开展种植研究，体验劳动的辛劳与快乐。通过种植、观察、研究获得亲身体验，提高农业生产劳动能力，养成正确的劳动观念、习惯、品质和精神。

三、课程内容

本课程根据学校红棉课程框架，分为自然之路、植物栽培、天畦臻品三大部分。课程结合季节与上下学期分为秋冬季学材、春夏季学材大纲（见表1、表2）。现已开发出春季、秋季两册合计30课。目录示例见图2。

1．自然之路：内容是观察与实验，含"先小天畦"水分、土壤、植物、昆虫系列的观察与实验项目。

2．植物栽培：内容是种植的知识与技能，含"选种—育苗—种植—结果—育种"种植循环和"除草、松土、施肥、采摘"等种植劳动的基础知识、基本技能。

3．天畦臻品：内容是设计与产品，含在"先小天畦"使用的创意作品和用劳动成果加工的产品。

表1　秋冬季学材大纲

单元	课题	目标	任务	评价
第一单元 秋冬种植	1．秋季选种	1．看视频了解任务，学习秋季选种知识。 2．选择当季适合种植的蔬菜。 3．根据选种标准选出良种。	1．视频打卡 2．根据播种时间选择要种的菜 3．遴选良种的标准，检查带来的种子是否符合要求	1．打卡 2．评价表 3．评价表
	2．催芽	1．看视频认识种子萌发的条件，学习催芽方法，了解不同种子催芽要点。 2．为不同种子设计浸种时间和发芽时间。 3．合作制作培养皿，实践浸种和纸上催芽的操作。	1．视频打卡 2．浸种、发芽设计表 3．合作制作培养皿，进行催芽操作	1．打卡 2．评价表 3．3A评价
	3．育苗	1．看视频认识育苗的基本方法，学习育苗及护理。 2．按比例调配基质，并填充育苗盘，将各组已经发芽的种子移入育苗盘，进行育苗护理。 3．持续观察育苗过程，记录菜苗的成长情况。	1．视频打卡 2．育苗活动 3．育苗观察记录	1．打卡 2．3A评价 3．展示评优

（续表）

单元	课题	目标	任务	评价
	4. 移苗	1. 看视频认识移苗的时机，学习移苗定植操作程序，了解缓苗期护理知识。 2. 将育苗盘或苗圃的菜苗移植到田地里。 3. 持续观察菜苗的生长并记录。	1. 视频打卡 2. 移苗活动 3. 菜苗生长观察记录	1. 打卡 2. 3A评价 3. 展示评优
	5. 除草	1. 看视频了解任务并学习除草知识。 2. 现场分辨出田地中的3种杂草。 3. 合作劳动清除一片地的杂草，体验完成劳动任务的喜悦。	1. 视频打卡 2. 杂草辨识 3. 合作清除杂草	1. 打卡 2. 评价表 3. 3A评价
	6. 认识蔬菜	1. 看视频认识12种蔬菜。 2. 学会看图辨别蔬菜。 3. 现场观叶辨菜。	1. 视频打卡 2. 看图辨菜 3. 现场辨菜活动	1. 打卡 2. 评价表 3. 3A评价
	7. 修枝	1. 看视频了解修枝的作用、时机和方法。 2. 小组合作观察作物图片，判断哪些枝条需要修枝。 3. 小组合作实地观察并修枝。	1. 视频打卡 2. 枝条情况判断及修枝方法选择练习 3. 修枝活动	1. 打卡 2. 批改 3. 3A评价
	8. 收获	1. 看视频了解收获全过程，含采收的方法、清洗与整理、简单的加工。 2. 学会采收的方法，并会清洗整理或加工。 3. 小组合作收获。	1. 视频打卡 2. 填写采收方法选择表 3. 收获活动	1. 打卡 2. 小组互评 3. 3A评价
第二单元 泥土循环 与除虫	9. EM厨余堆肥	1. 看视频认识EM菌成分、作用，学习EM堆肥操作流程。 2. 收集厨余垃圾进行EM堆肥。 3. 持续观察EM发酵过程并记录。	1. 视频打卡 2. EM堆肥活动 3. EM发酵观察记录	1. 打卡 2. 3A评价 3. 展示评优
	10. 天台泥土循环	1. 看视频认识实现天台泥土循环的防流失固土、有氧堆肥、EM堆肥三循环。 2. 收集杂草泥土等混合垃圾进行好氧堆肥。 3. 持续观察防流失固土循环过程并记录。	1. 视频打卡 2. 好氧堆肥活动 3. 防流失固土循环观察记录	1. 打卡 2. 3A评价 3. 展示评优
	11. 抓害虫	1. 看视频认识益虫害虫，观察天台有哪些害虫，学习找害虫、抓害虫的方法。 2. 分辨害虫。 3. 小组合作抓害虫	1. 视频打卡 2. 抓害虫记录表 3. 抓虫活动	1. 打卡 2. 小组互评 3. 3A评价

（续表）

单元	课题	目标	任务	评价
	12. 辣椒水杀虫剂	1. 看视频了解辣椒水杀虫剂制作方法。 2. 学会辣椒水杀虫剂的制作方法，学会按比例配制药水。 3. 小组合作制作辣椒水杀虫剂。	1. 视频打卡 2. 按比例制作辣椒水杀虫剂 3. 辣椒水杀虫剂制作活动	1. 打卡 2. 评价表 3. 3A评价
第三单元 标本与说明	13. 压制植物标本	1. 看视频学习压制标本的步骤。 2. 采集休整植物，压制标本。 3. 分享标本。	1. 视频打卡 2. 采集、压制标本 3. 将压制好的标本过塑并展示	1. 打卡 2. 评价表 3. 展示分享 4. 3A评价
	14. 制作滴胶标本	1. 看视频学习制作滴胶标本的步骤。 2. 制作滴胶标本。 3. 分享标本。	1. 视频打卡 2. 制作滴胶标本 3. 展示滴胶标本	1. 打卡 2. 评价表 3. 展示分享 4. 3A评价
	15. 为我们的产品设计说明	1. 看视频通过设计范例"丝瓜络洗碗刷的产品说明"，了解设计产品说明的过程及要求。 2. 学会产品说明的设计方法。 3. 小组合作设计"洛神花茶"的产品说明。	1. 视频打卡 2. 说明文字梳理表 3. 产品说明	1. 打卡 2. 组内评议 3. 展示评优 4. 3A评价

表2　春夏季学材大纲

单元	课题	目标	任务	评价
第一单元 春夏种植	1. 春季选种	1. 看视频了解任务学习春季选种知识。 2. 选择当季适合种植的蔬菜。 3. 根据选种标准选出良种。	1. 视频打卡 2. 根据播种时间选要种的菜 3. 检查种子是否符合要求	1. 打卡 2. 评价表 3. 评价表
	2. 绿豆发芽	1. 看视频了解绿豆发芽杯的制作。 2. 绿豆发芽实验。 3. 持续观察，记录绿豆芽的生长。	1. 视频打卡 2. 做绿豆发芽杯 3. 绿豆芽生长记录	1. 打卡 2. 3A评价 3. 展示评优
	3. 认识瓜类	1. 看视频认识四种瓜类。 2. 学会通过观察茎、叶、果的特征辨别瓜的种类。 3. 现场辨别瓜类。	1. 视频打卡 2. 看图辨瓜 3. 现场辨瓜活动	1. 打卡 2. 评价表 3. 3A评价

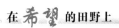

（续表）

单元	课题	目标	任务	评价
	4. 瓜豆搭架	1. 看视频，学习瓜豆搭架的设计和制作的方法。 2. 小组合作设计豇豆搭架，画设计图。 3. 小组合作搭架。	1. 视频打卡 2. 豇豆搭架设计图 3. 搭架活动	1. 打卡 2. 展示互评 3. 3A评价
	5. 间种	1. 看视频了解间种的优点。 2. 小组合作移苗间种。 3. 持续观察，记录间种植物生长情况。	1. 视频打卡 2. 移苗间种实验 3. 间种植物生长记录	1. 打卡 2. 3A评价 3. 展示分享
	6. 轮作	1. 看视频了解连作障碍，轮作的方法及好处。 2. 轮作观察记录。	1. 视频打卡 2. 观察记录	1. 打卡 2. 展示分享 3. 3A评价
	7. 铺设除草布	1. 看视频了解除草布的作用及铺设方法。 2. 测量后画出设计图，标出剪位。 3. 小组合作铺设除草布。	1. 视频打卡 2. 画设计图，计算用料 3. 铺设除草布	1. 打卡 2. 小组互评 3. 3A评价
	8. 架设防虫网	1. 看视频了解怎样用玻纤杆架设防虫网。 2. 测量后画出设计图。 3. 小组合作铺设防虫网。	1. 视频打卡 2. 画设计图，计算用料 3. 铺设防虫网	1. 打卡 2. 展示评优 3. 3A评价
	9. 多肉植物培养	1. 看视频了解多肉植物培养方法。 2. 将多肉植物移植到花盆。 3. 记录多肉植物生长情况。	1. 视频打卡 2. 多肉移植活动 3. 观察记录	1. 打卡 2. 3A评价 3. 展示评优
第二单元 观察与记录	10. 植物的观察与记录	1. 看视频了解植物观察与记录的方法。 2. 根据不同目标选择不同的观察和记录方法。 3. 用图示加标注，准确记录植物特征。	1. 视频打卡 2. 观察与记录方法选择表 3. 图示加标注观察记录	1. 打卡 2. 小组互评 3. 展示评优
	11. 天台生态系统观察	1. 看视频了解生态系统基础知识。 2. 小组合作观察天台存在哪些生态链。 3. 用图示法画出生态链并进行说明。	1. 视频打卡 2. 生态链观察活动 3. 生态链图示	1. 打卡 2. 3A评价 3. 小组互评
	12. 天台灌溉系统	1. 看视频了解天台灌溉系统组成。 2. 观察灌溉情况。 3. 找出灌溉不良处，并调节喷嘴改善灌溉。	1. 视频打卡 2. 灌溉情况记录表 3. 改善灌溉系统活动	1. 打卡 2. 小组互评 3. 3A评价

（续表）

单元	课题	目标	任务	评价
第三单元 设计与 制作	13. 制作叶脉标本	1. 看视频学习制作叶脉标本的步骤。 2. 制作叶脉标本。 3. 分享标本。	1. 视频打卡 2. 制作叶脉标本 3. 展示叶脉标本	1. 打卡 2. 3A评价 3. 展示分享
	14. 植物标牌设计与制作	1. 看视频学习制作植物标牌的步骤。 2. 制作植物标牌。 3. 将标牌插到地里。	1. 视频打卡 2. 制作植物标牌 3. 展示植物标牌	1. 打卡 2. 3A评价 3. 展示分享
	15. 驱鸟作品的设计与制作	1. 看视频了解天台鸟类危害，学习设计的方法。 2. 设计驱鸟作品。 3. 制作和展示驱鸟作品。	1. 视频打卡 2. 设计图 3. 制作和展示驱鸟作品	1. 打卡 2. 小组互评 3. 展示分享 4. 3A评价

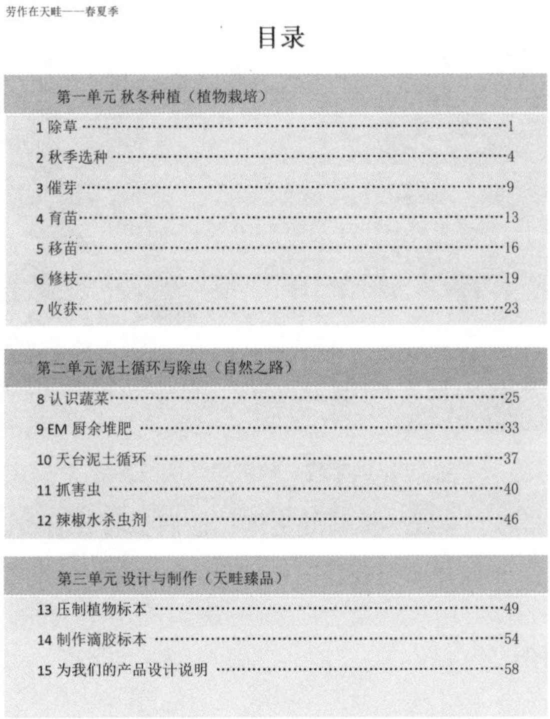

劳作在天畦——春夏季

目录

第一单元 秋冬种植（植物栽培）
1 除草 ·······1
2 秋季选种 ·······4
3 催芽 ·······9
4 育苗 ·······13
5 移苗 ·······16
6 修枝 ·······19
7 收获 ·······23

第二单元 泥土循环与除虫（自然之路）
8 认识蔬菜 ·······25
9 EM厨余堆肥 ·······33
10 天台泥土循环 ·······37
11 抓害虫 ·······40
12 辣椒水杀虫剂 ·······46

第三单元 设计与制作（天畦臻品）
13 压制植物标本 ·······49
14 制作滴胶标本 ·······54
15 为我们的产品设计说明 ·······58

图2 小农夫课程学材目录示例

四、课程组织与实施

（一）教学方法

视频学习+劳动实践；教师指导+学生劳动实践；老师指导+分组劳动实践。

（二）组织形式

集体、分组、个人相结合。个人或集体观看视频，集体释疑，分组劳动实践，小组合作任务，个人劳动体验。

（三）师生角色定位

1. 教师设计、组织、主持。

2. 高年级已经掌握劳动知识和技能的部分优秀学生担任小助手。小助手讲解部分知识，演示部分技能，带领学生进行小组劳动。

图3 小助手教一年级同学认识蔬菜

3. 学生是劳动学习、实践、体验的主体；他们学习劳动知识和技能，参与小组合作，参与劳动实践，记录体验与收获。

五、课程评价

（一）劳动3A评价

设计简单易行的劳动3A评价（示例见表3）。结合课程任务，对劳动成果进行检验；从劳动知识、劳动技能、劳动合作三方面进行等级评价。

表3　除草任务3A评价表（示例）

种植基地名称	××××			
劳动小组成员				
劳动任务	4人合作，把整片地的杂草除干净。			
劳动成果检验	1. 是否错拔菜苗。　A. 否（　　）　　　B. 是（　　） 2. 杂草清理等级。 A. 很干净（　　）　B. 还有少量杂草（　　）　　C. 不干净（　　） 3. 合作等级。 A. 互助（　　）　　　B. 和谐（　　）　　　C. 争吵（　　） 老师确认（　　　　）			
说明：劳动评价最高级为AAA级				

（二）三结合的评价方式

评价过程"三结合"，即将个人评价、小组评价、老师评价放在一张表内完成。个人评价针对知识、技能、合作意识进行3星评价，小组评价在劳动成果检验栏选择，最后上交给老师进行确认。也可以组织各小组进行互评。

（三）灵活多样评价方式

课程的评价方式灵活多样。除劳动3A评价外，还可以进行观察记录展示、种植成果分享、在学校科技劳动节上评比"种植能手"等多种形式的评价。劳动成果及评比过程可制作为专题片《劳动最光荣》，在学校星有角电视台播放。

六、实施成效

（一）促进学生素养发展

学生在老师的指导下参与移苗种植、剪枝、抓虫、杀虫、堆肥等各个环节，学生初步形成了关爱生命、尊重自然、遵循植物生长规律和根据季节特点进行科学劳动的观念；不少同学在全校科技劳动节中被评选为"种植能手""搭架高手"，感受持续性劳动的艰辛和不易，培养持之以恒的劳动品质，并懂得珍惜劳动成果。在先小天畦的种植实践中，学生学会了与他人合作劳动，在种植过程中不怕困难，养成有始有终的劳动习惯，懂得"一分耕耘，一分收获"的道理。先小天畦既是劳动素养的培养基地，也是舒缓情绪的园地，更是学生最喜欢的乐园。学校星有角电视台制作了《劳动最光荣》专题片，对小农夫课程进行介绍。

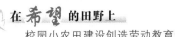

（二）依托课程实施劳动项目

依托课程实施的劳动项目有：植物标牌项目、天台泥土循环项目、天台植物循环项目、昆虫观察与防治项目、驱鸟器的设计与制作项目、艾草种植与利用项目、红薯种植和利用项目等。

1. 植物标牌项目案例

项目由谢镇宇老师执教的四年级"为天台植物办身份证"一课开始启动。我校天台种有许多植物，为了让大家认识，设计制作了插在植物旁边的标签。标签上有介绍植物的创意设计图案、文字和二维码。二维码链接"形色""花百科"两个手机应用的植物资料，通过微信扫码就能弹出相关植物的介绍资料。标签封塑防雨，夹进地插卡，再插在田地上。

2021年7月第一代插地标签采用塑料地插，轻便且成本低廉，但是插地部分短，卡牌容易受泥水污染，半年后塑料老化变脆，容易折断。2022年5月种植小组发现第一代插地标签的问题，改进设计了第二代插地标签。第二代插地标签用花束钢丝卡片夹，虽然它比塑料耐用，但是钢丝夹夹不紧，卡片容易被风吹掉，而且容易生锈，不美观。2022年9月种植小组发明了第三代插地标签。"第三代"的制作材料是不锈钢票夹和不锈钢烧烤签，再用防风打火机低温熔化锡丝，将票夹和烧烤签焊接在一起。第三代插地标签可以在户外长久使用。

2. 天台泥土循环项目案例

天台本没有泥土，工人们辛勤搬运，将泥土搬上八层楼。天台的泥土来之不易应珍惜，为此我校启动天台泥土循环项目，旨在实现天台泥土的可持续利用。天台泥土循环项目包含：①生物菌群培养技术，让学生体验"循环—再生"的过程。②研究天台泥土的成分：天台泥土由花泥、有机肥、陶粒、沙子组成。花泥是普通种植的泥土，是支撑植物生长的基础；有机肥为植物生长提供肥料；陶粒颗粒大多有孔洞，疏水透气；沙子疏松土壤。③研究天台泥土循环：我校的天台泥土循环包含防流失固土循环、有氧堆肥循环、EM堆肥循环。

（三）课程实施促进学科整合

小农夫课程的部分内容融合多学科实施，促进学生核心素养的提升。在植物标牌项目中整合了劳动、综合实践、信息技术、美术、语文等学科知识。在谢镇宇老师的公开课《为天台植物设计标签》上，学生以小组合作的形式，充分发挥创造力和想象力，为天台上的植物设计标签：设计介绍语（语文）、绘制图案（美术），添加二维码（信息技术），展示植物"身份证"、介绍设计意图（综合实践），并插到天台对应植物身边，方便同学和来宾认识植物。

我校将持续开展小农夫课程的实施，进一步推动劳动教育的发展，让"五育并举"的教育理念扎实落地，学生劳动素养得到更大的提升！

艾草·爱天下

——广州市从化区街口街新城小学校园小农田课程建设

◎ 广州市从化区街口街新城小学　温勤燕

一、课程理念

　　劳动教育是全面贯彻党的教育方针的基本要求，是实施素质教育的重要内容，是培育和践行社会主义核心价值观的有效途径。近年来，由于社会经济的发展，人们的劳动意识逐渐淡薄，中小学生的劳动机会更是少之又少，导致出现了一些学生轻视劳动、不会劳动、不珍惜劳动成果的现象。为此，新城小学立足学校"诗书竞秀，礼乐明德"的办学理念，以"荷文化"为核心引领，在"六艺竞秀"课程基础上，研发"百草园系列劳动课程"。该课程是一个以劳作为主体，集国医、诗词歌赋、药膳、养生健体于一体的立体化劳动课程模式，以百草、百花和百果三大生产链为主，以"种—赏—收—品—融—创"为结构的立体化可视课程。通过"国医启蒙，百草养健"劳动实践教育，提高学生的国医养健的意识观念，提高学生的劳动素养，促进良好的劳动习惯和积极的劳动态度，培养学生勤奋学习、自觉劳动、勇于创造的精神，为学生终身发展和人生幸福奠定基础。

　　"艾草·爱天下"课程是百草园系列劳动课程中的一门。本课程主要通过"种艾叶、采艾叶、唱艾草、诵艾草"等系列活动，培养学生热爱劳动、热爱国医文化的美好情怀。它整合学校教育、家庭教育与社会教育，帮助学生树立正确的劳动观念，从小培养学生会劳动、爱劳动，形成良好的劳动习惯，促进学生健全人格的发展。

二、课程目标

（一）总目标

　　进一步优化学校校本课程结构，丰富课程资源，培养学生的劳动技能、劳动意识和劳动习惯，提升综合素养，使他们能够适应未来的社会生活和工作，为学生开启未来美好人生奠定基础。

（二）具体目标

1. 通过种艾叶、采艾叶、唱艾草、诵艾草、做艾草书签等方式，让学生全面认识艾草，认识到劳动的重要性和意义，懂得珍惜劳动成果，尊重劳动者的劳动成果，树立正确的劳动观念。

2. 通过百变艾草茶、百变艾草美食、百变艾草工艺品等劳动活动的实施，培养学生的耐心、毅力和细心，让他们养成勤劳、认真、负责任的好习惯，逐步提高实践能力、社会责任感和创新精神等综合素养，从而为学生终身发展和人生幸福奠定基础。

3. 通过本课程的学习，学生可以学会制作简单的艾草手工艺品、艾茶等实用技巧和技能，为学生的未来生活和工作提供帮助。

4. 为相关学科提供适切的课程资源，服务学科教学；创新学校德育形式，丰富德育内容，提高德育的实效性。

三、课程内容

"艾草·爱天下"课程是百草园系列劳动课程中的一个子课程。课程内容具体见表1：

表1 学校各年级"艾草·爱天下"课程安排表

年级	课程内容	组织者
一年级上	认识艾，观察艾的生长环境，艾的植株外形、叶片形状，制作艾百草书签，品尝艾叶的味道以及"艾根"汤等。	班主任、劳动教师
一年级下	认识艾，种艾。	劳动教师、家长
二年级上	观察和记录艾的生长，诵艾草。	班主任、劳动教师、家长
二年级下	观察艾的生长，学会采艾。	班主任、家长
三年级上	学会沏艾茶。	劳动教师、家长
三年级下	学会制作艾草茶。	家长、班主任
四年级上	学会制作艾汤圆。	班主任、劳动教师、家长
四年级下	学会制作艾糍。	家长、劳动教师
五年级上	学会制作艾橘茶。	家长、劳动教师

（续表）

年级	课程内容	组织者
五年级下	学会制作艾圆茶。	家长、劳动教师
六年级上	学会制作艾工艺品（艾香囊，艾枕头等）。	家长、劳动教师
六年级下	创新艾产品。	劳动教师、家长

四、课程组织与实施

（一）规划艾田，增强主人翁责任感

学校为顺利开展"艾草·爱天下"课程，在百草园内专门划分了地块作为"艾园"，为学校开展"艾草·爱天下"课程提供基础。根据学校规划的课程内容，学生定期在田间开展锄地、翻地、下种、拔草、浇水、采摘等劳动活动。

（二）开设"艾"田必修课，推动学校特色课程

学校将艾种植课程纳入学生的必修课中，根据学生的兴趣爱好，制定了丰富多样的必修课劳动清单，如识艾、种艾、采艾、品艾、制作艾汤圆、制作艾糍、制作艾工艺品、创作艾产品等，形成"种艾叶—收艾叶—晒艾叶—做艾叶茶—做艾叶产品（"三宝茶"、艾叶枕头、香包、艾叶糍粑等）—义卖"课程主线，推动学校劳动特色课程的开展。

（三）成立艾草社团，充分发挥学生实践的主体性

小农田还划分有社团活动区域田，实行社团小组负责制，社团小组定期在小农田开展农耕活动以及劳动经验分享会。如为了迎接"五一"劳动节的到来，每个年级开展系列"品艾"特色活动：一年级制作"艾百草书签"；二年级开展"种艾草·诵艾草"活动；三年级开展"百变艾草茶"活动；四年级品尝"百变艾草美食"；五年级"采艾草·唱艾草"；六年级创作"百变艾草工艺品"。

学校还通过自荐、推荐、培训考核等方式成立了中草药宣讲团。宣讲团旨在打造一个交流分享的平台，发挥少年的责任担当，将所学所看所悟进行总结，通过多种形式的宣讲，传播艾草及其衍生产品的文化知识，增强文化自信和民族自豪感，深植爱国情怀。

（四）联动研学基地，拓宽劳动教育实施途径

学校结合实际，联动周边的研学基地等资源，探索开发劳动教育研学实践系列活

动。目前已多次在"广州从化国医小镇""广州市艾米小镇""从化甲木沙劳动教育基地"等研学基地开展研学活动（包括学生干部队伍团建活动、年级学农活动、选修课项目式研究性学习活动等），搭建起了研学基地实践模式，结合学校五育并举的劳动教育特色实现相互交融。

五、课程评价

通过开设经验分享会等方式让学生分享在劳动实践中的收获、感悟、成果，引导学生崇尚劳动、尊重劳动、学会劳动。指导老师运用学习记录表、实践记录表、劳动手册等工具对学生的劳动表现及成果进行评价，激励学生热爱劳动。见表2。

表2　劳动评价表

评价项目	评价标准	评分
小组合作制作艾草茶	我能积极与组员合作认真学习制作艾茶。	☆ ☆ ☆
	我能根据制作艾茶的关键信息完成艾茶的制作。	☆ ☆ ☆
	我能客观评价他人制作的艾茶。	☆ ☆ ☆
小组合作拓展制作更多品种的艾草茶	我能和组员一起积极探讨关于其他品种的艾茶，如艾橘茶，艾姜茶等。	☆ ☆ ☆
	我能认真学习包装艾茶的方法。	☆ ☆ ☆
	我们小组制作的艾草茶种类丰富。	☆ ☆ ☆

六、实施成效

"艾草·爱天下"课程自开展以来，取得以下成效：

（一）育人实践，形成育人模式

依托课程，形成育人模式。见图2。

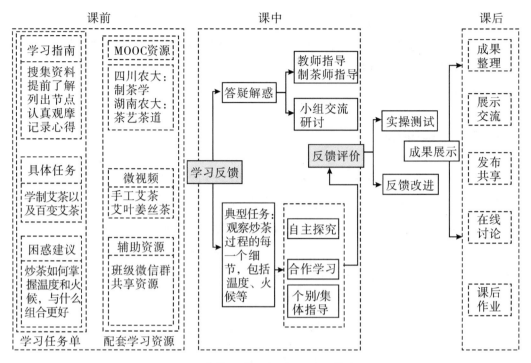

图2 "艾草·爱天下"课程育人模式图

（二）创新学校德育形式，实现家校共育

孩子和家长一起认识艾草，种植艾草，一起学习炒艾茶，交流心得，增强了亲子关系，实现家校共育。

（三）为学科融合创新提供适宜的课程资源，服务学科教学

"艾草·爱天下"课程将会继续实施，并深入应用到其他学科当中去。如我们现在正在与美术科老师研究创新，制作了与艾草相关的艺术品——创新作品《掐丝珐琅工艺装饰艾茶罐》等；与英语科老师研究如何将艾草知识融入英语科当中去，英语三年级下册第四单元主题知识是水果，拓展课是"水果沙拉"，因此温勤燕老师结合这节拓展课，展示一节教研课"跟着节气去探究——四月水果沙拉之探索水果艾沙拉"；与语文科老师收集关于艾草的诗歌，增加了知识面；与音乐课老师谱写了《艾》歌，一起诵唱；与科学科老师探究记录艾草生长过程，探索艾草最合适的生长环境等。

（四）收获艾产品，提升学生的价值体认

"艾草·爱天下"课程实施以来，学生认识了艾草，知道了艾草的生长过程以及如何采摘，知道炒艾茶的方法，学会用艾茶制作成艾橘茶、艾果茶、艾姜茶等，制作

艾草工艺品送给爸爸妈妈长辈等，学生养成了良好的劳动行为习惯，学生人格得到健全发展，新城学子未来更可期！

图3　五年级学生正在采艾草

图4　六年级学生正在制作百变艾草工艺品

绿色环保，科学种植

——广州市越秀区农林下路小学校园小农田环保种植项目式学习课程建设

◎ 广州市越秀区农林下路小学　陈艺晶

一、课程背景

为落实立德树人根本任务，促进"双减"工作落实和劳动教育高质量发展，全面推进"五育并举"，充分发挥劳动教育的综合育人功能，我校以劳动教育课程为依托，以劳动实践活动为载体，因地制宜，在校园北教学楼天台开辟了"校园小农田"劳动实践基地。实践基地丰富了学校劳动课程，让学生通过亲身种植感受劳动的乐趣，提高了学生热爱劳动的意识和观念，加强了学生的劳动技能的培养。

五年级学生通过各学科学习、日常劳动、中医药进课堂等活动，已经积累了不少劳动、科学、美术等相关知识技能，对绿色环保、科学种植、中医药文化、动手实践等都有着浓厚的兴趣，但缺乏走出课堂、亲身耕作的劳动实践机会，劳动观念和劳动能力都有待进一步地提高。利用我校开发"天台小农田"劳动实践基地的契机，我们关注以劳动为核心课程的跨学科项目式学习研究，结合五年级教材《我来栽种中草药》《变废为宝创意秀》《开心菜园欢乐多》以及粤教版五年级下册科学课本统合的《我是绿色家园的建设者》等教材资源，着力于开发劳动跨学科项目式课程"绿色环保，科学种植"，并设计了子课程"草药润心，瓜果朗性""我的田园我做主"等。

二、课程目标

（一）认知性目标

1. 尝试认识不同的蔬菜瓜果、中草药，了解相关植物、中草药的种植特点、营养价值、作用功效的知识。

2. 初步了解一些培育蔬菜瓜果、中草药的基本方法和步骤，并尝试栽种。

3. 懂得身边环保材料的价值，学会将废弃材料变废为宝。

（二）参与性目标

1. 激发学生种植的热情和积极性，并能通过自己动手规划、美化本班责任田，亲身栽种瓜果蔬菜、中草药等，培养热爱劳动意识，对养护植物有责任感。

2. 通过观察记录，让孩子们主动地探知瓜果蔬菜、中草药生长的秘密，体验大自然无穷的奥秘，感受中医药文化的博大精深，同时增添孩子们对自然环境、中医药文化的探索兴趣。

（三）体验性目标

1. 使学生在种植劳动实践中体会到生活的艰辛和劳动的快乐，培养学生热爱劳动、热爱生活的态度。

2. 利用科学知识，增强学生的环保意识，让学生以环境保护主人翁的角色参与到环保行动中来，培养学生践行环保生活的理念。

（四）技能性目标

1. 培养学生爱护绿化，美化校园的环境，尝试使用相关的种植工具，初步掌握种植的各种方法：扦插、搭遮阴棚、搭棚架等。

2. 能利用身边废弃材料、厨余垃圾，制作环保花盆、自动滴灌系统、堆肥箱等简易工具，培养善于观察和思考的能力，提高劳动的质量和效率。

（五）创造性目标

1. 在劳动中观察植物生长存在的问题，并思考如何让小农田的植物更苗壮成长。

2. 尝试融合科学、美术、信息技术等学科知识，提高运用不同学科知识的综合学习能力。能设计与制作环保花盆、堆肥箱，滴灌系统等，了解科学技术给劳动方式带来的转变。培养奋斗、创新的劳动精神。

三、课程内容

以"绿色环保，科学种植"为主题，开展校园小农田环保种植项目式学习活动，分别安排子课题"我的田园我做主""草药润心，瓜果朗性""变废为宝，环保种

植"进行交叉教学。课程任务包括：

（一）学会自主规划

自主规划本班责任田，动手美化班级小菜园，培养学生劳动创造美、服务他人的意识，懂得劳动最美丽、劳动最光荣的道理。

（二）学习蔬菜瓜果、中草药的认识与日常养护与管理

植物的日常养护和管理需要学生长期坚持，并且在养护和管理的过程中，学生会发现更多的问题。在此过程中，教师引导学生通过文献检索、网络查找等途径寻找解决问题的方法，做到对植物认真负责，并能坚持不懈地劳动。学生通过经历准备工具、选种、翻地、播种、育苗、移植、施肥、收获等一系列劳动过程，感受到劳动的艰辛，学会珍惜劳动成果和尊重劳动人民。

（三）变废为宝，科学环保种植

指导学生通过科学课、劳动课、上网查阅资料等方式了解科学环保的种植方法，然后动脑动手，利用身边的废弃环保材料、厨余垃圾等制作创新实用的种植工具和材料：各式花盆、堆肥箱、有机肥水……

四、课程组织与实施

本项目课程以小组为单位开展学习，项目小课题的确定和计划的制定以学生为主体，主要采取自主学习法、合作学习法、讨论法、讲授法等等。分为项目开题、项目实践、项目展示三个实施阶段：

（一）项目开题

第一阶段的课程为"我的田园我做主"。在学期初，每个班分到了学校天台小农田的一块责任田。首先，教师提出驱动问题：作为小农田的小主人，该如何通过劳动，设计与建设田园？你希望以什么方式，种植什么植物？接着，教师从旁协助，起到点拨和引导作用，帮助学生完成各项任务并填写项目作业单。

1. 设计班级责任田名称（0.5课时）。每个同学都可以发表自己的建议，并说明理由，最终通过讨论、投票综合全班意见确定名称。

2. 制作班级责任田标识牌（1课时）。学生手绘或电脑制作班级农田标识牌，并评选出优秀作品。

3．确定小组种植植物、种植方式（0.5课时）。课前，同学通过各种途径了解各种瓜果蔬菜、中草药的生长情况、种植方法，然后通过小组商议决定。教师引导每个组尽量选择不同的植物种植。

4．制作小组植物名片（1课时）。查阅并搜集相关资料，学习自己小组栽种的瓜果蔬菜、中草药的相关知识，制作图文结合的植物名片。通过学习交流，以及老师进行简单的补充和总结，学生初步了解各种瓜果蔬菜、中药材的基本属性和种植知识。

5．填写种植计划表。依据以上内容填写种植计划表。示例见表1。

表1　"我的田园我做主"种植计划表

"我的农田我做主"种植计划表		
班级：　　　　姓名：　　　　学号：		
计划项目	原因（设计意图）	具体介绍（资料/图片/照片）
我最想种的植物		
我设计的班级农田名字		
我设计的班级农田班牌		
我想采用的种植方式（水培、土培……）		
我设计的小组蔬果（中草药）卡片		

（二）项目实践

第二阶段是本项目的劳动实践部分，分为"草药润心，瓜果朗性"和"变废为宝，环保种植"两个课程，两者同时交叉进行。由科学老师、劳动老师、中医药专家给学生进行跨学科知识讲授，学生通过实践、思考、记录、反思、创造完成各项劳动活动任务：

1．"草药润心，瓜果朗性"课程活动：让学生掌握基本的种植劳动技能。

（1）学习利用相关种植工具培育蔬果、中草药等（6课时左右）：在老师的指导下，学生进行翻土、播种、浇水、除草、分株、施肥等的种植活动，每天观察、记录植物的生长状态，了解温度、湿度、光照等对各种植物生长的作用和影响，知道各类植物生长所需的环境条件，了解种植植物的基本方法。

（2）认识各种中草药，学习扦插移植中草药苗（2课时）。请中医药大学的专业讲师给学生讲解小农田中的中草药的特性、功效等知识，并在演示指导中草药的种植

和养护方法过程中，学生做好笔记，与讲师进行交流互动，然后根据讲师指导进行实践操作。

（3）学习给小农田的植物搭遮阴棚（1课时）。由于天台小农田的日照时间长、面积大，需要给刚种下的幼苗搭建临时遮阴棚。请数学老师在课堂上指导学生丈量土地面积，购买或缝制遮阴布；丈量植物的生长高度，购买或截取竹竿作为遮阳布的支架。学生综合运用各学科知识，亲自动手测量、计算、上网比价，选择合适的材料制作遮阴棚。

（4）学习给植物（中草药）搭建简易的棚架供植物（如豌豆、小番茄、金银花等）攀爬（1课时）。请专业园林老师亲自示范指导，学生在课堂上操作演练，并安全地完成棚架的搭建。

（5）学习采摘、收获劳动果实（1课时）。学生通过上网查阅资料、请教专家等方式初步了解中草药的研制、药用功效等，并在老师的指导、协助下采摘果实。由于每个小组的果实成熟期不一样，会安排不同的时间分小组进行，不需要在劳动课上完成。

2. "变废为宝，环保种植"课程活动：让学生在种植劳动中发现问题，综合运用各学科知识，发挥创造力，去解决各种问题。

（1）制作环保花盆，拓宽种植面积（1课时）。小农田地方太小，教师指导学生从身边选取可循环利用的环保材料，用不同的工具制作花盆，然后进行种植。课后，回家继续完成环保花盆作品，填写环保花盆设计作业单。在家种植好的盆栽带回班级或放在小农田旁增加种植面积，大大提高了孩子们的劳动积极性与创造性。

（2）制作简易的自动滴灌系统（1课时）。周末学生放假在家，小农田的植物无人照料，缺水严重。学生在老师的指导下，采用身边的环保材料制作各种各样的简易滴灌系统，带回学校，供天台小农田使用。

（3）制作有机堆肥箱、有机肥水（1课时）。老师在科学课、劳动课上指导学生利用环保材料、厨余等进行有机堆肥箱、有机肥水制作，这比购买肥料更节约、更环保。学生各自回家进行肥水制作，再把成品拿回学校天台小农田使用。另外，各小组在小农田旁用堆肥箱进行集体厨余堆肥，需要时直接取出采用，十分方便。但集体堆肥耗时较长，可以把成果放在下学期使用。

（三）项目展示

第三阶段是总结分享，交流展示的课程。学生分享劳动经验、感受，并反思促进。通过展示劳动成果，体现学生的劳动价值，在学生间形成激励作用。

1. 劳动课上分享种植劳动经验、感受，撰写种植心得作文。

2. 制作分享成果的视频、文章，发布到网络平台，收获网友反馈。

3. 小组内共享劳动成果，把收成做成菜肴，为家人制作果盘、菜肴，享受劳动果实的香甜，也完成家庭劳动服务。

4. 学生将种植的植物用作学校每年的义卖活动商品，实现劳动价值。

五、课程评价

评价是劳动教育的目标导向，劳动教学中首先要注重学生在课前、课中、课后的表现，使学生能持续关注劳动技能的进步。我们设计各种评价表（见表2、表3、表4），旨在通过各种量规给学生劳动指引，规范学生劳动实践中的行为与习惯，让学生在评价中掌握知识、运用知识、解决实际问题。

表2　小组合作评价表

小组名称：

评价内容	自评	互评	师评
小组成员分工明确，任务分配合理。	☆ ☆ ☆	☆ ☆ ☆	☆ ☆ ☆
小组成员能服从安排，积极参与小组活动。	☆ ☆ ☆	☆ ☆ ☆	☆ ☆ ☆
小组成员积极、有效地解决问题和冲突。	☆ ☆ ☆	☆ ☆ ☆	☆ ☆ ☆

表3　"家庭有机堆肥制作"劳动表现综合评价表

学校：　　　　班级：　　　　姓名：　　　　学号：

评价内容	自评	同学评	教师评	家长评
了解有机堆肥（肥水）的制作原理。	☆ ☆ ☆	☆ ☆ ☆	☆ ☆ ☆	☆ ☆ ☆
能用环保厨余等进行有机堆肥（肥水）的制作。	☆ ☆ ☆	☆ ☆ ☆	☆ ☆ ☆	☆ ☆ ☆
能做好有机堆肥（肥水）制作的记录。	☆ ☆ ☆	☆ ☆ ☆	☆ ☆ ☆	☆ ☆ ☆
能有创意地设计和制作堆肥箱（肥水）。	☆ ☆ ☆	☆ ☆ ☆	☆ ☆ ☆	☆ ☆ ☆
我的劳动收获与体会。				

注：评价一般的可涂一颗星星，评价较好的可涂两颗星星，评价优秀的可涂三颗星星。最后结合劳动实际情况谈谈自己的收获与体会。

另外，通过自评、互评、家长评、师评等多维评价，关注学生在学习过程中的劳动态度、劳动习惯和劳动价值观，除了教师，让学生与家长都参与到评价活动中，发挥学生主体地位，同时也体现家校一体的劳动教育。

表4 "绿色环保,科学种植"劳动项目式学习评价表

学校: 班级: 姓名: 学号:

项目课程	课程任务	劳动积极性	劳动效果	劳动技能
我的田园我做主	我为班级小农田献力量	☆ ☆ ☆	☆ ☆ ☆	☆ ☆ ☆
草药润心,瓜果朗性	种植工作	☆ ☆ ☆	☆ ☆ ☆	☆ ☆ ☆
	学习中草药知识	☆ ☆ ☆	☆ ☆ ☆	☆ ☆ ☆
	搭遮阴棚	☆ ☆ ☆	☆ ☆ ☆	☆ ☆ ☆
	采摘收成	☆ ☆ ☆	☆ ☆ ☆	☆ ☆ ☆
	分享成果	☆ ☆ ☆	☆ ☆ ☆	☆ ☆ ☆
变废为宝,环保种植	环保花盆	☆ ☆ ☆	☆ ☆ ☆	☆ ☆ ☆
	有机肥制作	☆ ☆ ☆	☆ ☆ ☆	☆ ☆ ☆
	制作自动滴灌	☆ ☆ ☆	☆ ☆ ☆	☆ ☆ ☆
	盆栽义卖	☆ ☆ ☆	☆ ☆ ☆	☆ ☆ ☆
教师点评				
同学建议				
家长点评				

项目课程结束后,我们根据学生在整个种植活动中的表现评出"劳动小达人""校园劳动之星"等榜样,对劳动积极、不怕累、不怕苦、有钻研精神、会质疑的学生给予表扬和肯定,激发学生的劳动热情。

六、实施成效

本次劳动跨学科项目式学习,学生在老师们的指引下,热情高涨,积极投入,认真细致地劳作,以照片、文字、视频等多形式,生动地记录了天台小农田种植课程任务的全过程,不仅提高了劳动技能,还养成了良好的劳动习惯,可谓是收获满满。

图1 天台小农田

（一）强化参与意识，激发合作精神

我们的菜园我们做主，集体讨论为小农田起名字、绘标牌、分土地、选种子，在老师的指导下制定种植计划。这些活动发挥了学生的主体性。以班集体为单位落实劳动课程，由各小组长分工保障任务实施到位，确保每个孩子都参与到课程中来，让学生获得更大的劳动空间。很多学生的劳动能力得到锻炼和展现，感受到自己劳动的价值，自信心也提高了。同时，在付出与给予的过程中，学生能够体会到劳动责任，懂得担当。

图2　学生参与劳动实践

（二）创设情景，问题驱动

劳动教学的开展离不开情境的创设，通过情境创设，用富有挑战性的问题激发学生的学习兴趣，唤起他们的求知欲、积极性，达成良好的体验。同时，让学生探究与种植活动实际密切相关的问题，变抽象为形象，让学生亲身参与其中去感知、去认同。学生通过查找资料、请教他人，发现问题、解决问题，激发了探究的欲望和热情，也轻松愉快地掌握各种劳动技能。

（三）学科融合，提高素养

本课程让学生经历从开垦、选种到采摘的完整种植过程，培养学生劳动实践能力。学生在获得劳动体验的同时，培养了吃苦耐劳的优秀品质。同时，本课程融合科学、信息技术、数学、语文、美术等相关知识，体验规范的科学探究过程，全方位培养学生的综合能力。学生种植活动中需要将各个学科思维有效迁移，提升解决实际问题的能力，在不同领域中获得不同的成就感。可见，本课程采用跨学科学习，能够充分发挥劳动学科的整体育人优势，从而提高劳动教学的效率，提升学生的劳动素养。

（四）专家指导，搭建支架

学生对植物生长规律和种植方法的了解，主要是认知层面上的，缺乏实践动手经验。因此，我们聘请专业的园林管理者做导师，请家长进课堂，给孩子们更专业的指导。在中草药种植方面，我们还请来了广州药学院的中草药专家给学生讲解中医药的

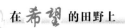

种植和养护知识，并亲自指导学生实践。在专家的帮助下，学生掌握了许多种植劳动的技能。

为了让学生更清晰明白劳动任务，轻松掌握劳动技能，我们给学生搭建任务脚手架，指引学生有序展开种植劳动。如各种记录表有很明晰的劳动步骤和方法，给学生很好的思路和指引，方便学生达成任务。

02

第二部分

案例篇

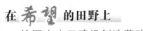

生态种植大豆

——PBL项目式学习活动案例

◎ 广州市番禺区石壁小学　利钰仪　简碧君　童春丽　方惠华

一、实施背景

生态文明是以人与自然、人与人、人与社会和谐共生、良性循环、全面发展、持续繁荣为基本宗旨的社会形态，是人类为保护和建设美好生态环境而取得的物质成果、精神成果和制度成果的总和，反映了一个社会的文明进步状态。在社会建设方面，应推动生态文明教育、提倡绿色消费、生活方式，努力改善环境质量，提升人民健康水平。那么，生态种植显得尤为重要。

为落实《中共中央、国务院关于深化教育教学改革全面提高义务教育质量的意见》的精神，我校探索"融·乐"课堂而开发实施了"生态种植大豆——PBL项目式学习活动"项目，呈现了学科融合、五育并举的活力。

二、实施目标

1. 劳动观念：学生在动手、动脑、尝试、探究中，体验到劳动与创造的乐趣，树立劳动创造美、劳动最光荣的观念。

2. 劳动精神：学生在实践中感受自制肥料的乐趣，体验成功的喜悦。培养他们勤于思考、善于发现、乐于实践的精神。

3. 劳动能力：学生通过实践掌握自制肥料的技术，在制作过程中提高动手能力和创新能力。

4. 劳动习惯和品质：学生在自制肥料的过程中养成细心严谨的劳动习惯，培养严谨踏实、迎难而上的良好品质。

三、实施内容

习近平总书记强调，要"像对待生命一样对待生态环境"。只有拓展多种途径，把生态文明教育融入育人的全过程，加大对小学生生态环境保护意识培养的力度。基于项目的学习正是一种创造性地解决实际问题的学习方式，它能从多个层面促进人的全面发展。

项目式学习（Project-based Learning，缩写为PBL）帮助学生围绕任务（问题、主题），依据评价标准，以小组的方式进行自主合作、探究性学习，要求学生通过主动学习和制作作品来完成知识的建构。以学生为中心，以学科概念和原理为基础，学生通过参与活动项目，对复杂、具体问题进行探究，最终解决问题或形成作品，从而建构自身的知识体系，并且能在现实生活中将知识学以致用。

我校结合小农田种植特色，以PBL项目式学习为主要方式，开展一系列生态文明种植课程，其中以种植大豆最具代表性。种植大豆项目式学习的内容为：首先，学生探索水泡大豆催发芽的方法；然后，运用无公害生态管理方式，在观察大豆成长过程中，整合其他学科的学习，如语文学科开展的观察日记《大豆成长记》《我为大豆写诗》，数学学科的数据测量与生长跟踪，整理为《大豆跟踪记》，等等；最后，利用大豆枯枝落叶和豆秆制作绿色有机肥，实现"取之自然，用之自然"的生态种植观念。同时，将落叶制作成堆肥后回归田园，减少污染。在系列课程中，学生全流程参与从翻土、种植、堆肥、施肥、生长、成熟采摘到制作销售的过程，认识了蔬菜的食用价值以及绿色生态与人体健康、社会发展的密切关系。

四、实施过程与方法

（一）种植大豆

学生探索水泡大豆催发芽的方法，到小农田种植大豆。

（二）施有机肥、物理防虫

我们的生态田间管理特色在于，利用自己种的黄豆，制作生态有机肥，然后反哺于小农田，作为农作物的营养肥料。所谓取之以"豆"，用之以"豆"。有机肥就是通常说的发酵好的粪肥、豆饼肥、厨余垃圾肥等，优点是肥效温和，不易烧苗，肥效

长，长期使用后土地疏松、不板结、有益菌多，所以对植物比较好，一般用作基肥。

（三）除草

学生在劳动课上学习如何除草，并到小农田进行除草劳动实践，免除农药对农作物的伤害，种植出绿色有机食品，有利于身体健康。

（四）发酵黄豆有机肥

1. 活动程序

第一步：黄豆浸泡。

估算好需要做肥的黄豆的量，将其倒入水桶或水缸中，再注入干净的自来水，大概水深能没过黄豆四指即可，浸泡的时间为1—2天（至少24小时），自行判断黄豆吸水是否充足。待黄豆变大、光亮、质软，便可进行下一步。

第二步：用锅煮开已泡发的黄豆。

放水，将黄豆淹没超过3厘米即可。为了防止出现干锅现象，煮20分钟即可关火再焖10—15分钟，再常温晾干备用。

第三步：发酵。

将经过蒸煮晾干的黄豆装进瓶中，水没过黄豆（最好是用井水或暴晒过的自来水）。密封好盖子，大约需要发酵2个月，成品无异味。

第四步：加进一小块红糖，或EM菌少量。

第五步：给瓶子贴上小标签，标签上有醒目标语（如"发酵黄豆有机肥"）、班级、名字、时间。

第六步：将瓶子盖好，静置，持续观察有机肥的发酵过程。

第七步：有条件的同学回家同步制作有机肥，制作好之后带回校展示。

2. 成果展示

课后，同学们利用家里的厨余垃圾、枯枝落叶制作有机土、有机肥、有机酵素。同学们把家里的剩菜或者水果皮带回来，到小农田周边捡拾枯枝落叶。合理利用厨余、枯枝落叶，同学们就可以变废为宝了。见图1。

图1　有机土、有机肥、有机酵素等成果

（五）喜庆丰收，共享成果

从种豆到观豆，从晒豆到吃豆，用种植收获到的大豆发豆芽、打豆浆、磨豆腐、做豆画……PBL模式生态种植大豆系列活动，让学生享受到了种植的快乐、收获的喜悦、学习的乐趣、劳动的光荣。

五、实施成果

在"双减"政策背景下，劳动教育意义重大。基于国家基础课程，拓展学科课程，我校构建起"田园墨韵"劳动特色课程体系——以PBL项目式学习形式实施生态文明种植和劳动融合翰墨文化为主要特色，内容丰富，形式多样，从而达到劳动励志的目的，多方位提高学生劳动意识和核心素养。

（一）劳动研究深，教学质量优

1. 课题引领，作业优化

我校成立劳动教育课题组，有三个番禺区中小学德育研究"十三五"规划课题立项、在研，正在对劳动教育等方面的内容进行积极有效的探索。在"双减"政策下发挥劳动作业"提质减负"的重要功效，开展持续化、常态化、优质化的1+N一周劳动"自助菜单"。

2. 学科融合，课程渗透

除了落实劳动教育必修课，我校注重在相关学科中有机渗透劳动教育，探索"融·乐"课堂。例如在科学学习与实践中渗透劳动教育，通过"创意制作帽子""蔬果创意造型"等劳动课的实施进行学科融合劳动教育的探索。

（二）教研成效大，影响辐射广

1. 劳动结对活动，共享劳动资源

在2021年10月，我校分别与天河区沙河小学、黄埔区长岭居小学进行结对共建劳动教育活动，组织同学们参观花卉中心以及在我校进行一日交流活动，一起种植茉莉花和画翰墨墙。外出劳动实践增长了学生的见识，在与平常不同的环境中开阔视野，丰富劳动经验，加深与自然和现代农业的亲近感，培养了他们对自然、农业的兴趣。

2. 劳动案例展示，共享劳动成果

2021年底，广东省中小学劳动教育现场观摩研讨会（广州专场）在番禺举行，我校有幸参与小农田成果展示，给学生搭建展示平台。同年12月，我校承担番禺区教师发展中心举办的小学劳动教育和科学学科的"融·乐"课堂教学研讨活动，利用两节学科融合劳动教育课例和九个劳动案例展示了劳动教育的成果。

（三）劳动育人强，立德树人全

在全社会重视劳动教育的大背景下，我校建立了完善的劳动教育方案：有相对稳定的实践育人基地，有相对成熟的实践育人劳动校本课程，重视将实践育人与学科教学相结合；加上精品项目驱动引领，将劳动育人工作纳入学校教学计划的重中之重，实现劳动育人的实践长效机制。

1. 协同育人

学校坚持"五育融合与家校社三位一体协同育人"劳动教育模式的研究与实践，使学校教师、学生、家长和社会形成了正确的劳动价值观。学生、教师、学校都得到了相应的发展。学生参加市、区、片级比赛活动，有200多人次获奖。我校教师的课题研究在区各级规划课题中立项。

2. 文化育人

活用劳动素材，渗透"劳动树德"教育，培养学生热爱劳动、尊重劳动、敬畏劳动，是我们教育工作者的重要责任。我校"田园墨韵"课程涉及的劳动种类和劳动者极其丰富，贴近学生的生活实际。

3. 活动育人

学校主要围绕觅趣园展开种植活动，有满怀期待地播种、有瓜果飘香的大丰收……构成了一幅幅辛勤的生产劳动忙碌图，是老师、家长和同学们撸起袖子加油干奋斗出来的。

　　田园觅趣品耕耘，翰墨陶情立人生。我们将立足劳动特色课程，结合翰墨文化，深入推进我校劳动教育的实施，发挥劳动教育树德、增智、强体、育美的综合育人价值。

图2　种植大豆成果展示

家校合作，小农田也有大收获

——种植青瓜活动案例

◎ 广州市番禺区市桥南阳里小学　　曾燕玲

一、实施背景

（一）社会背景

《中共中央　国务院关于全面加强新时代大中小学劳动教育的意见》中指出：要在学生中弘扬劳动精神，教育引导学生崇尚劳动、尊重劳动，懂得劳动最光荣、劳动最崇高、劳动最伟大、劳动最美丽的道理，长大后能够辛勤劳动、诚实劳动、创造性劳动。针对小学中高年级学生，要以校园劳动和家庭劳动为主要内容开展劳动教育，体会劳动光荣，尊重普通劳动者，初步养成热爱劳动、热爱生活的态度。

（二）学校背景

我校是一间百年老校，生源多，但是学校面积有限，建筑陈旧，因此开设小农田的时候面临着众多的困难。尽管这样，我校依然克服重重困难，为学生开辟了一片种植的天地。春天是播种的季节，春天是耕耘的季节。正值学校为各班重新分配小农田，借此机会，学生可以跟随教师来到小农田，亲手栽种，体验种植的乐趣，体会户外劳动的艰辛。为了克服场地有限的困难，我校各个班级都想方设法，尽量把自己班级的小农田"扩大"，让每一位学生都能亲身体验种植的快乐。

二、活动对象分析

三年级的学生已具备"模仿—操作"的劳动经验。在广州版《小学综合实践活动·劳动·三年级》教材主题"跟着节气去探究"中，本班学生已经学会制作最常见的节气美食——饺子，也了解了种植要遵循"不违农时"的规律。在学生认识种植农具的基础上，教师带领学生走进学校的小农田，亲手示范栽种青瓜苗，学生可以模仿并操作，体验种植青瓜的乐趣。

三、实施目标

1. 劳动观念：养成热爱劳动、愿意劳作的劳动观念。

2. 劳动能力：学会种植青瓜，掌握种植方法及管理要点等，增加生活常识，获得生存体验，提高动手操作能力。

3. 劳动习惯与品质：在劳动的过程中吃苦耐劳，感受劳动的乐趣与不容易，主动承担力所能及的劳动，养成主动劳作的劳动品质。

4. 劳动精神：在劳动中，培养肯吃苦、善思考、不畏难、爱分享的劳动精神，培养团结协作的精神。

四、实施内容

（一）校内种植——主阵地

1. 认识种植的农具和青瓜苗。
2. 教师带领学生到学校小农田示范种植青瓜，学生通过小组合作种植青瓜。
3. 照料青瓜苗，记录青瓜的生长过程，待青瓜成熟时采摘青瓜。

（二）校外种植——有效补充

1. 教师和家长合作，寻找校外劳动基地，策划校外种植方案。
2. 家长带领孩子到校外劳动基地种植青瓜，家长和学生通过小组合作管理青瓜。
3. 照料青瓜苗，记录青瓜的成长过程，待青瓜成熟时采摘青瓜。

（三）成果分享

1. 统计校内校外青瓜的成熟数量，分批采摘。
2. 把采摘的青瓜分批处理。

五、实施过程与方法

（一）活动准备阶段

1. 让学生认识小农田常用的种植农具，如锄头、铁锹、洒水壶等，并通过视频

和触摸农具等方式，让学生了解每一种农具的作用与用法以及注意事项。

2. 准备青瓜苗，并让学生认识青瓜的成长过程。

（1）了解本班学生家里是否有农耕地，家人是否为农民。

（2）联系相关家长，寻找合适的青瓜苗。

（3）通过学生查找的资料和家长录制的视频，让学生提前了解种植青瓜的流程以及青瓜的成长过程。

（二）学校小农田和校外劳动基地种植阶段

1. 学校小农田种植阶段

（1）本班共45名学生，可分成8个小组，并选出组长。

（2）组长带领组员跟随教师到学校小农田，教师讲解种植青瓜的注意事项（图1），并示范如何种下一株青瓜苗。小组分组行动，合理分配任务，种下自己小组的青瓜苗。

2. 校外劳动基地种植阶段

（1）教师向家长汇报学生在学校小农田种植青瓜的情况，策划校外种植青瓜的活动方案。

图1　教师讲解种植的注意事项

（2）与家长做好沟通，联系校外劳动基地，确定校外种植的时间，准备种植农具和青瓜苗。

（3）教师在班级组织有关校外种植青瓜活动的班会课，做好各方面的安全教育。

（4）家长们带领孩子们到校外劳动基地种植青瓜，家长做好拍照、安全教育等各方面工作。

（三）管理阶段

1. 学校小农田

（1）组长安排组员每天定时定点查看青瓜苗，做好浇水、施肥、捉虫等工作，并把相关情况记录下来。

（2）等青瓜成熟时，组长带领组员进行采摘。

2. 校外劳动基地

（1）委托劳动基地的工作人员每天做好浇水工作。

（2）家长分组，定期带孩子到校外劳动基地照料青瓜苗，做好记录工作。

（3）等青瓜成熟了，家长和学生一起采摘青瓜。

图2 校外劳动基地种植青瓜

（四）收成阶段

1. 统计青瓜的成熟数量，预估青瓜收成数量。

2. 小组分批采摘青瓜。一部分青瓜用作劳动课上凉拌青瓜的材料，另一部分青瓜发放给每一位学生，让学生带回家用自己喜欢的方式烹饪，做好拍照或者视频等记录。

六、实施成果

（一）收获青瓜，体验劳动的不易与快乐

学生成功种植青瓜，并且经过精心照料，收获了一大批青瓜。在此过程中，学生不仅学会了种植青瓜，掌握种植方法及管理要点等，增加了生活常识，丰富了学生体验，提高了动手操作能力；而且学生能够切身感受到劳动过程中的乐趣与不容易，能通过团结协作克服困难，体验到劳动的幸福与快乐。

（二）一次活动，多种收获

1. 一次种植青瓜的活动、两个种植青瓜的场地，让家校合作更为紧密，让亲子关系更为融洽。

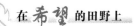

2. 校外农田弥补了校内农田的不足，满足每一位学生的劳动诉求。

3. 收成的青瓜一部分作为上凉拌青瓜劳动课的材料，一部分让学生带回家烹饪，一举两得，让劳动课程更具连贯性。

七、活动反思

校外劳动实践是对校内劳动实践的一种支持与补充，构建校内校外相结合的劳动实践课程，能让劳动课真正"落地"，这类课程的实施始终离不开"家校合作"。从活动准备，到活动实施，最后到成果展示，本次活动充分体现了"家校合作"的重要性与必要性。

（一）丰富多样的活动方式离不开"家校合作"

《义务教育劳动课程标准（2022年版）》课程理念中指出：劳动课程强调学生直接体验和亲身参与，注重动手实践、手脑并用，知行合一、学创融通，倡导"做中学""学中做"，激发学生参与劳动的主动性、积极性和创造性。注重引导学生从现实生活的真实需求出发，亲手操作，经历完整的劳动实践过程，避免单一、机械的劳动技能训练，避免简单的劳动知识讲解。本次活动充分利用学校小农田进行教学，并且与家长合作，构建校外劳动基地，克服学校小农田地方狭小的困难。校内校外相结合这种方式，让小农田变成大农田，让每一位学生都能体会劳动的艰辛和喜悦。"家校合作"能够让劳动课变得更可行，让实践方式变得更丰富多样。

（二）精彩的课堂与活动离不开"家校合作"

要开展一节精彩且有意义的劳动课，或者举办一次深刻且有意义的活动，都并不是一件容易的事情。就如种植青瓜活动，从种植工具、青瓜苗、联系校外劳动基地，到活动的实施、成果的分享等，每一个环节都需要家长给予支持和帮助。"家校合作"把许多不可能变成了可能，它能让教师更有信心与动力，举办更多有意义的活动。

（三）真实的评价离不开"家校合作"

劳动课程标准中指出：注重综合评价，注重评价内容多维、评价方法多样、评价主体多元。本次活动的每个环节均有评价标准，做到评价先行。学生在校内与校外的劳动中可参照个人、小组、教师以及家长的评价，反思自己在劳动过程中出现的问题，总结经验，培养善思考、不畏难的劳动精神。"家校合作"能让学生的评价变得更真实、更全面、更有指引性。

　　总之，在"双减"政策背景下，劳动教育要"家校合作"，这样才能更好地提高学生的劳动素养，让劳动教育真正"落地"。作为教师，我们要多思考多想办法，就如学校小农田，只要肯想肯做，家校合作，小农田也能有大收获。

小农田生态蔬菜种植案例

◎ 广州市海珠外国语实验中学附属学校　林卓盈　余铭健

一、实施背景

广州市海珠外国语实验中学附属学校自2015年起组建校园生态菜园项目组。成立之初校园内并没有专门划分的种植基地供师生们开展生态种植活动，后经生态委员向学校申请，得到了学校的大力支持，2017年开辟了广联教学楼五楼空中花园作为师生生态蔬菜种植活动的实践基地。种植实践基地于2021年被评为"广州市4A小农田"。

二、实施目标

1. 学生实践活动中，引导学生自主查阅资料，了解各类蔬菜的环保栽培方法，通过自行设计表格、同伴合作探究，使其交流表达、实践操作能力得到充分锻炼。

2. 在劳动种植实践中，学生通过观察，了解植物的生长过程，体会种植的艰辛，从而更爱惜食物，珍惜他人的劳动成果。

3. 以劳动教育、科技教育与综合实践活动有机结合，让学生身体力行实践环保理念，后续更能以亲身经历来进行环保宣传。

4. 让学生体会环境与人体健康的密切关系，采用生态种植蔬菜，既可以保护自然，又可以协调人与自然关系，还可以促进城市可持续发展。引导学生思考应当怎样保护人们赖以生存的生物圈。

三、实施过程与方法

1. 实施过程

每年初春，由学生自行查找资料、学习环保种植方法，选择自己喜欢并且适合种植的蔬菜，设计观察记录表，记录蔬菜生长的过程。

学生在种植过程中，激发学生建立热爱大自然、关爱环境的感情。此实践活动，学生认识了多种多样的蔬菜，学习环保栽培方法，学会了查找资料、设计表格，大胆进行创新合作，交流表达、实践能力得到充分锻炼。见图1。

开垦菜地　　　　　　　辛勤松土、播种　　　　　　浇水、施肥

图1　学生在天台花园劳动

2. 发现问题

学生在生态蔬菜的种植过程中，对种植的蔬菜进行了跟踪调查，及时发现种植过程中出现的问题并填写观察记录表。

问题一：种植出来的白萝卜为什么都普遍较小？

在种植萝卜的过程中，由于学生一开始缺乏种植的经验，发现种植出来的白萝卜体积都普遍较小。

问题二：如何解决在种植过程中遇到的虫害问题？

由于本次菜园的种植主题为生态种植，在种植过程中并没有使用农药进行除虫，但菜园的生态系统物种种类较少，因此虫害还是相对比较严重。

问题三：生态种植过程中如何解决土地肥力不够的问题？

本次菜园采用生态种植，在种植过程中除了不使用农药外，我们还提倡不使用普通化肥。而随之而来的是种植效果较差、发芽率较低等问题。

生态蔬菜的种植过程中，科技教育与劳动实践活动有机结合，学生发现问题、进行思考、设计并实施不同的解决方案。进一步培养学生的探究精神、合作精神、解决困难的能力。

3. 通过探究，寻求问题解决方案

针对以上问题，在老师的引导下，学生自主查阅资料，依次作出不同探究，探究结果如下：

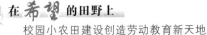

任务一　种植出来的白萝卜为什么大小不一？（见图2）

图2　学生发现收获的白萝卜大小不一

学生通过资料搜集发现：白萝卜的直径可能与白萝卜种植间隔有关。因此对白萝卜的种植采用不同种植间隔测试数据（见图3），探究结果如下：

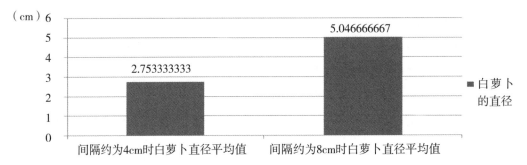

图3　白萝卜的直径平均值柱状图

学生根据测量的数据，总结和得出的种植经验。在种植白萝卜时，主要是为了获取其肉质根部，因此在种植时，应当保证白萝卜的根部有足够的生长空间，具体的操作就是在播种时就安排好种子的种植间隔。根据查阅资料，发现间隔约8cm或以上时白萝卜的生长较好。若刚开始没有把握好种植间隔时（如间隔小于4cm时）可在白萝卜初步成熟时，拔除中间部分过于密集的植株，保证后期的间隔足够让其根部生长。此外，白萝卜的体积还受到土层的厚度影响，由于学校菜园中的土层厚度较浅，结出的白萝卜的长度较短。因此，在种植白萝卜的过程中要保证好种植的间隔及土层的厚度，方能有比较好的收成。

任务二　如何解决在种植过程中遇到的虫害问题？

学生前期处理害虫的方式，主要是把有害虫蛀食的叶片进行剪除，但是发现这并没有根治害虫，对于叶菜类植物的收成影响尤其大。在老师的引导下，学生们自主查阅资料，开始自主动手制作辣椒水（原料为辣椒汁），用于防治虫害，并对辣椒水功效进行评估。

调查发现：喷洒辣椒水后，植株受虫害程度有所降低——从41.33%下降到28.17%

（见图4），但虫害仍比较严重，因此在种植的过程中还是要及时监测虫害情况，对受虫害严重的叶片进行及时清除，也可继续配合使用辣椒水。后来学生继续查找资料，了解到喷洒辣椒和大蒜提取物配液（把50克辣椒、一头大蒜放入一升烧酒中浸泡一个月，稀释100倍制成），防治效果更好。生态驱虫剂还能杜绝因使用大量农药而导致土壤板结的现象，经济又环保。

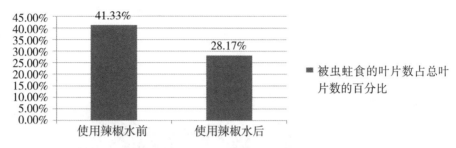

图4　被虫蛀食的叶片数占总叶片数的百分比平均值柱状图

任务三　生态种植过程中如何解决土地肥力不够的问题？

为改善土壤肥力，学生想到将学校每天中午产生的厨余垃圾进行合理利用。学校恰好引进了厨余垃圾处理机器，能把每天的厨余垃圾处理成厨余肥料，于是学生尝试用厨余肥料为土壤提供肥力。但是在使用过程中，也发现一些问题。比如，厨余肥料的咸度和浓度等可能较一般化肥高，过量施肥反而抑制了作物的生长。为此学生们对四次种植作数据分析，结果见图5。

数据分析显示：大致来说，使用厨余肥料和普通化肥对于作物发芽的效果基本相同，都能稍微促进作物的生长。但是厨余肥料的使用要特别留意，因为作物发芽阶段主要是吸水的生长的阶段，由于厨余肥料的浓度和咸度可能比一般化肥要高，因此前期不宜使用太多厨余肥料，否则可能会抑制作物的正常发芽。此外，学生做蚯蚓实验时候，想到蚯蚓可以疏松土壤、提高土壤肥力，于是做完实验后把蚯蚓放到生态菜园，对土质也有一定的改善作用。

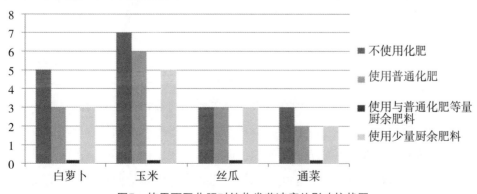

图5　使用不同化肥对植物发芽速度的影响柱状图

四、实施成果

1. 活动延伸

在种植的过程中，由于菜园相对开放，抵御台风等灾害能力较弱。菜园遭遇台风后要及时清除积水，把植株扶正，必要时重新翻土种植新作物。校园环境优美，有较多鸟类，有些鸟儿偷吃蔬菜瓜果。生态委员想到用废旧的DVD碟片和鲜艳的袋子绑在菜地上，风吹过的时候，碟片会反光，袋子会晃动及发出的声响，这些会对鸟类造成惊吓，有效抑制了鸟类啄食蔬菜瓜果和昆虫产卵。见图6。

图6　在菜地绑好废旧DVD碟片和鲜艳的袋子以驱赶鸟类（左）
做支架支撑番茄植株（右）

2. 开展校园生态种植实践结果与环境评价活动

根据我校全体学生开展生态菜园种植活动项目进行了调查，图7是对同学们的调查问卷和数据结果。

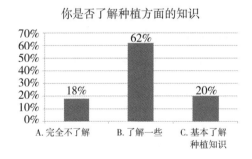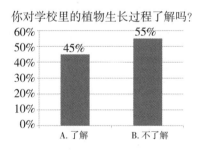

图7　生态菜园种植活动调查数据（节录）

从上述问卷调查结果看，我校在开展生态菜园项目后，学生对校园总体环境的评价有所提升，对作物种植的了解程度也有所增加。通过生态菜园的宣传活动，超过半数的学生了解到一些关于种植方面的知识。而在是否采用生态种植蔬菜的问题上，可能受种植效果及传统观念所限，学生对此持中立态度。但是他们经过种植活动之后，基本都愿意把自己所学到的知识和种植的成果向家人分享，并且，对再次开展种植类实践课程的热情度很高，有92%的学生愿意参与。这说明生态菜园的活动能够很好地培养学生热爱劳动、热爱种植的品德，并且能够进一步地把生态种植的观念传递到家庭中去。

五、活动反思

在本活动项目中，学生动手探究如何环保栽培蔬菜，观察记录蔬菜从种子萌发到开花结果的全过程，了解各种蔬菜生长所需的条件；并探究如何就地取材，采用废弃材料作为盆具、充分利用绿色环保肥料（如学校厨余垃圾、花叶、酵素等）种植蔬菜、利用辣椒水等天然杀虫剂防治虫害……激发学生建立热爱大自然、关爱环境的感情，并提高学生参与科学探究的热情。

本次生态种植的作物包括白萝卜、玉米、番茄、辣椒、丝瓜、通心菜、紫苏、菜心、生菜等，大部分作物的种植基本成功。但是攀藤类作物如丝瓜等，由于缺乏棚架以供其生长，往往只开花未结果。而玉米、番茄等除了受土地、肥力等因素影响导致生长得并不太成功，后期存活的结果率也并不高，还可能与授粉率较低、缺乏人工或昆虫授粉有关。叶菜类或根茎类作物有较明显的收成。

在数据记录和作物的培育方面，由于假期导致实践活动暂停，但总体来说，学生还是比较顺利地完成了整个种植过程的监测，也培养了热爱种植、热爱劳动、热爱生命的品质。曾经有一位学生生病时曾经吩咐同学："你们要好好继续帮我照料好我那棵小辣椒，它就像我的孩子一样。"这体现了一个孩子对于生命的重视。每次菜园收获的蔬菜，生态委员都兴奋地带回家中与家人一起品尝，与家人分享环保种植经验，既激励了大家对生态种植的热忱，又让更多人了解生态种植的意义。

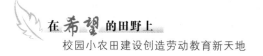

耕读为乐，劳作至美

——"澍耕园"种植活动案例

◎ 广州市花都区新华街棠澍小学　曾连好

一、实施背景

棠澍小学创建于1932年，现有教学班58个，在校学生2474人，教职工163人。学校占地面积33026平方米，建筑面积约15321平方米，绿化面积15159平方米，校园绿化覆盖率达45%，固定的劳动教育实践基地400平方米。学校围绕落实立德树人根本任务，坚持"五育并举"，充分挖掘劳动教育在树德、增智、强体、育美等方面的育人价值，推动课堂教学与实践活动贯通融合，探索构建劳动教育新模式，努力培养德智体美劳全面发展的社会主义建设者和接班人。

棠澍小学的校园小农田"澍耕园"的设计理念是"耕种希望，澍育英才"，是基于学校"启甘棠之新知，澍人才之德行"的办学理念而设计的，让学生在亲身体验中涵养"劳动最光荣、劳动最崇高、劳动最伟大、劳动最美丽"的价值观念。

二、实施目标

劳动教育是发挥劳动的育人功能，对学生进行热爱劳动、热爱劳动人民的教育活动，全面贯彻党的教育方针的基本要求，是实施素质教育的重要内容，是培育和践行社会主义核心价值观的有效途径。学校开辟校园小农田澍耕园，旨在丰富学生的课余生活，让学生亲近、感悟大自然，感受田间地头自然界的四季变化，体验耕种的艰辛和丰收的喜悦，体验亲近生命成长的过程，学会爱护植物、保护大自然，培养学生的劳动综合素养，促进学生心理、心智健康成长，同时提高班级凝聚力。

三、实施内容

第一，为了小农田个性化地"活"起来，学校要求各班根据自定的种植主题在学校的澍耕园种植各类植物，同时学校会提供一些应季的适合种植的植物作参考。

参考植物类别：一种花卉+多种蔬菜

一年级：太阳花、韭菜、油麦菜、生菜等

二年级：茉莉花、辣椒、葱、蒜、苦麦菜等

三年级：玫瑰花、番茄、四季豆、茄瓜等

四年级：凤仙花、番茄、四季豆、茄瓜等

五年级：万寿菊、空心菜、韭菜、豆角等

六年级：中草药（艾草、薄荷、金银花、使君子等）

第二，学校要求每个班级的小农田建设与班级文化建设相统一，让每个班级的小农田更具特色和个性化。由学校"澍耕园工作坊"负责制定总体的实施方案，开展"蔬菜种植小能手"主题实践活动，各班级制定班级的制度、轮值安排等，并以班级为单位上交小农田的过程性资料。由综合/劳动科以及科学学科老师联合开展种植方法指导、观察记录、病虫害防治等主题活动。

四、实施过程与方法

第一阶段：解决校园小农田场地的问题

冯丽玲校长高度重视学校的劳动教育，把原来的生物园进行升级改造；同时利用学校的有限校园空间，开辟校园小农田澍耕园，实现了58个班都有了自己的劳动种植基地。每个学生都有机会亲自动手去翻土、播种、浇水、除草、施肥、采摘，从中习得了劳动技能，挥洒了汗水，体会了劳动的艰辛，收获了劳动的喜悦。

第二阶段：实行班级承包制，个性化管理小农田

小农田的场地问题解决了之后，重点的问题就是如何管理校园的小农田，结合学校的实际情况，学校采用班级承包制，让各班个性化管理小农田。同时，布置小农田成果资料台账的要求，期末各班按照要求上交相关的过程性资料。

第三阶段：善于利用校内外资源，家校携手共同劳作

学校把开展劳动教育与家校互动紧密结合，发掘家长中的"能工巧匠"，把家长请进来当助教，指导学生进行小农田的种植和管理，分享劳动成果。

澍耕园种植活动流程见表1。

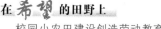

表1　澍耕园种植活动流程

	学校	学科老师	班级
活动准备	1. 学校广播宣传开展澍耕园种植活动的意义。 2. 给各班划分种植区域，树立班牌（各班自行设计特色班牌，学校统一制作后发放）。 3. 发动学生准备泥土、种子，提供种植活动场地（澍耕园）、适当的种植工具。 4. 发动各班家委协助各班老师实施活动。	1. 老师收集本季适宜种植的植物种子的相关资料供学生参考。 2. 讲解种植的基本知识。 3. 教授种子知识、种植过程、了解种植所需工具（实物展示）。 4. 种子育苗。	1. 活动开展前的各项教育（活动意义、劳动教育、责任心培养等）。 2. 第二周内各班制订好种植护理、管理计划（建议以小组为单位安排岗位，并开展小组间的评比）。
活动实施	1. 开展"画美丽的蔬菜、花卉"活动。 2. "美丽蔬菜、美丽花卉"摄影大赛。 3. 定期在校门口开展便民"菜篮子"活动。	1. 带领学生参加种植活动（种植、施肥、除草、记录、种植经验交流等活动）。 2. 针对种植过程中出现的问题，通过查询资料、向家长顾问及老师请教等多种渠道，寻找解决的方法，使农作物正常生长。同时做好观察记录，图片、视频等资料的收集。	1. 进行日常护理：每个小组应负责浇水、除草、施肥（如需要）、松土、除虫等等，同时对植物的生长及菜园、花园变化进行仔细地观察和记录。 2. 班级利用公示栏报道活动过程。
活动评比	1. 观察日记评比。 2. 班级蔬菜、花卉收获成果评比。	种植日记、科学小论文交流等。	班级黑板报总结。

五、实施成果

　　澍耕园种植活动的开展，既是构建科学的综合实践活动课程体系的要求，也是开展绿色环保教育和生态文明教育的有效途径。小小澍耕园，让孩子们有机会走出课堂，走进自然，为学生的全面发展提供了一个开放的空间，使学生对绿色环保有了切身的体验。活动得到了全体师生以及家长的高度好评，让学生真正有机会"动手实践、出力流汗，接受锻炼、磨炼意志"，学生树立了正确的劳动观念，增强了劳动技能，养成了良好的劳动习惯，有效地提高了学生的劳动综合素养。

（一）亲身劳动耕作，体验了艰辛与喜悦

1. 学校给各班划分种植区域后，各班老师借助家委力量设计制作好特色班牌，购买相关种植工具、各种蔬果种子幼苗等。

2. 有规划地完成第一阶段的种植任务。

3. 各班做好种植护理及田间管理计划，确保每天都有学生进行农田管理，培养学生的劳动意识及责任心。

4. 各班根据本班实际收成情况，以抽奖、轮序等方式分享劳动的果实并烹调成菜品，让学生体会到劳有所获的喜悦。

（二）收集过程性资料，培养了学生整理归纳的能力

1. 以班级为单位收集学生的劳动实践成果优秀作品，整理成册。

2. 将学生的实践成果进行汇报、展示，培养学生的合作精神，让学生体验劳动实践出成果的喜悦感与成就感，增强其自信心。见图1、图2。

3. 整理好植物观察记录表、植物生长记录表、"澍耕园"劳动评价表（见图3）等。

图1　学生收获劳动成果

图2　学生制作的海报

"澍耕园"劳动评价表
（六9班曾慧仪）

	评价内容	自评	小组评	师评	家长评
学习态度	1.是否认真参加活动	★★★	★★★	★★★	★★★
	2.是否能仔细观察思考问题	★★★	★★★	★★★	★★★
	3.在活动中是否能积极主动手动脑	★★★	★★★	★★★	★★★
	4.是否认真查阅相关资料	★★★	★★★	★★★	★★★
	5.在劳动实践中是否按时完成了任务	★★★	★★★	★★★	★★★
	6.在劳动实践中是否想办法克服困难	★★★	★★★	★★★	★★★
合作意识	1.是否能积极参与小组活动	★★★	★★★	★★★	★★★
	2.在劳动实践中是否主动帮助别人	★★★	★★★	★★★	★★★
	3.在劳动实践中是否主动寻求帮助别人	★★★	★★★	★★★	★★★
	4.是否能虚心听取别人的建议、批评	★★★	★★★	★★★	★★★
	5.在小组活动中充分发挥了作用吗？	★★★	★★★	★★★	★★★
	6.是否愿意和别人一起分享劳动成果	★★★	★★★	★★★	★★★
探究实践能力	1.劳动实践中是否能独立发现	★★★	★★★	★★★	★★★
	2.发现的一些问题是否解决	★★★	★★★	★★★	★★★
	3.是否观察和记录了资料	★★★	★★★	★★★	★★★
	4.你是否有自己独特的体会	★★★	★★★	★★★	★★★
其他					

图3　"澍耕园"劳动评价表示例

（三）创造契机弘扬农耕文化

1. 建立起水稻种植试验田，开启项目式学习。让学生在学习过程中认识到粮食来之不易，懂得爱惜粮食，珍惜眼前的美好生活。

2. 组织学生进行现场绘竹匾画，具体内容为二十四节气图，让学生感受不同的气候条件对农作物的影响，感知不同植物的生长与天气的变化是息息相关的。

3. 为了更好地弘扬农耕文化，让学生了解更多的农耕文化。学校巧妙地在澍耕园里开设了宣传栏，使学生能更好地了解各种农作物的生长特性及农具的发展历程，让学生体会我国农业技术的高速发展。

六、活动反思

此案例适用于一到六年级。学校以广州市中医药文化进校园试点学校为契机，结合小农田的种植活动，撰写的《中医艾护乐趣多》活动案例获广州市中小学"双减"工作中综合实践活动和劳动课程作业设计与实施成果的二等奖。

学校将更加充分利用澍耕园小农田优势，将课堂搬到田里，结合各学科的特点开设小农田劳动实践课程，倡导"做中学、用中学、创中学"，强化学科实践，注重跨学科综合性学习。

"韭"是校园香

——校园小农田种植劳动项目实施案例

◎ 广州市天河区天英小学　陈佳玲　黄艳钏

一、实施背景

劳动教育是基础教育阶段实施素质教育的重要内容和重要组成部分。劳动教育是使学生树立正确劳动观点和劳动态度，热爱劳动和劳动人民，养成劳动习惯的教育。

我校拥有广州市"4A"校园小农田，我们结合广州市《小学综合实践活动·劳动·三年级》《小学综合实践活动·劳动·四年级》教材"我是种植小能手"单元主题活动及学校市级劳动课题《基于城市校园小农场种植劳动特色项目研究》的研究实践，在三、四年级开展"韭"是校园香——校园小农田种植劳动项目活动，引导学生热爱劳动，珍惜劳动成果。

二、实施目标

1. 认知性目标：学生在老师、家长的指导下，了解和学会使用韭菜种植、养护、收割、烹饪等劳动工具，初步学会韭菜的种植、养护、收割、烹饪等方法与步骤。

2. 参与性目标：学生围绕韭菜种植、养护、收割、烹饪等活动内容，积极参与种植劳动、家庭劳动，养成初步的劳动实践能力，初步具有劳动观念和有始有终的劳动习惯。

3. 体验性目标：学生通过亲身经历种植韭菜劳动实践的过程，获得丰富的劳动体验。体会劳动艰辛与劳动创造的快乐，乐于与人分享劳动的喜悦。

4. 技能性目标：掌握基本的韭菜劳动种植技能，具有处理简单的劳动事务的能力，学会使用铲子等用品开展农业生产劳动和家务劳动，形成良好的劳动习惯。

5. 创造性目标：通过制作创意植物名片、与韭菜相关的创意美食等活动，树立技术意识、实践创新精神，培养动手能力和审美情趣。

三、项目准备

1. 教师准备：教学设计、教学微视频、教学课件、单元学习单、劳动评价表、劳动记录表。

2. 工具准备：小农田种植基地、肥料、韭菜种子、韭菜苗、种植劳动工具（小锄头、小铲子、浇水壶、剪刀等）、烹饪工具（电磁炉、蒸锅、肉、调料等）。

3. 学生准备：课前了解关于韭菜的常识和菜谱等。

四、实施内容

"韭"是校园香活动内容见图1。

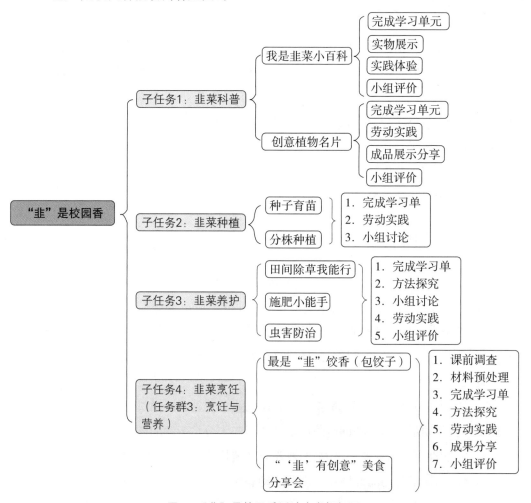

图1 "韭"是校园香活动内容框架图

五、实施过程与方法

"韭"是校园香活动安排见表1。

表1 活动安排表

周次	课时（活动）内容	地点	负责教师
第一周	认识韭菜——我是韭菜小百科	课室、小农田	陈佳玲
第二周	种植韭菜——种子育苗	课室、小农田	陈佳玲、刘定杰
	种植韭菜——分株种植	课室、小农田	陈佳玲
第三、四、五周	养护韭菜——田间除草我能行	课室、小农田	陈佳玲、刘定杰
	养护韭菜——施肥小能手	课室、小农田	陈佳玲、谢路君
	养护韭菜——虫害防治	课室、小农田	陈佳玲、叶洁彤
	"我为韭菜来代言"——创意植物名片	美术室	陈佳玲、郑格曼
第六周	收成与品尝韭菜——最是"韭"饺香	课室 家里	陈佳玲
第七、八周	分享韭菜——"'韭'有创意"美食分享会	课室 家里	陈佳玲、何栩泳
	"韭"有收成，总结表彰	课室	陈佳玲、何栩泳、叶洁彤

（一）准备阶段

1. 师生讨论，设计方案

本项目计划用10课时完成（每个活动内容占1课时），引导学生亲身体验韭菜从一颗种子的培育、种植、到韭菜成长，过程中的养护、收割、烹饪等环节的劳动实践。

2. 明确主题，确立方案

结合广州市《小学综合实践活动·劳动·三年级》《小学综合实践活动·劳动·四年级》教材"我是种植小能手"单元主题活动及我校市级劳动课题《基于城市校园小农场种植劳动特色项目研究》的研究实践，确定在三、四年级开展"'韭'是校园香"劳动项目化活动，学习了解韭菜的种植、养护、收割、烹饪过程。

（二）实施阶段

劳动项目教学实施主要包括以下几个阶段：

1. 认识韭菜——我是韭菜小百科

学生初步学会使用铲子、小锄头、剪刀、锅、电磁炉等用品开展农业生产劳动和家务劳动。

2. 种植韭菜——种子育苗

采用情境导入引出韭菜的种植；探究韭菜的生长知识、认识韭菜的习性；体验韭菜种植的第一步：选种和育苗。

3. 种植韭菜——分株种植

通过学习韭菜的分株种植劳动，了解韭菜生长习性及其特点，学习韭菜的种植与养护方法。学生积极有序地运用课堂中学到的知识参与种植。见图2。

图2　学生参与种植

图3　学生参与除草

4. 养护韭菜——田间除草我能行

引导学生了解杂草的概念及学习拔杂草的方法，学习杂草的习性，并到我校时趣东篱劳动基地实践体验初步掌握如何处理杂草。见图3。

5. 养护韭菜——施肥小能手

引导学生识肥料的种类、作用和施肥的阶段、时间，对肥料有大概的了解。

6. 养护韭菜——虫害防治

通过认识韭菜虫害，引导让学生直观地感受到为韭菜除虫害。

（三）成果展示阶段

1. "我为韭菜来代言"——创意植物名片

引导学生通过观察韭菜、在回归课堂学习韭菜，讨论韭菜的结构，认识韭菜。

2. 收成与品尝韭菜——最是"韭"饺香

引导学生初步掌握收割韭菜的技巧。并以小组合作的形式学习包韭菜饺子的材料及方法步骤，最后学习如何蒸饺子，品尝自己的劳动果实。

3. 分享韭菜——"'韭'有创意"美食分享会

图4 "韭有创意"菜美食分享会

课前小组制作韭菜美食介绍卡，介绍制作步骤、美食风味及营养价值等，在设计与制作的过程中学会了分工、合作、团结。见图4。

（四）总结、评价与反思阶段

对整个种植劳动项目活动的过程进行梳理汇总和反思，使学生更系统掌握韭菜的种植、养护、收割、烹饪等劳动技能，并进行总结评价，促进学生劳动积极性，激发学生的劳动荣誉感。

六、实施效果

劳动项目学习活动既是学生学习活动的过程，也是教师学习提升的过程。在"'韭'是校园香"种植劳动项目学习实践过程中，师生同实践、共思考，砥砺成长。

（一）提升学生核心素养，提升劳动效能

在"'韭'是校园香"劳动项目学习活动中，劳动科组结合教学、实践活动，通过韭菜的种植、养护、收割、烹饪等方法与步骤，学生初步学会将植物种植、养护、收割、烹饪劳动技能应用到校园、家庭生活中，如校园小农田生菜的种植等。学生在种植过程中懂得与他人合作，不怕困难，养成有始有终的劳动习惯。积极参与学校"卓跞十五星"的评奖活动，争当劳动实践星，争评少先队劳动章。

（二）提升教师专业能力，优化育人方法

通过劳动项目学习活动的开发与实施研究，教师融合相关学科，促进学科的项目化学习，提升教师教学的专业能力；项目化实践活动能因人而异、因材施教，完善教

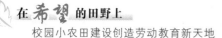

师育人理念、丰富育人形式，强化师生联结，优化师生关系。

（三）增强家校社区联动，促进协同育人

在项目实施和评价过程中，突出了家长的协助、指导作用，家长收获孩子在实践活动中成长所带来的喜悦，更愿意、更积极、更主动配合学校工作为创造美好文明社区注入强大动力。2022学年，2019级（2）班家委会被评为首批广州市中小学幼儿园优秀家委会。

（四）提升学校综合品质，助力学校发展

我校拥有广州市"4A"校园小农田，劳动教育是我校的特色项目，结合市级劳动课题《基于城市校园小农场种植劳动特色项目研究》的研究实践，本学期我校申报广州市"5A"校园小农田。通过一系列的研究和活动，促进学校劳动教育教学工作发展。

七、实施评价

项目评价是检验与反馈活动实施效果的重要指标。本种植劳动项目活动评价采用过程性评价与表现形式评价相结合的方式。

（一）过程性评价

过程性评价采用任务单作为工具，从学生劳动过程的种植、护理、成果分享三个方面，从体验、情感、态度和价值观等方面开展多元评价，采用自评、小组评和教师评价相结合的形式，以了解学生在该段时间内做出的努力、取得的进步和成就。

（二）表现性评价——"韭"是校园香，劳动最幸福

本种植劳动项目活动把学生的劳动素养作为衡量学生全面发展的基本内容，以发展为导向，面向全体学生，对其在劳动实践过程中的行为表现、认识与体验及完成的作品与成果，及时进行评价。

八、活动反思

（一）学生学有所想

在"'韭'是校园香"种植劳动项目中，学生通过韭菜的种植、养护、收成、烹

饪等主题活动自主获取知识，形成对植物、对服务社会和对服务自我的整体认识；他们整理资料并探究韭菜的生长环境、形态、食用和药用价值，学习解决问题的多种途径，培养学生掌握韭菜种植、养护的方法，制作植物名片、烹调韭菜美食等生活劳动技能，让学生积极参与劳动，体会劳动的快乐。在参与种植、养护韭菜、制作植物名片、烹调韭菜美食的过程中，学生的动手操作能力和思维表达能力得到提高。同时让学生懂得劳动最光荣，从小树立热爱劳动的观念。

（二）教师反思——学思践悟　笃行不怠

1. 依托教材，形成体系

"'韭'是校园香"种植劳动项目学习活动依托《义务教育劳动课程标准》要求指引，结合广州市《小学综合实践活动·劳动·三年级》《小学综合实践活动·劳动·四年级》教材"我是种植小能手"单元主题活动及我校市级劳动课题《基于城市校园小农场种植劳动特色项目研究》的研究实践，以综合实践活动课程为基本途径和主阵地，为学生提供了种植园地，学习种植植物需要的知识，培养相关能力与精神。

2. 学科融合，渗透教育

本项目在各学科教学中渗透劳动教育，通过科学、美术等学科了解劳动创造人本身、劳动创造历史、劳动创造世界的劳动观，感悟中华民族勤劳、节俭、艰苦奋斗的优良传统，培养学生劳动的科学态度、规范意识以及智慧劳动的创造意识与创新精神。

3. 发掘资源，拓展实践

"'韭'是校园香"种植劳动项目开展多样化的劳动项目学习活动，通过多形式的劳动体验，让学生了解劳动的酸甜苦辣，从而感悟劳动的价值，懂得要尊重劳动者、尊重劳动成果，深化劳动认知，感受劳动的乐趣，分享劳动的体会，提高劳动的能力。

4. 发现不足，提升改进

在本项目实施过程中，我们有收获，也有不足和困惑。我们今后努力研究的方向：一是学校的劳动专职教师只有一名，大部分是兼职劳动老师，劳动教育专业水平有待提升；二是本项目实施过程中对学生的劳动活动的评价内容、方式还不够全面、系统。

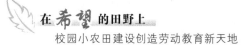

"艾"满校园

——校园小农田劳动活动案例

◎ 广州市天河区新塘小学　朱秋萍　都海霞

一、实施背景

艾草是岭南地区常见的中草药，也是岭南人民的餐桌佳肴，具备药用功能与食用功能，其种植养护收摘与简易加工是一种传统的生产劳动，蕴含着丰富的劳动教育资源。我们结合广州市《小学综合实践活动·劳动·三年级》教材中的"我是种植小能手"单元主题活动，在三年级开展""艾'满校园"为主题的生产和烹饪活动，为期两个月。

二、实施目标

1. 通过课前查阅资料、课堂学习实践、课后亲子劳动等方法，了解和学会使用艾种植、养护、收割等劳动工具，初步学会艾的种植、养护、收割等方法与步骤，体会劳动艰辛与劳动创造的快乐；初步养成劳动实践能力，初步具备劳动观念和有始有终的劳动习惯，初步形成热爱劳动的态度。

2. 能使用家用电器制作艾叶汤、艾叶饭、艾叶炒鸡蛋、艾糍等食品，初步学会简单的家务劳动技能，热爱劳动，乐于与人分享劳动的喜悦。

三、实施内容

本案例把活动任务分为四个阶段，在九周内完成。活动围绕艾的种植、养护、烹饪展开，具体内容见下表。

"艾"满校园活动安排表

活动任务	活动内容	活动时间	负责老师
第一阶段： 认识与种植	认识艾草和劳动工具	第1周	朱秋萍
	播种、种植	第2周	都海霞
第二阶段： 管理与养护	1. 做植物名片 2. 处理农田杂草 3. 浇水施肥、除虫	第3—7周	朱秋萍
第三阶段： 收成与烹饪	1. 采摘艾叶 2. 制作美食	第8周	都海霞
第四阶段： 总结与反思	美食分享会	第9周	都海霞

四、实施过程与方法

第一阶段：认识、种植艾草

1. 通过观看常见的种植工具的视频，亲手操作劳动工具，学会简单种植工具的使用，例如：锄头、铁锹、铁耙、浇水工具等，初步养成劳动的兴趣。

2. 通过看、闻、尝、触摸感知认识艾草，了解艾草的基本特征和生长环境；在收集艾草的过程中观察、感知，交流艾草的神奇作用，探究艾草的多种用途，提高对种植艾草的兴趣。

3. 在认识艾草的基本性状的基础上，掌握艾草种植的方法，体验劳动过程，体会劳动的乐趣。

第二阶段：艾草的养护

1. 通过给自己亲手种植的艾草园制作名片，培养观察能力和动手能力。

2. 通过轮流给艾草浇水（见右图），了解艾草的养护常识。

3. 通过学习处理杂草，为艾草农田施肥、除虫、除草等方式，掌握艾草的养护方式，从中获得劳动的成就感。

给艾草浇水

第三阶段：艾草的收成与烹饪

学习收割艾草的技巧，制作简单的关于艾叶的创意菜，掌握基本的烹饪技能，培养关心家人健康和动手服务家人的意识。

第四阶段：总结与反思

举办美食分享会（用艾叶做一道菜或点心），并分享参与艾草的种植与收获和感受。通过实践，学生感受到劳动的乐趣，分享劳动的体会，提高劳动的能力。

五、实施成果

劳动项目化学习活动既是学生学习活动的过程，也是教师学习提升的过程。师生在共同的学习中不断成长，反思不足，提炼成果。

1. 提升学生核心素养，提高劳动实践效能

在"'艾'满校园"劳动项目化学习活动中，劳动科组结合教学、实践活动，通过艾草的种植、养护、收割、加工等方式促成学生对项目化学习劳动的认知和体验，并形成劳动价值观念和劳动习惯、掌握劳动技能。学生在种植中学习科学的方法，在养护中体会细心呵护的重要，在收割的过程中播撒希望的种子，在加工的时候感悟收获的喜悦。

2. 提升教师专业能力，优化育人方法

在劳动项目化学习活动的开发与实施过程中，注重多个学科相融合，以学科融合模糊学科的边界，以达到整体育人的目的。教师融合相关学科，促进学科的项目化学习，提升教师教学的专业能力。学生综合运用多学科知识解决问题，自主构建自己的知识网络，核心素养得到全面提升。

3. 增强家校社区联动，促进协同育人

在活动实施和评价过程中，学校充分挖掘现有的家长资源，激发家长无穷无尽的智慧。家长积极参加，引领示范，从而达成学校和家庭精诚合作、互助互育的效果，为学校德育工作的开展提供了更好的契机，以此为创造美好文明社区注入了强大动力。

4. 提升学校综合品质，助力学校特色发展

我校是广东省绿色学校，周围农业发展项目较多，校园外围是板栗园、香蕉园，污染源较少；学校占地面积大、空地多、周围无遮挡、阳光充足，地理环境优越。我校根据自身特色开展了一系列的劳动项目化学习活动，促进学校劳动教育教学工作发展。

六、活动反思

1. 依托教材，形成体系

本次"'艾'满校园"劳动项目化学习活动依托《义务教育劳动课程标准》要求指引，结合广州市《小学综合实践活动·劳动·三年级》教材"我是种植小能手"单元主题活动，以综合实践活动课程为基本途径和主阵地，在校园内开辟了智慧田，三年级各班在智慧田种植艾草。整个阶段，校园里活跃着孩子们劳动的身影，他们特别积极地对待自己的那块责任田，每个人都用心地做好自己轮值的那一天。在这个过程中，孩子们学会了团结协作、不怕困难，体会到了劳动的快乐和丰收的喜悦。

2. 学科融合，渗透教育

纯理论的说教和纯实践的劳动，学生都难以接受。本次活动在各学科教学中渗透劳动教育，使得劳动的形式呈现多样化。在美术课上，让学生给艾草园设计名片；科学课上，学生研究更多的艾草知识和药用价值；语文课上，学生可以把最美的词语和句子奉献给艾草；劳动实践课上，大家可以讨论如何加工出美味的艾草食物，可以亲手制作出一个艾草香囊。通过这样的学科融合，不但拓宽了各个学科自身的发展空间，更将劳动教育的优越性体现了出来，培养了学生的创造性和科学思维。

3. 发掘资源，拓展实践

本次活动开发设计了多样化劳动项目化学习活动，如，"艾"满校园之神奇的艾草、"艾"满校园之创意植物名片、艾草种植之种子育苗、艾草种植之分株种植、艾草养护之田间除草、艾草养护之施肥、艾草养护之虫害防治、爱要分享之"艾"的美食分享会等多形式的劳动体验。这些活动使学生了解劳动的酸甜苦辣，从而感悟劳动的价值，懂得要尊重劳动者、尊重劳动成果，深化劳动认知，感受劳动的乐趣，分享劳动的体会，提高劳动的能力。

劳动教育是贯彻落实我国社会主义教育方针的重要内容，是小学教育的一个重要组成部分，劳动课是向小学生有计划地进行劳动教育的主要途径。它对于培养学生热爱劳动、学会劳动，在德、智、体诸方面和谐发展，具有十分重要的意义。劳动实践是进行劳动教育的基础，劳动课以劳动实践为主，寓思想教育于劳动实践之中，把思想教育与培养良好的行为习惯和掌握知识、技能有机地结合起来，努力做到实践性、教育性相统一。

"新绿苑实践基地" 小农田种植活动实施案例

◎ 广州市白云区水沥小学　张彩莲

五育并举，劳动先行。水沥小学秉承"根深苗壮，健康成长"的育人理念，因地制宜，以红葱种植为载体，以小农田种植活动为主题实施劳动教育。

一、实施背景

2020年3月20日，《中共中央　国务院关于全面加强新时代大中小学劳动教育的意见》指出：劳动教育是国民教育体系的重要内容，是学生成长的必要途径，具有树德、增智、强体、育美的综合育人价值。2020年7月7日，教育部组织研究制定的《大中小学劳动教育指导纲要（试行）》对小学低年级、中高年级各年段的劳动教育提出明确要求。2021年3月，广州市教育研究院再次修订了《广州市中小学劳动教育指导纲要》，对小学各年级劳动教育的实施要求及评价建议等进行细化。

水沥小学所处的水沥村，以红葱闻名。水沥村人靠驰名中外的红葱铺就致富路，扎根本土，劳动致富在水沥村村民身上得到完美而充分的诠释。结合上级文件要求，学校在解读《义务教育劳动课程标准（2022版）》时发现：种植技能在小学阶段的劳动教育任务群里都有出现。针对这一点，我们利用学校地处农村、学校周边有农田的优势，并借助校园既有的"新绿苑实践基地"实施种植活动。

二、实施目标

1. 认知性目标：通过小农田种植活动对劳动创造幸福有更全面的了解，认识本次劳动的价值和意义，树立正确的劳动价值观。

2. 参与性目标：围绕小农田种植实践、体验，知道自己是家庭的一分子，是社会的一员，有责任有义务去分担家务劳动，提高学生对家庭及社会的责任感，让亲子关系更趋和谐。

3. 体验性目标：通过小农田种植实践、体验，体会劳动的艰辛，感受、珍惜人们通过劳动创造的美好生活，培养孩子们良好的劳动习惯。

4. 技能性目标：学会简单的种植技能，具有服务自我、他人和社会的能力。

5. 创造性目标：通过种植技能的锤炼，逐步培养学生的动手能力，在劳动实践过程中善于观察并发现问题，善于运用科学原理和技术等知识创造性地解决劳动过程中的问题，提高劳动效率。

三、实施内容

1. 走出去

带领学生参观水沥村红葱种植基地，让他们体会劳动者的艰辛。

2. 请进来

邀请水沥村种植能手进校，让学生学会种植技能。

3. 校内实践

开展"新绿苑实践基地"小农田认领活动、种植比赛，体验种植的完整性。

四、实施过程与方法

1. 第一阶段：准备阶段

根据劳动教育的培养目标、基本内容、学习方式等，立足于地域文化、农村资源、人才培养和学校发展，制定了小农田种植活动实施方案，确定实施步骤，制定实施策略，做好实施保障，确保种植课程符合实际、落到实处、彰显实效。

2. 第二阶段：实施阶段

（1）参观水沥村红葱种植基地，体会劳动者的平凡而伟大。

学校所处的水沥村是全国有名的"红葱之乡"，村里有一个大型的红葱种植基地。我们利用劳动课组织学生走出去，走进村里，集体参观红葱种植基地，体会自己家乡的红葱是如何走向全国、走向世界的，从而感受到劳动者的平凡而伟大。

（2）邀请种植能手进校园，学会简单的种植技能。

由于学校的老师大多年轻且来自全国各地，懂农事的、会种植技能的教师很缺乏，所以学校通过家委会、退休老师队伍寻找在种植方面比较有经验的家长或退休老师，通过招募或聘请的方式将这些种植能手请进校园，让学生学会简单的种植技能，也让本校的劳动教师从中学习种植的技巧。

（3）认领小农田，体验种植的完整性。

学校在校内建立了"新绿苑实践基地"，基地内设有小农田，为学生提供随时可用的劳动教育环境。每学年的上学期开展班级种植体验，以学习撒播种子的技能为主。下学期是开展特色班级小农田种植活动，以移植技能为主。活动由班级教师、学生、家长一起选苗，一起种植，一起管理，一起分享果实，体验种植的完整性。

3. 第三阶段：成果分享阶段

纸上得来终觉浅，绝知此事要躬行。知行合一，以劳育人，让学生在学会种植技能的同时，开展小型的成果分享会，通过分享会加快学生德、智、体、美、劳全面发展的步伐，让他们在体会收获的喜悦同时体会劳动成果的来之不易。

五、实施成果

1. 日常劳动，促进劳动习惯的养成

学校将种植活动常态化，融入学生的学校生活。每个班设立新绿苑实践基地志愿岗，每天轮流到实践基地给小农田开展清洁、浇水（见图1）、拔草等劳动。种植还融入家庭生活，孩子们每周参与家庭种植活动，促进了劳动习惯的养成。

2. 特色劳动，丰富劳动教育内涵

劳动过程即教育过程。学校通过各种特色的种植活动来丰富教育内涵，进一步落实以劳增智、以劳育美、以劳树德、以劳健体。

图1 学生正给小农田浇水

（1）每天放学回家或一到周末，水沥学子便化身"劳动小能手"，为父母分担家务，利用自己种植的农产品给家人制作可口的美食，真是"美美的食物，美美的心情"。

（2）劳动教育与节假日同行。"快乐劳动迎国庆"，孩子们亲手种红葱等家乡特产，以辛勤的劳动向祖国华诞献礼；寒暑假开展"小种植、大体验"种植探究活动，通过花盆的制作，植物的选种，日常的养护、观察，在劳动中增长智慧。

3. 多元评价，筑牢立德树人的根基

孩子们每周完成"劳动家庭作业"，期末将孩子们的劳动态度和成果记入《广州

市学生成长记录册》。德育处每学期根据评
价标准评出劳动小能手（图2为其徽章）、
劳动之星、校园劳动小达人并颁奖。立德树
人是教育的根本任务，如此多元评价，必能
筑牢立德树人的根基。

图2　劳动小能手徽章

六、活动反思

1. 脚踏实地，从根开始。劳动教育不是一蹴而就的，要"脚踏实地，从根开始"，打"牢"根基，从而以劳树德、以劳增智、以劳育美、以劳健体、以劳创新，促进学生的全面发展，形成健全的人格和良好的思想道德品质。

2. 提升理念，以劳育人。学校借助小农田种植活动来改革教育理念与文化，从原来"教育从心开始"的理念发展提升为"教育从根开始"，更注重夯实师生发展的根基，从而更接地气。

3. 有始有终，体悟艰辛。劳动要有始有终，培养孩子自信和坚持。学校的小农田种植活动都是由老师带领学生选种、播种、浇水、施肥、除草、捉虫、收成……全程让学生主动参与完整的过程。试想：当学生看到自己播下的种子结出了果实，并可以品尝它们；当他们通过努力将劳动工具、设备安装好，得到肯定……满足感会油然而生（见图3），自然而然体会到劳动的艰辛、劳动成果的来之不易，从而懂得珍惜劳动成果，形成尊重每一个平凡的劳动者的好品质。

图3　劳动的喜悦

4. 掌握技能，形成品质。新时代的劳动教育不光要教会学生劳动的技能，从而掌握生存的技能，更重要的是和德育融合，引导学生通过劳动形成良好的道德品质。

求木之长者，必固其根本，实施小农田种植活动的劳动教育就是根的事业。根深才能苗壮，苗壮才会果硕。让我们携手，以花的心态，做根的事业。

体验农耕乐趣，感悟劳动之美

——"开心农场"社团劳动活动案例

◎ 广州市白云区白天鹅京溪实验小学　黄淑华　黄伟珊

一、实施背景

为深入贯彻习近平总书记关于劳动教育的重要论述，全面贯彻党的教育方针，落实《中共中央　国务院关于全面加强新时代大中小学劳动教育的意见》精神，加快构建德智体美劳全面培养的教育体系，培养一代又一代热爱劳动的社会主义建设者和接班人，培养学生劳动素养，我校根据实际情况，打造利于学生全面发展的新型劳动教育基地——"白天鹅菜园"，并依托这一校内劳动基地开展名为"开心农场"的社团小农田活动。

二、实施目标

劳动教育是新时代学生成长的必要途径，开展"开心农场"社团劳动活动有助于培育高素质的人才，为祖国未来发展与建设培养合格的接班人。

（一）认知性目标

认识劳动的价值和意义，树立正确的劳动价值观，崇尚劳动，尊重劳动；掌握关于小农田种植所需的劳动工具、劳动技能等方面的必备知识，培养勤俭节约、不怕苦、不怕累的劳动精神。

（二）体验性目标

通过亲身经历小农田种植劳动，体认劳动艰辛和劳动创造的快乐，乐于和他人分享自己在小农田种植出的劳动果实，欣赏他人的劳动成果，养成良好的劳动习惯。

（三）参与性目标

能主动参与小农田日常劳动，能处理在小农田劳动过程中出现的问题，培养勤俭节约的意识。

（四）技能性目标

通过动手劳动，初步掌握小农田种植的基本技能；能根据不同的劳动项目选择合适的劳动工具并正确使用劳动工具；学会与他人合作劳动，懂得食品来之不易，珍惜劳动成果。

（五）创造性目标

通过参与小农田日常劳作，从中发现问题，能有创意地解决问题。

三、实施内容

"开心农场"社团成员根据时令及爱好选择适宜的蔬菜进行种植。社团教师指导社团成员以小组为单位进行劳作，亲历种植蔬菜的全过程：松土、播种、盖土、浇水、施肥、除草除虫、移栽、搭架、采摘等，让社团成员在参与劳动的过程中认识种植蔬菜所需的劳动工具，学会正确使用这些劳动工具，初步掌握种植蔬菜的基本技能。在种植蔬菜的过程中，老师还将指导社团成员对蔬菜的生长过程进行观察，撰写蔬菜生长记录表或观察日记；同时老师还鼓励社团成员发挥聪明才智，制作创意田间劳作工具或自制杀虫剂，用于日常劳作。

四、实施的过程与方法

（一）准备阶段

社团小组成员通过查阅资料等方式，了解不同时令所适宜种植的蔬菜以及不同蔬菜的种植和养护方法，并通过PPT或视频的方式与同伴分享交流。小组成员根据时令特点及小组成员爱好确定各自小组所要种植的蔬菜并购买种子。本期社团成员确定种植的蔬菜有：秋葵、豆角、白菜、辣椒和莴苣。

（二）实施阶段

1. 播种

确定所要种植的蔬菜后，社团成员在老师的指导下认识相关劳动工具，学会使用劳动工具，用锄头对小农田进行松土。社团成员将小农田里的土翻好，让土晒晒太阳。播种前再用锄头将翻好的土整平，并用小铲子将太大的土块敲碎。此时，老师提醒学生整好的土不能用脚踩上去，要保持土壤的疏松及透气，给种子更好的生长环境。接着，小组成员分工将种子撒在土壤上，教师提醒学生不能把种子撒太密，以免妨碍蔬菜日后的成长。最后，社团成员在老师的指导下用耙子轻轻地将土拨动，让种子可以被土轻轻覆盖并浇水。

2. 日常养护

社团成员在老师的指导下进行浇水、施肥等日常养护（见图1）。学生会早起到校对蔬菜进行浇水，老师指导学生根据天气不同及时调整浇水的量及次数。在施肥之前，社团成员认真倾听老师对化学肥及有机肥的特点进行介绍，化学肥成本低、效果短、见效快，但容易因施用过量造成植株受伤，并且施用时要注意不能将肥料附在叶面上，否则容易造成叶面受伤。有机肥效果

图1　教师指导学生种植

长，较不会造成植株受伤。学生们通过对比决定施用有机肥。社团成员在老师的指导下学习施肥的步骤及方法，并运用劳动工具对本小组所种的蔬菜进行施肥。

在蔬菜养护阶段，种植莴苣的小组在老师的指导下学习移栽的方法，并用习得的劳动技能移栽莴苣苗，使每株莴苣有足够的生长空间；种植白菜的小组在老师的指导下用细绳对白菜进行捆绑，以便白菜产量更高，有更好的品相；种植玉米和豆角的小组在老师的指导下学习搭架，之后小组合作进行搭架，给玉米和豆角创造更好的生长环境。

日常养护中，社团成员还在老师的指导下学习如何除草除虫。进行除草劳动时，社团成员分工有序，齐心协力将小农田里的杂草拔除，确保蔬菜有更好的土壤环境。而在学习除虫时，社团成员跟着老师学习给蔬菜除虫的必要性，并在老师的指导下尝试自制蔬菜杀虫剂，有的小组将大蒜、辣椒去皮捣碎并放到水中浸泡，再将浸出液装入喷壶中，喷洒到蔬菜及土壤表面；有的小组选用橘子皮，将橘子皮晾干后加入清水浸泡一天，再将浸泡液装入喷壶中喷洒到蔬菜及土壤表面。

在日常的养护中，老师还指导学生用心观察蔬菜的生长变化，并将其变化记录下

来，形成观察记录表。

3. 采摘

经过精心养护，各小组栽种的蔬菜都到了丰收的时日。学生们在老师的指导下将成熟的白菜、莴苣、豆角、秋葵等采摘下来，整个过程充满欢声笑语。烈日下劳作的学生个个汗流浃背，但他们的脸上都洋溢着幸福的笑容。

（三）总结阶段

捧着丰收成果畅谈劳动心得时，有的学生说：“我参与了莴苣生长的全过程，从松土、播种、浇水、施肥、移栽、除虫到采摘，整个过程我流下了数不清的汗水。通过这次种植，我深深体会到种菜的艰辛，原来我们吃的每一口蔬菜都是农民伯伯那么辛苦劳动得来的，真的是来之不易，我以后要更加珍惜粮食，顿顿光盘！”有的学生说：“我感到很累，过程中好几次想和老师商量退出社团，特别是拿着那么重的锄头翻土，顶着烈日除草的时候，我真的好想放弃！是我的小组成员一直鼓励我，帮助我，最后我坚持下来了。今天我们小组收获了很多的白菜，看着这些劳动成果，我觉得非常开心，我想这就是老师常对我们说的‘劳动是艰辛的也是快乐的’吧！通过这期活动，我真的体会到劳动者的不易，我想以后我会更加尊重普通劳动者，尊重他们也尊重他们的劳动，努力做一个爱劳动的人。”最后，学生在老师的指导下对本期活动表现进行自评和互评。

四、实施成果

“开心农场”社团活动圆满结束，学生们收获了亲手栽种的各类蔬菜，还绘制了色彩鲜艳的蔬菜图画，有机肥及无机肥科普小海报，有的学生还撰写了劳动心得（见图2）。这些成果无不彰显着学生们通过本期小农田活动取得的成长。

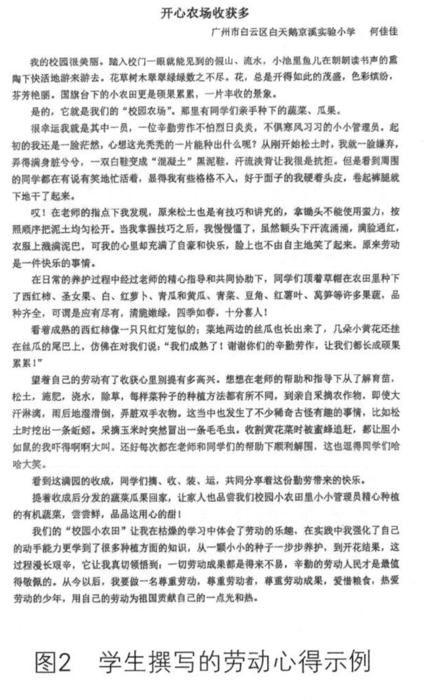
开心农场收获多

广州市白云区白天鹅京溪实验小学　何佳佳

我的校园很美丽。踏入校门一眼就能见到的假山、流水，小池里鱼儿在朗朗读书声的熏陶下快活地游来游去。花草树木翠翠绿绿数之不尽。花，总是开得如此的茂盛，色彩缤纷，芬芳艳丽。国旗台下的小农田更是硕果累累，一片丰收的景象。

是的，它就是我们的“校园农场”。那里有同学们亲手种下的蔬菜、瓜果。

很幸运我就是其中一员，一位辛勤劳作不怕烈日炎炎，不惧寒风习习的小小管理员。起初的我还是一脸茫然，心想这光秃秃的一片能种出什么呢？从刚开始松土时，我就一脸嫌弃，弄得满身脏兮兮，一双白鞋变成“混凝土”黑泥鞋，汗流浃背让我很是抗拒。但是看到周围的同学都在有说有笑地忙活着，显得我有些格格不入，好于面子的我硬着头皮，卷起裤腿就下地干了起来。

哎！在老师的指点下我发现，原来松土也是有技巧和讲究的，拿锄头不能使用蛮力，按照顺序把泥土均匀松开。当我掌握技巧之后，我慢慢懂了，虽然额头下汗流涌涌，满脸通红，衣服上溅满泥巴，可我的心里却充满了自豪和快乐，脸上也不由自主地笑了起来。原来劳动是一件快乐的事情。

在日常的养护过程中经过老师的精心指导和共同协助下，同学们顶着草帽在农田里种下了西红柿、圣女果、白、红萝卜、青瓜和黄瓜、青菜、豆角、红薯叶、莴笋等许多果蔬，品种齐全，可谓是应有尽有，清脆嫩绿，四季如春，十分喜人！

看着成熟的西红柿像一只只红灯笼似的；菜地两边的丝瓜也长出来了，几朵小黄花还挂在丝瓜的尾巴上，仿佛在对我们说：“我们成熟了！谢谢你们的辛勤劳作，让我们都长成硕果累累！”

望着自己的劳动有了收获心里别提有多高兴。想想在老师的帮助和指导下从了解育苗，松土，施肥，浇水，除草，每样菜种子的种植方法都有所不同，到亲自采摘农作物，即使大汗淋漓，雨后地湿滑倒，弄脏双手衣物。这当中也发生了不少稀奇古怪有趣的事情，比如松土时挖出一条蚯蚓。采摘玉米时突然冒出一条毛毛虫。收割黄花菜时被蜜蜂追赶，都让胆小如鼠的我吓得啊啊大叫。还好每次都在老师和同学们的帮助下顺利解围，这也逗得同学们哈哈大笑。

看到这满园的收成，同学们摘、收、装、运，共同分享着这份勤劳带来的快乐。

提着收成后分发的蔬菜瓜果回家，让家人也品尝我们校园小农田里小小管理员精心种植的有机蔬菜，尝尝鲜，品品这用心的甜！

我们的“校园小农田”让我在枯燥的学习中体会了劳动的乐趣，在实践中我强化了自己的动手能力更学到了很多种植方面的知识，从一颗小小的种子一步步养护，到开花结果，这过程漫长艰辛，它让我真切领悟到：一切劳动成果都是得来不易，辛勤的劳动人民才是最值得敬佩的。从今以后，我要做一名尊重劳动，尊重劳动者，尊重劳动成果，爱惜粮食，热爱劳动的少年，用自己的劳动为祖国贡献自己的一点光和热。

图2　学生撰写的劳动心得示例

五、活动反思

回顾本次活动，有以下几方面做得较好：

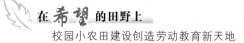

（一）注重劳动教育五大关键环节在教学中的开展

只有把握好劳动教育的五个关键环节：讲解说明、淬炼操作、项目实施、反思交流和榜样激励，才能使劳动教育充分发挥积极作用。社团老师能注重五大关键环节的开展，并在劳动课堂中合理运用，使得学生在较为扎实地掌握种植蔬菜劳动技能的同时，也较好地培养了正确的劳动观念、积极的劳动精神和劳动品质。

（二）注重培养学生良好的劳动精神和劳动品质

在教学过程中，老师注重以劳动实践为主，寓思想教育于劳动实践之中，把培养学生良好的劳动精神和劳动品质与培养学生具备良好劳动技能有机结合，让学生在习得相关劳动技能的同时也逐步培养良好的劳动精神和劳动品质。

（三）时刻将安全牢记心间

社团老师在指导学生进行劳动的过程中能始终关注安全问题。不管是如何安全使用劳动工具，还是如何安全劳动，老师都在课上反复提醒学生，因为时刻能将安全牢记心间，因此本期活动没有出现任何安全问题。

当然，本期活动开展下来也存在一定的不足。比如在指导学生开展劳动评价时，尚未深入挖掘更多元的评价方式，评价方式较为单一。除此之外，在指导学生进行劳动的过程中，教师讲得稍微多了一些，这些在今后开展小农田活动中应多加注意并及时进行调整。

"我是食材种植小能手"劳动活动案例

◎ 广州市荔湾区西关实验小学　郑颖祁　何惠贞

一、实施背景

《义务教育劳动课程标准（2022年版）》提出要注重挖掘劳动在树德、增智、强体、育美等方面的育人价值，注重动手实践，激发学生参与劳动的主动性、积极性和创造性。其中"农业生产活动"明确要求学生要掌握1—2种常见蔬菜的种植方法。为了达成以上目标，我们学校让学生参与校园小农田建设，开展与学生生活密切相关的"我是食材种植小能手"项目式活动，让学生从寻找生活中的食材，探究食材、种植食材、收获食材、烹饪美食等劳动体验中，习得劳动知识与技能，感悟和体认劳动价值，培育劳动精神。

二、实施目标

1. 认知性目标：了解食材的种植、养护与节气的关系；认识常见的食材和劳动工具，懂得"一分耕耘一分收获"的道理，体会劳动光荣，弘扬开拓创新的劳动精神。

2. 参与性目标：积极参与制定食材种植的方案，积极参与种植、养护1—2种食材，养成安全规范、持之以恒的劳动习惯，丰富学生对农业生产劳动的实践认识。

3. 体验性目标：通过亲手种植、养护食材，体会劳动的艰辛、种植的快乐，体悟劳动成果来之不易，学会珍惜劳动成果，养成吃苦耐劳、持之以恒、责任担当的品质。

4. 技能性目标：通过动手操作实践，掌握种植养护食材的方法和步骤，安全使用锄头、铲子等劳动技能，合理设计种植方案。

5. 创造性目标：在种植、养护食材的过程中，能根据小农田的大小，日照长短、强度，创造性地设计种植方案，优化种植食材的方法，尝试改造常用劳动工具，提高种植效率。

三、实施内容

"我是食材种植小能手"劳动活动以"种植食材"为主题，围绕"寻找校园小农田的食材""探究食材""设计种植养护方案""种植食材"四个劳动项目设计了以下课程内容（见图1）。该课程在五年级实施。

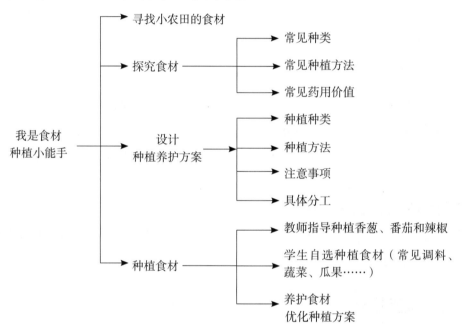

图1 "我是食材种植小能手"劳动活动课程内容

四、实施的过程与方法

活动1：寻找小农田里的食材

活动目标：培养学生的观察能力，激发学生探究的热情。

活动形式：40分钟线上学习

学习活动：

1. 边观察边记录，将食材的名称、外形特征等填入表1。

表1　寻找校园小农田的食材

小组名称			
小组分工	组长：_____　　　　观察员：_____　　　　记录员：_____		
观察与发现记录	名称	类别（调料、蔬菜、瓜果……）	外形特征

2．小组针对表1进行讨论、交流，教师给予指导。

3．各小组交流后修改表1。

4．各小组进行自评、互评、老师评，并填入寻找食材评价表。见表2。

表2　寻找食材评价表

评价主体	评价内容		
	观察细致	积极参与	团结协作
自评			
同学评			
教师评			
我的收获和体会			

注：评价优秀的A，评价较好的B，评价一般的C。最后结合实际情况记录自己的收获和体会。

活动2：探究食材

活动目标：深入了解岭南常见的食材种类，了解其中的药用价值，探究常见食材种植的方法。

活动形式：40分钟线上学习+线下自主安排

学习活动：

1．学生以小组为单位探究岭南常用食材以及种植的方法，填写探究食材记录表。见表3。

表3　探究食材记录表

小组名称					
小组分工	组　　长：_____　　　资料收集：_____ 资料整理：_____　　　汇 报 员：_____				
常用食材	名称	类别（调料、蔬菜、瓜果等）	外形特征	种植方法	药用价值

2. 小组针对表3进行讨论、交流，教师给予指导。

3. 各小组交流后修改表3。

4. 各小组进行自评、互评、老师评，并填入探究食材评价表。见表4。

表4　探究食材评价表

评价主体	评价内容		
	观察细致	积极参与	团结协作
自评			
同学评			
教师评			
我的收获和体会			

注：评价优秀的A，评价较好的B，评价一般的C。最后结合实际情况记录自己的收获和体会。

活动3：设计食材种植方案

活动目标：各小组根据修改好的食材种植方案，选择1—2种食材设计合理的种植方案，了解不同食材种植养护的方法以及注意事项。

活动形式：40分钟线上学习+线下自主安排

学习活动：

1. 各小组选择1—2种食材设计合理的种植方案，并填入食材种植方案表。见表5。

表5　食材种植方案表

小组名称		
食材名称	1.	2.
小农田面积		

（续表）

种植时间		
种植方法		
种植棵数		
种植工具		
小组分工	材料员：_____ 松土：_____ 种植：_____ 浇水：_____ 除草：_____ 观察记录员：_____	材料员：_____ 松土：_____ 种植：_____ 浇水：_____ 除草：_____ 观察记录员：_____
注意事项		

2. 小组针对表5进行讨论、交流，教师给予指导。

3. 各小组交流后修改种植方案。

4. 各小组进行自评、互评、老师评，并填入食材种植评价表。见表6。

表6　食材种植评价表

评价主体	评价内容			
	积极参与	技能熟练	合理、有创意	团结协作
自评				
同学评				
教师评				
我的收获和体会				

注：评价优秀的A，评价较好的B，评价一般的C。最后结合实际情况记录自己的收获和体会。

五、实施成果

1. 培养学生的核心素养，促进学生全面发展

本活动符合学生成长的规律，把学生的学习体验、探究放在首位，将实践视作内核，强调沟通合作，切实地提升学生的核心素养。

学生在广泛参与、总结、交流中，促进学生进行反思。学生在交流分享劳动的体验和收获中，形成积极的认识，纠正劳动观念上的偏差，将交流与改进结合起来，促使学生在劳动中获得成长，更有效地培养学生的劳动品质和良好的劳动习惯，掌握

种植食材的劳动能力，培育劳动艰苦奋斗、精益求精的劳动精神。

此外，学生通过参与"我是食材种植小能手"项目式活动，增强体质，继承和弘扬"农耕文化"。见图2、图3。

2. 提升了学生的综合素养

学生在学习过程中，人文素养得到提高，从被动地接受

图2　小组开展种植食材活动　　图3　收获番薯，满心欢喜

知识到主动去研究种植食材过程中遇到的各方面问题；学习方式从单一到多样化，通过科学、数学、艺术、劳动等学科的综合，学生的思维得到了综合训练；学生学会收集、处理各种信息资料，和组员、家人共同协作、交流，增进了情感。

3. 产生了积极的效应

经过一年的种植和养护，班级小农田绿意盎然，生机勃勃。学生的学习成果多样，包括种植食材讲解视频、种植方案、心得体会、成品等，学生通过班级资源库广泛交流、展示，推广种植经验和成果，让更多的人受益。

4. 提高了教师多元化教学能力

"我是食材种植小能手"活动的实施，改变了教师单一的讲授式教学方式，通过研究性学习、体验式学习、讨论式学习和实践性学习，实现了学生学习方式的丰富多元，教师以多样的教学形态，促进自我教学研究能力的提升。

六、活动反思

1. 以后我们可以发掘类似具有创新性的活动载体，不断创新活动的模式，家校协同开展劳动教育，使它更具有吸引力和影响力。

2. 将设计与思维贯穿教学，可以起到双向促进的效果。

学生在老师的引导下，自主实践、思考、分享、设计、检测、改进，激发了主人翁意识和社会责任感，使学生设计制作与思维创新能力得到提升。

3. 教师要多元化发展，要不断探索、研究、优化项目活动，促进学生深度学习。

香江田园四时兴　劳动光荣五谷丰

——小学三年级"我是种植小能手"劳动项目案例

◎ 广州市增城区香江学校　张惠婷

一、实施背景

《义务教育劳动课程标准（2022年版）》十大任务群之一的农业生产劳动群要求："充分利用学校等场地来开展农业劳动，选择当地1—2种常见的蔬菜进行种植，掌握1—2种当地常见蔬菜的种植方法。让学生感受持续劳动的艰辛和不易，懂得在劳动中遵规守约，初步学会与他人合作劳动，懂得珍惜劳动成果，初步养成有始有终、专心致志的劳动习惯和品质。"我校以校园土地资源为依托，组织师生开垦利用，为搭建学生劳动平台，现有"小农田""草药园"等实践基地，充分利用劳动课程及课余时间积极组织学生开展农耕文化、中医药文化等种植劳动实践研究。结合广州市《小学综合实践活动·劳动》教材，"香江田园四时兴　劳动光荣五谷丰"项目主题应运而生，既丰富了学生的课余生活，又美化了校园环境，同时也为学校办学起到了积极的辅助作用。

本案例以小学三年级"我是种植小能手"主题教学活动为例。

二、实施目标

围绕核心素养，紧扣《义务教育劳动课程标准（2022年版）》，确立以下几个项目目标。

（一）劳动观念

通过简单的时令蔬菜种植农业生产劳动，初步学会与他人合作，懂得"一分耕耘，一分收获"的道理，形成关爱生命、尊重自然的观念，建立根据植物生长规律和

季节特点进行科学劳动的意识。

（二）劳动能力

初步体验简单的时令蔬菜种植生产劳动，能规范地使用常用的劳动工具，如锄头、小铲子、浇水壶等，学会除草、浇水、施肥等基本种养技能。

（三）劳动习惯和品质

能主动参与种植劳动，遵守劳动纪律和安全规范，与他人团结互助、合作进行劳动，认真负责、不怕困难，养成有始有终的劳动习惯。

（四）劳动精神

能在种植劳动过程中不怕脏、不怕累，懂得劳动的不易，尊重劳动、珍惜劳动成果，并能正确面对种植过程中可能出现的失败，大胆尝试不同的种植方法，形成坚忍不拔、不怕困难的精神。

三、实施过程

（一）活动思路概览

"我是种植小能手"主题劳动项目活动思路见图1。

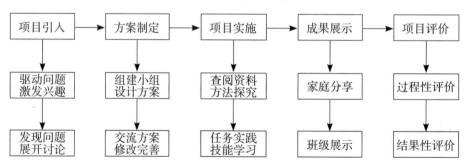

图1　"我是种植小能手"主题劳动项目活动思路图

（二）活动具体实施过程

1. 第一阶段：项目引入

（1）以"种子的发芽是否需要空气"为引导，进行为期一周的科学实验观察记录，激发学生活动实践的兴趣。

（2）学生围绕"家人、同学喜欢吃什么蔬菜？在广东9—10月适合种植什么蔬菜？常用的播种方式有哪些？"等问题，展开头脑风暴式讨论。

2. 第二阶段：方案制定

（1）学生根据自己的兴趣特长等组建活动小组，在组长的带领下进行分工，拟写小组项目活动方案。

（2）小组代表介绍本组活动方案，其他小组提出完善建议，教师适时进行指导评价，各小组修改完善项目活动方案。

在此阶段，学生的统筹规划、语言表达、小组合作等多方面能力得到了提升。

3. 第三阶段：项目实施

（1）查阅资料，探究方法。

任务明确之后，学生采用文本学习、查阅资料和实地考察相结合的方式，走进种植天地，了解种植小知识，对相关材料进行信息收集、分析、整理（示例见图2）。该阶段环节重在项目实践过程中涉及的学科知识及认知策略、探究学习、思维发展、问题解决、学科素养及综合素养的形成等，构建起从知识学习到知识应用、素养形成的桥梁。

图2 学生的查阅记录

（2）任务实践，技能学习。

采用任务式活动方式开展具体项目实施，每个劳动任务均采用课内外相结合、校内外相结合、学科间相结合的形式，通过问题的提出、劳动实践、成果分享等环节，让学生亲近自然、辛勤劳动，在劳作中懂得"一分耕耘，一分收获"的道理。见图3。

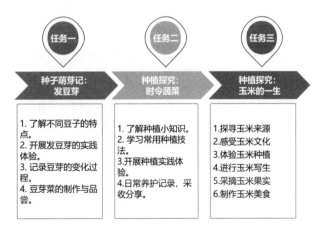

图3 任务概览

任务一：种子萌芽记——发豆芽

结合项目引入阶段的"种子的发芽是否需要空气"实验经历，以核心问题"豆子是如何发芽的？"开展实践任务活动。

搜集豆子，了解豆子的特点，并挑选豆子，对照实验步骤开展"发豆芽"实践活动。

持续观察实验对象，及时记录豆子的成长变化，形成图文日记。

分享介绍豆子的发芽过程，并展示活动成果，分享活动感受。

任务二：种植探究——时令蔬菜

以小组为单位，开展时令蔬菜种植全过程的劳动实践体验。

育苗播种勤耕耘：传统的育苗、播种方式有很多，各小组根据种子的不同特点尝试不同的播种方式，如撒播、条播、点播，仔细观察种子的生长变化。

细心呵护助成长：各小组定期到小农田里给植物除草、捉虫、浇水、施肥，关注植物的生长情况并认真记录。在该环节过程中，学生通过对所种植物的悉心呵护和辛勤付出，逐步产生对生命的敬畏之情。

种植成果乐分享：及时采摘种植成果，感受收获的喜悦。将种植成果烹饪成美食，与家长、同学一起品尝分享，学会感恩，更能体会劳动的意义。

任务三：种植探究——玉米的一生

玉米的种植探究是学生用时最久的一次经历，从播种到收获足足有4个多月，时间虽长却收获满满。各活动小组均有所收获，具体体现在以下几个环节：

探寻玉米来源：以实地走访或上网查阅资料等方式，探寻玉米的来源，初步感知玉米文化。

感受玉米文化：学生将收集到的资料进行归纳、整理，在班级里展示、交流调查结果。

体验玉米种植：到学校小农田进行玉米种植全过程的劳动实践体验，学习玉米种植与管理的方法技巧，自觉参与日常养护。

进行玉米写生：在美术课上，集中到玉米林里进行观察写生，画一画自己种植的玉米。

采摘玉米果实：玉米成熟时期一起到玉米林里采摘玉米，共享收获的喜悦。见图4。

制作玉米美食：学生通过堂上学习、网络学习、请教家长等方式，学习玉米美食烹制方法，亲手制作

图4　感受采摘玉米的喜悦

一道玉米美食与家人一起品尝。

4. 第四阶段：成果展示

家庭分享，学会感恩。学生结合所种植的时令蔬菜，学习烹制方法，亲手制作一道美食与家人一起分享品尝，学会感恩，使劳动的意义再提升了一层。

班级展示，拓展思维。各小组运用不同的方式展示、汇报自己或小组的项目实践经历和成果，也把自己在活动过程中发现的问题和不足与大家一起交流探讨。

在本阶段，学生不仅收获了学习成果，更体会到劳动成果的来之不易，学会与他人一起分享劳动成果的喜悦。

5. 第五阶段：评价总结

本次项目的学习效果采用"过程性评价+结果性评价"的方式，在具体操作过程中，以过程性评价为主，包括学生的学习态度、知识技能、实践过程、成果展示等多方面，发挥评价的导向与促进功能。通过自评、互评、家长评、教师评，最终整合形成学生在项目中的综合评价，从而评选出班级"种植小能手"。见图5。

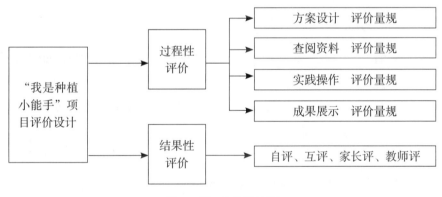

图5 项目评价设计图

四、实施效果

（一）学生方面

1. 学生在种植项目实践过程中，深切领悟劳动创造价值、劳动创造财富、劳动创造美好生活的道理，懂得"一分耕耘，一分收获"的道理，劳动观念得以强化。

2. 学生通过资料的收集与整理，方案的制订与完善，不断提升了发现问题、解决问题的能力。在实践任务活动中，掌握了常用劳动工具的使用方法，劳动技能有所提升。

3. 学生在"我是种植小能手"项目活动中，通过持续性的简单农业生产劳动，主动承担植物养护工作，遵守劳动纪律和安全规范，与他人团结互助，劳动习惯和品

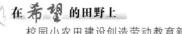

质逐渐形成。

4．在此次实践活动中，学生能够围绕实际需要，在劳动过程中不怕脏、不怕累，能正确面对种植过程中可能出现的失败，大胆尝试不同的种植方法，劳动精神得到升华。

（二）教师方面

1．在本次项目活动的设计过程中，教师能充分认识到在新形势下教师的作用，一改以往的传统教育，教育理念得到不断更新。

2．在本次项目活动设计的过程中，教师有机地将学科知识进行融合，如：科学+劳动、语文+劳动、美术+劳动等，注重学生观察力的培养，注重学生材料搜集能力的锻炼，注重学生语言文字的积累、感悟以及运用等，专业知识不断丰富。

3．在本次项目活动实施过程中，教师与学生一起进行种植劳动实践，不仅丰富了自身的种植养护知识，还能对实施路径、评价体系、达成目标等方面进行劳动教育活动的设计与实施，专业技能不断提高。

（三）学校方面

1．劳动教育与学科教学相融合。打破学科壁垒，寻求相关学科之间的衔接，形成综合融通的跨学科课程框架。

2．整个项目实践过程中，师生平等、共同创造、集体思考的氛围下进行，构建了师生平等的和谐关系，促进本次项目化学习持续性地改进和开发。

3．本次项目活动实施过程中，学校、家庭在孩子正向成长的过程中均收获了教育的成功经验，继而形成了良好的生态教育环境。

五、活动反思

本次"我是种植小能手"主题劳动项目开展顺利。活动实施过程中不仅将劳动教育与其他学科相融合，学生在项目实践过程中，提升了多方面的能力，具有可推广的价值。

在自媒体活跃的今天，家校互联其实更多的是通过各类互联网络平台得以解决。在本次的项目实践活动中，学生对项目研究的主动性还有待进一步加强，成果汇报形式还可以更加多样和丰富。教师更可以将学生的优秀劳动过程用照片、视频等方式通过学校公众号、视频号进行公开展示，向更多的人宣传本次项目化学习，让家长们在宣传中正确认识项目学习，观看到孩子们的成长，争取到他们更多的理解和支持，从而取得更好的社会影响。

以心为媒，回韵共美

——广州市回民小学与增城小楼镇麦韵芳小学劳动教育结对活动案例

◎ 广州市回民小学　冼桂芳

一、实施背景

为贯彻落实《中共中央　国务院关于全面加强新时代大中小学劳动教育的意见》等文件精神，落实《广州市推进大中小学新时代劳动教育三年行动方案（2021—2023年）》关于学校结对共建劳动教育活动的相关要求，促进不同学校间劳动教育资源互融互通、共建共享，广州市回民小学和增城小楼镇麦韵芳小学开展结对共建劳动教育活动。两校以互赠菜苗，各自种植观察，记录不同环境下同种植物发芽、生长、结果的数据，互相比较，研究土地种植与天台种植的不同。

二、实施目标

学校结对共建劳动教育活动，能促进学校劳动教育资源互补、优势互补。通过学校结对共建劳动教育活动，能更准确把握社会主义建设者和接班人的劳动精神面貌、劳动价值取向和劳动技能水平的培养要求，全面提高学生劳动素养，使学生树立正确劳动观念，具备必备劳动能力，培养积极的劳动精神，养成良好的劳动习惯和品质。

种植目标：

1. 学会搜索资料、种植、浇水、除草、除虫等培养学生种植劳动能力。

2. 通过种植和观察迟菜心的过程，并与麦韵芳小学同学互相沟通，了解土地种植迟菜心和天台种植迟菜心成长过程的不同。

3. 学会小组分工合作，培养分工、协助、合作的能力。

4. 构建两校学生之间友谊的桥梁。

三、实施内容

（一）送苗

1. 两校互赠菜苗：麦韵芳小学赠送回民小学迟菜心菜苗，回民小学赠送麦韵芳小学水果萝卜苗。

2. 劳动老师介绍种植经验。

（二）小组种植

1. 回民小学同学在天台种植迟菜心和水果萝卜，记录迟菜心和水果萝卜的生长数据。

2. 麦韵芳小学同学在地面种植园种植迟菜心和水果萝卜，并记录它们的生长数据。

（三）经验交流

1. 分别组织队员到对方学校进行参观记录。

2. 两校队员分享菜苗成长情况，展示小组记录数据。

3. 两校队员讨论造成同样菜苗发芽、生长、结果不同的原因，研究天台小农田与地面种植园的种植环境和种植方法。

4. 两校队员们商议、研究，修改下一步种植方案。

（四）成果分享

1. 两校队员互相分享获得的劳动成果。

2. 两校队员分享种植收获和心得。

四、实施的过程与方法

活动一：初次落苗，经验交流，互相指导。

1. 麦韵芳小学领导和老师来到回民小学，对学生进行迟菜心种植指导。

麦韵芳小学队员教回民小学队员认识迟菜心的生长环境，每棵迟菜心苗都需要直径为40厘米的生长圈，种植时需要注意每棵苗之间的行距和列距，并示范种植。

四年级学生已学习正方形的周长，劳动老师引导学生把地设计为若干个边长40厘米的小正方形，并把苗种在正方形中间，确保每颗迟菜心的生长空间。

2. 回民小学回赠麦韵芳小学水果萝卜苗，并远程指导麦韵芳小学同学种植。

回民小学队员介绍：水果萝卜容易种植，水果萝卜与一般萝卜不一样，它的成果不大，每棵苗之间只需要10厘米间隔，就能确保苗的生长空间。

活动二：种植中及时提出遇到问题，商量解决方案。

"和园"天台种植园容易出现虫害，回民小学队员马上与麦韵芳小学的队员联系，提出虫害问题，麦韵芳小学队员马上给回小队员支招，制作除虫器等方法。经过一周除虫，回民小学同学再到"和园"天台种植园记录时大吃一惊，小小的迟菜心已经长大许多，而且之前那些被虫子咬过的痕迹也已经不多，但是还是有几棵不知道为何枯死了。不过有了麦韵芳小学队员指导，这次回民小学队员有备而来，大家拿出水和风油精的混合物喷到每棵迟菜心上，可以防治虫害。

两所小学的同学遇到问题会分析数据，互相支招。

1. 回民小学种植遇到的问题：天台种植，阳光充足，迟菜心生长速度飞快，但是风很大，扎根不稳，容易死，虫患也多。

麦韵芳小学支招：注意种植泥土是否太松软，确保根部稳固。遇到虫患，把风油精加到水里（注意比例），然后喷洒到菜上。

2. 麦韵芳小学种植遇到的问题：水果萝卜为什么容易烂根？

回民小学支招：水果萝卜为根果植物，种植时水从叶子上撒下去，不要直接浇到根部，以免水分过多，泡死萝卜。

3. 两校定期进行数据比较，分析天台种植与地面种植的相同与区别之处，及时调整种植方案，以确保种植的效果。

活动三：分享成果。

1. 回民小学和麦韵芳小学的队员们都收获了迟菜心和水果萝卜，两校队员马上通过视频分享收获成果。

2. 回民小学队员把迟菜心加入当天烹饪课程菜谱。麦韵芳小学同学把水果萝卜与家人分享。

3. 回民小学队员还将收获的农产品用于校园义卖，所获爱心善款捐给需要帮助的人。

五、实施成果

（一）学生成长

在本次活动中，两所学校互赠菜苗，在各自的种植园种植。其间，两校队员都不

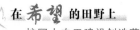
断查询资料，队员之间互相沟通，交流经验，收获了他们的劳动成果，完成了他们第一本种植手册，感受劳动过程的不易和收获劳动成果的愉悦，初步了解劳动可以创造出美好生活，更珍惜自己和别人的劳动成果。

（二）学校互成长

回民小学是一所位于广州市中心的城市学校，队员和老师都未经历过迟菜心种植，种植经验不足。增城小楼镇麦韵芳小学是一所位于广州市郊区的农村学校，拥有得天独厚的种植环境，学校师生都有种植经验。本次交流，不但增进了两校队员之间友谊，同时两校老师之间也交流很多劳动教育的经验。不但让回民小学的师生更热爱劳动，更热爱种植，也搭起两校之间种植交流桥梁。

六、活动反思

本次活动是跨区跨校进行，让孩子们学习迟菜心和水果萝卜的种植方法。虽然过程中两所学校的孩子未能每天面对面交流，但是他们通过网络克服距离的困难，收获属于他们的独特友谊。他们了解到天台种植和地面种植的不一样，珍惜每一次种植机会。在本次活动中队员们通过自己双手感受种植辛苦，享受种植成果的甜美，学会了尊重劳动、珍惜粮食。

回民小学非常珍惜本次与增城小楼镇麦韵芳小学之间的结对，以本次迟菜心与水果萝卜的交流经验为基础，希望能有更多机会交流种植的经验，共同进步。

"从种子到销售" 劳动项目案例

◎ 广州市增城区派潭镇中心小学　陈晓黎

一、实施背景

我校地处广州市增城区的北部乡镇，土地肥沃，气候温和，是区域较大的农业生产基地。校内建设了近200平方米的小农田作为四年级的综合实践活动基地，为学生开展种植活动提供了便利条件。

四年级的学生好奇心强、喜欢探索新事物，结合春季学期雨水多、许多叶菜难以种植等特点，学生选择了种植茄子、黄瓜、玉米、番茄等比较容易种植的瓜类蔬果。茄子容易种植，果实多，可丰富学生的劳动成果，增加他们的成就感，为后期的商品销售提供有利条件支持。黄瓜、玉米、番茄可以为后期的果蔬饮品DIY提供有机食物支持。

"从种子到销售"劳动课程围绕日常生活劳动、生产劳动和服务性劳动的各个任务群进行科学规划，让学生有机会参与蔬果种植，学习制作蔬果饮品，到市场中去体验现代服务业，收获劳动带来的喜悦。

二、实施目标

（一）认知性目标

通过文献查阅、教师讲解、同伴分享等方式，认识所种植的茄子、黄瓜、玉米等蔬果的生长习性、病虫害防治的一般方法，初步掌握破壁机等家用电器的性能与安全使用方法。

（二）参与性目标

通过参与种植、制作、销售等活动，获得成功体验，并分享自己的成功经验，从而提高学生参与劳动的积极性。

（三）体验性目标

通过开展实地种植活动，认识到农业生产虽然是艰辛的，但可以创造价值，并能体验到种植活动的喜悦。

（四）技能性目标

通过果蔬饮品DIY活动和农产品销售等活动，增强与人交流和沟通的能力，掌握正确、安全使用破壁机等家用电器的基本技能。

（五）创造性目标

能够创造性地完成各项劳动任务；并能够根据个人喜好创造性地制作一款果蔬饮品；能够有创意地、大胆地完成农产品市场销售。

三、实施内容

实施年级：四年级

主要内容：茄子、番茄、玉米的种植与管理；果蔬饮料DIY；农产品销售体验。

四、实施的过程与方法

（一）课程安排

本课程安排见下表。

"从种子到销售"劳动课程安排表

活动阶段	活动内容与时间安排	活动或劳动实践任务	主要方法
准备阶段	活动规划（第2—3周）	1. 认识、分析适宜本季节种植的蔬菜。 2. 根据学生种植兴趣进行分组，提出本组感兴趣的探究问题和探究方法。 3. 制定小组实施方案。	实地考察法
实施阶段	种植与管理（第4—15周）	1. 整理菜地、松土、改良土质、准备菜种。 2. 蔬果种植的日常管理。 3. 观察蔬果生长。 4. 病虫害防治。	观察法 实验法 访谈法
	果蔬饮料DIY（第12—16周）	1. 调查同学们对果蔬饮品的喜好。 2. 制作果蔬饮品。	问卷调查法

（续表）

活动阶段	活动内容与 时间安排	活动或劳动实践任务	主要方法
	农产品销售体验 （第17-18周）	1. 商议制定果蔬销售行动方案。 2. 设计制作销售广告牌。 3. 采摘成熟的果蔬到市场上销售。	实地考察法
总结阶段	成果整理 （第19-20周）	1. 总结活动经验，形成活动成果。 2. 分组汇报、成果展示、讲述活动。	

（二）各阶段活动

第一阶段：活动准备阶段

教师提出考察任务及安全注意事项，各小组学生利用周六、日走进身边的农田，了解当地农民当前种植的蔬菜品种，并与菜地里的农民进行交流，知道当前应季蔬菜有茄子、辣椒、番茄、玉米、南瓜、红薯叶、苦麦菜等；并向菜农了解相关蔬菜的种植方法和种植管理过程中需要注意的事项，选定本组种植作物的品种。课堂上教师组织各小组介绍本组的种植作物、种植方法、探究的问题等，在教师的指导下，各小组形成了种植活动方案。

第二阶段：活动实施阶段

1. 种植与管理

（1）菜地改良：开学初同学们在校园小农田除草、翻土，并通过搜索短视频平台学习对黄泥土进行了改良，学习并体验了腐殖土的改良方法，并尝试利用校园树叶、杂草和土壤一起沤肥，均取得了较好的效果。

（2）作物移植：学校组织"校园小农田开耕节"活动，并为各小组聘请家长志愿者为劳动辅导员。在辅导员的指导下，同学们亲身经历了挖坑、移苗、压实、浇水等移植过程，顺利将种苗种植下去。

（3）日常管理与病虫害防治：各小组经过沟通，安排了日常管理轮值表，并设计了观察记录，每天有3位同学负责浇水、施肥和观察作物的生长情况，发现异常时，大家立即组织讨论，并汇报给老师和劳动辅导员，共同商议解决办法。在这个过程中，同学们理解了"斩草要除根"的原因，掌握了四叶草的清除方法，还知道了某些虫子是由飞蛾、蝴蝶等昆虫的幼虫等科学常识。同学们大胆地徒手处理刚破壳的小虫子，还掌握了通过观察虫粪顺利找到虫子并用镊子处理的办法，初步掌握了通过作物的叶态形色判断施肥、浇水和杀虫的需要。一分耕耘一分收获，经过师生的共同努力，我们的小农田里结出了满满的果实——玉米、黄瓜、茄子等陆续成熟，同学们满脸兴奋，期待果蔬饮品的制作和销售活动。

2. 果蔬饮品DIY

为了激发学生的创意，教师组织了"四年级学生夏季饮品喜好问卷调查"活动，为制作受孩子们喜欢的果蔬饮品提供参考依据。学生经历了认识调查问卷、设计修改调查问题、利用问卷星开展调查等过程，最后，教师指导学生撰写问卷调查报告。在此基础上，各小组商议形成了果蔬饮品的DIY方案，教师利用劳动课进行果蔬饮品制作指导，各小组相互品尝并提出了改进意见，大家兴趣盎然，感受到自己动手丰衣足食的喜悦，提高了家庭种植的兴趣。

3. 农产品销售体验

为了同学们能够安全地体验一次完整的市场销售农产品，教师先组织了各小组长到学校周边的菜市场参观，询问了茄子、玉米等蔬果的价格，各小组长回校后与组员根据本组的蔬果质量与市场价格进行了定价，并设计出吆喝口号、制作了销售宣传广告牌，制定了销售行动方案。利用周六，在教师与家长的协助下，各小组的"流动摊"顺利营业，所有蔬果销售一空。

第三阶段：活动总结阶段

各小组采用手抄报的形式呈现自己的活动所得，将自己参与实践活动所掌握的蔬菜种植知识和管理经验制作成手抄报。虽然同学们还不能充分应用信息技术手段制作汇报课件，但并不影响他们积极展示的热情。同学们通过讲述活动、宣读分享活动日记等方式向同伴汇报自己的活动收获，讲述自己在种植蔬菜的过程中遇到的问题，哪些已经解决了，哪些没有解决，请求老师和同学提出建议。通过交流，同学们既增长了种植蔬菜知识，又提高了口头表达的能力。最后教师组织同学自评、同伴互评、家长评价，对学生参与活动的积极性、成果形成、问题解决情况进行评价，并对本次活动表现优秀的同学进行奖励。

五、实施成果

1. 学生制作的手抄报和宣传广告

学生制作了丰富多彩的手抄报和宣传广告，并在校园里展示，取得了不错的效果。

图1　学生制作的手抄报和宣传广告示例

见图1。

2．学生撰写的问卷调查报告（节选）

本次调查的对象是我校四年级的全体同学，采用了问卷星进行在线调查。在教师的帮助下，我们把问卷链接通过班级家长微信群下发到每一位家长，让家长协助同学们在线完成问卷并提交；共收到396份问卷，约占全体同学的98%。经过分析问卷调查数据，同学们发现大部分的同学都喜欢饮食果蔬饮品，特别是玉米汁、百香果茶等，占比达88.9%；对饮品的适度要求不高，喜欢原汁原味的比例接近50%。在制作果蔬饮品的时候，要注意适量加糖甚至是少糖，最好是根据各人口味喜好来制作，在制作前可以询问每个人的喜好。而自己会动手制作果蔬饮品的人数比例很低，仅有5%的同学有自己制作果蔬饮品的经历，同学们对自己动手制作果蔬饮品的积极性很高，占比达到92.4%，建议教师尽快开展果蔬饮品制作学习与分享活动。

六、活动反思

"凡事预则立，不预则废。"许多时候我们的劳动教育能不能长期坚定地执行下去，取决于老师对一学期或一学年的教学规划有没有提前做好，做好了规划，大的方向定了，在执行的过程中虽然会根据需要稍作调整，但是大的方向不会有太大的变化，有效避免了"上到哪是哪"的随意性。在活动的规划上，可以与综合实践活动统筹推进，落实广州市综合实践活动与劳动"一课两讲"的新尝试，充分利用校园小农

图2 学生为玉米、茄子洒石灰防虫害

图3 学生到市场上摆摊

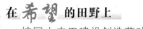

田劳动教育基地，科学规划各劳动任务群的劳动项目，高标准地达成劳动教育课程目标。

由于学校规模大，校园小农田的面积已经远远不能满足全体学生的种植劳动体验需要。我们可以大力推进家庭微农田的建设，构建"两田育人"劳动课程，让学生将在校园小农田里学习到的方法应用于家庭微农田，从而拓宽学生课外参与劳动实践的时间和空间。

经历一学期的劳动教育教学，我觉得要上好一节劳动教育课不难，但要坚持上好一学期的每一节劳动教育课是有难度的。因为很多教师没有农业生产劳动的专业知识和技能，这就需要劳动教师要做到教学相长，要与学生一同经历整个劳作过程，在平时的教学实践中，善于从孩子们身上习得教学智慧，也要善于动员家长和社会力量参与学校的劳动教育，努力形成教育合力，共同推动新时代劳动教育高质量发展。

"我来栽种中草药"劳动项目活动案例

◎ 广州市增城区新塘镇久裕小学　崔诗棋

一、实施背景

广州市增城区新塘镇久裕小学是广州市首批劳动试点学校、广州市4A小农田种植基地；学校根据学校实际和学生年龄特点，组织五年级学生开展"我来栽种中草药"劳动项目活动。该活动主要围绕农业生产劳动栽种中草药开展，让学生了解我国中草药文化的源远流长，初步体验中草药种植和衍生品的设计与制作，懂得敬畏自然和珍惜劳动成果。在传承我国传统文化的同时，学生通过亲自动手操作，激发对劳动的兴趣，增强对我国物质文化遗产的体认，提升民族自豪感和文化自信。

二、实施目标

（一）认知性目标

通过观察、学习中草药知识，开展校内、校外种植活动，使学生了解常用的种植劳动工具和中草药生长过程方面的知识，能认出一些常见的中草药，学习有关种植中草药的知识，了解一些基本的种植方式，掌握一定的种植中草药技能。学生能正确认知劳动的价值，初步树立正确的劳动价值观。

（二）参与性目标

通过小组合作活动的形式，使学生学会与他人一起合作学习，能够通过小组合作完成学习任务，养成在劳动教育活动中正确表达自己的意见，并认真听取他人意见的习惯。培养自立精神和热爱生活的态度，具有积极参与校内、校外劳动种植的意愿；培养亲近自然、健康生活的人生态度。

（三）体验性目标

学生通过亲身经历校内、校外种植活动，获得劳动体验，体会劳动的艰辛和劳动创造的快乐，乐意和他人分享自己的劳动成果及欣赏他人的劳动成果，学会在劳动教育活动中正确评价自己与他人，养成良好的劳动习惯。

（四）技能性目标

通过动手操作，学生初步掌握一些基本的种植方式，掌握一定的种植中草药的技能，能正确使用一些常用的种植劳动工具，并能合理选择工具、利用工具，安全有效地进行种植。练习通过自己写观察记录、活动日记、办手抄报等形式来记录活动过程，展示活动成果，培养勇于探索、乐于学习的学习态度。

（五）创造性目标

通过参与校内、校外种植活动，从中发现问题，学会通过各种途径查找资料、进行调查，并通过分析调查数据获得解决问题的办法。通过活动养成善于观察、乐于动脑、勤于动手的劳动习惯，进一步培养学生团结协作、助人为乐的精神品质。

三、实施内容

本项目实施内容见图1。

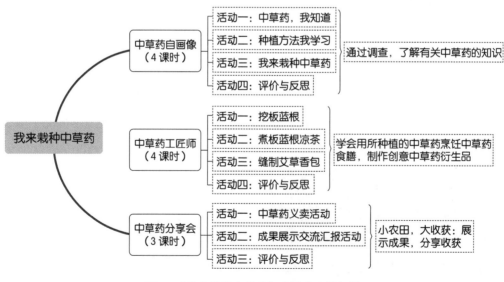

图1　"我来栽种中草药"实施内容框架图

四、实施过程与方法

本项目活动由"中草药画像""中草药工匠师""中草药分享会"三个阶段构成。

（一）中草药画像

活动一：中草药，我知道

1. 初步认识中草药。通过各种渠道收集有关中草药的信息。把收集到的中草药知识进行整理归纳，分类汇总。学生总共统计了70多种本地能够见到的中草药，并且发现绝大部分家庭是以吃自己园里种的中草药为主，这些中草药主要包括紫苏、芦荟、艾草、车前草等。集市上卖的也以上述中草药为主。

2. 中草药画像。教师在课堂上介绍常见的中草药知识后，学生通过课后收集到的资料信息，对照身边的中草药实物，在获取整体感知的基础上，给中草药画像，配以文字说明，进一步认识中草药。

活动二：种植方法我学习

1. 认识农耕工具。通过学习各类农耕工具及其使用方法，初步了解中草药的种植过程。

2. 让学生通过采访、查资料、实地考察等方式进行各项实践活动。学生到劳动实践基地实地考察一下，或向有经验的中草药农请教中草药的生长情况，并把考察结果记录下来，在小组内交流。学生从中了解种植中草药的辛苦，形成爱惜中草药、尊重劳动成果的意识。

活动三：我来栽种中草药

1. 教师进行种植示范，学生明确种植过程。在种植的过程中要注意安全规范操作，学生通过亲历种植的过程，体会劳动光荣的劳动精神，培养了吃苦耐劳的劳动品质。

2. 引导学生自己动手种植中草药（见图2）。要求在种植的过程中做到勤观察、勤思考，坚持写好观察记录，并把自己在种植过程中的收获与体会，或者将问题记录下来。引导学生进行交流。

图2　学生动手栽种中草药

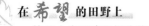

活动四：评价与反思

本阶段需要学生观察常见中草药，搜索中草药的相关知识，丰富学生对农业生产劳动的实践认识。因此，本阶段的评价侧重于学生对劳动工具的正确使用、劳动技能掌握程度及中草药信息收集与归纳等方面的评价。见表1。

表1 "中草药画像"阶段评价表

评价内容	自评	组员评	教师评	家长评
劳动工具的正确使用	☆ ☆ ☆	☆ ☆ ☆	☆ ☆ ☆	☆ ☆ ☆
劳动技能的掌握程度	☆ ☆ ☆	☆ ☆ ☆	☆ ☆ ☆	☆ ☆ ☆
种植过程操作安全规范	☆ ☆ ☆	☆ ☆ ☆	☆ ☆ ☆	☆ ☆ ☆
科学有效地收集归纳信息	☆ ☆ ☆	☆ ☆ ☆	☆ ☆ ☆	☆ ☆ ☆
我的收获与体会				

注：评价一般的可涂一颗星星，评价较好的可涂两颗星星，评价优秀的可涂三颗星星。最后结合实际情况谈谈自己的收获与体会。

（二）中草药工匠师

活动一：挖板蓝根

1. 教师进行挖板蓝根示范，学生明确劳动过程。在收获的过程中要注意安全规范操作，学生通过亲历劳动过程，体会劳动光荣的精神，培养吃苦耐劳的劳动品质。

2. 引导学生分组挖板蓝根和收集板蓝根。根据各小组挖板蓝根过程中操作的规范程度、所挖板蓝根的数量、大小等进行评比。

活动二：煮板蓝根凉茶

1. 学生通过上网查阅资料、向他人请教、阅读书刊等方式了解什么叫"绿色中草药"。谈谈出于饮食安全，应该吃什么样的中草药最放心。教师引导学生对板蓝根的功效进行资料搜集，研究探讨可以通过怎样的烹饪方法能够发挥板蓝根的药效。

2. 教师示范烹饪操作，学生归纳方法，动手实践。学生通过直观感受煮板蓝根凉茶的过程，并结合日常生活经验，初步养成健康饮食的习惯，培养食品安全意识。

活动三：缝制艾草香包

1. 教师引导学生了解身边布艺缝纫的手艺人，树立劳动让生活更美好的观念和资源回收再利用的环保意识。

2. 通过微课示范，教师引导学生对缝制艾草香包所需的材料及缝制步骤进行归纳。

3．学生根据归纳的缝制步骤，亲历缝制艾草香包的过程，培养学生留心观察生活的习惯，提高学生动手能力，养成学生认真负责、珍惜劳动成果等品质。

活动四：评价与反思

本阶段需要学生认知中草药文化博大精深，丰富学生对中草药功效的运用。因此，本阶段的评价侧重于学生对中草药功效的运用、劳动技能掌握程度及开拓创新的中草药衍生品等方面的评价。见表2。

表2　"中草药工匠师"阶段评价表

评价内容	自评	组员评	教师评	家长评
劳动技能的掌握程度	☆☆☆	☆☆☆	☆☆☆	☆☆☆
操作过程安全规范	☆☆☆	☆☆☆	☆☆☆	☆☆☆
中草药的创意运用	☆☆☆	☆☆☆	☆☆☆	☆☆☆
中草药衍生品的美观实用性	☆☆☆	☆☆☆	☆☆☆	☆☆☆
我的收获与体会				

注：评价一般的可涂一颗星星，评价较好的可涂两颗星星，评价优秀的可涂三颗星星。最后结合实际情况谈谈自己的收获与体会。

（三）中草药分享会

活动一：中草药义卖活动

1．教师指导学生制定中草药义卖活动计划，并填入表3。

表3　中草药义卖活动计划表

活动主题					
活动时间					
活动地点					
活动对象					
人员分配	推销员	记账员	采摘员	安保员	环保员
活动内容					
活动保障					

2. 各组学生制定好活动计划后，教师引导学生根据活动计划完成前期活动进行准备。从摊位布置、人员分配到销售义卖、卫生整理，学生通过自身的服务劳动，锻炼表达和小组合作能力，培养积极主动、坚持不懈的劳动品质。见图3。

图3　中草药义卖活动现场

活动二：成果展示交流汇报活动

1. 分组汇报各阶段活动成果，交流各组活动成果与情感体验。

2. 学生交流各阶段活动遇到的困难及各自的解决方法，反思不足。

3. 学生根据活动成果分组进行展示，交流分享活动所见所闻所感，教师协助学生提炼和提升情感。

活动三：评价与反思

本阶段，学生通过义卖活动和展示成果，交流种植中草药的体验和收获，达到共同分享、互相学习、互相促进的目的，从而培养了总结归纳能力、小组合作能力和语言表达能力。因此，本阶段的评价侧重于学生对活动计划分工、沟通合作及参与态度等方面的评价。见表4。

表4　"中草药义卖活动"阶段评价表

评价内容	自评	组员评	教师评	家长评
活动计划分工	☆ ☆ ☆	☆ ☆ ☆	☆ ☆ ☆	☆ ☆ ☆
主动沟通合作	☆ ☆ ☆	☆ ☆ ☆	☆ ☆ ☆	☆ ☆ ☆
参与态度积极	☆ ☆ ☆	☆ ☆ ☆	☆ ☆ ☆	☆ ☆ ☆
成果展示	☆ ☆ ☆	☆ ☆ ☆	☆ ☆ ☆	☆ ☆ ☆
我的收获与体会				

注：评价一般的可涂一颗星星，评价较好的可涂两颗星星，评价优秀的可涂三颗星星。最后结合实际情况谈谈自己的收获与体会。

五、活动反思

在"我来栽种中草药"劳动项目活动中，学生通过活动养成善于观察、乐于动脑、勤于动手的习惯；学会与他人一起合作学习，能够通过小组合作完成学习任务，养成在活动中正确表达自己的意见，并认真听取他人意见的习惯；学会在活动中正确评价自己与他人。学生在活动中亲身体验了劳动的喜悦，使劳动情感得到升华，也学会了与他人分享劳动成果。但活动中也仍有许多需要改进之处，如学生学习的部分劳动技能在实际生活中没有情境让他们得以应用，这就需要我们联合家庭与社区，为孩子们创造出更多劳动的环境。

耕种属于特殊孩子的一方乐土

——培智学校"丰收"系列劳动活动案例

◎ 广州市增城区致明学校　李琪

一、实施背景

致明学校是广州市增城区唯一一所培智学校，自2021年被评为广州市中小学劳动教育试点学校后，学校积极开发"田园乐"劳动教育课程，依托劳动实践基地"至美耕读园"开展系列劳动实践活动。在实施劳动实践活动的过程中，我校面临以下现状：菜地劳动活动零散，缺乏系统化组织；劳动实践活动艰辛，师生对劳动基地关注度低；班级缺乏集体感，培智学生缺乏展示平台等。基于以上困境，为推进学校"田园乐"劳动教育课程实施，我校悉心钻研适宜培智学校发展的劳动教育活动，特开展"丰收"系列劳动实践活动。

"丰收"系列劳动实践活动落实《中共中央　国务院关于全面加强新时代大中小学劳动教育的意见》《大中小学劳动教育指导纲要（试行）》等劳动教育相关文件精神，在"田园乐"劳动教育课程思想下，以活动育人充实课程，围绕学校劳动基地，遵循春耕秋收的自然规律，打造符合特殊学生需求的"丰收"系列劳动实践活动，让学生在掌握劳动技能的同时提高综合劳动素养，感受躬耕田园的乐趣。

二、实施目标

（一）以活动为手段，提升学生劳动综合素养

以形式多样的"丰收"系列劳动实践活动为手段，将零散的耕种活动以系统化形式串联起来，让特殊学生能在丰富的活动中收获积极的劳动体验，在掌握劳动技能的同时形成热爱劳动的良好品质，提升劳动综合素养。

（二）以活动为跳板，提升教师劳动教研能力

以"丰收"系列劳动实践活动为跳板，在过程中对教师进行劳动技能学科相关培训，引导教师挖掘实践活动中出现的研究问题，提升教师在劳动技能学科的教学与教研能力。

（三）以活动为平台，形成学校良好劳动氛围

以"丰收"系列劳动实践活动搭建培智学校的展示平台，为特殊学生提供多元化交流平台，丰富培智学校实践活动的形式，在班级间营造良性劳动竞争氛围，调动师生共同维护实践基地的积极性，增强班级的集体荣誉感。

（四）以活动为桥梁，搭建家校劳动共育模式

以"丰收"系列劳动实践活动搭建家校互动桥梁，提高家长在特殊学生劳动教育上的参与度，提升家长对特殊学生的劳动教育期待值，拓展家庭劳动教育阵地，构建家校劳动共育模式。

三、实施内容

"丰收"系列劳动实践活动包括两个主活动，分别是3月植树节开展的春耕节与期末7月开展的丰收节，均围绕学校700㎡的劳动基地——"至美耕读园"展开；以田园耕种活动为核心，关注全过程体验，以特别的开端与结尾为劳动教育实践营造仪式感。

（一）"童"赏春光，"植"得期待——春耕节活动

3月植树节期间举办春耕节活动（见图1）。在准备阶段，学校根据预实验总结出适宜特殊学生耕种的作物名单，在教师会议上推荐种植作物，由各班自行查阅资料后选定班级作物，并且根据班级作物特点定下各班菜园名字，学校统一安排制作班牌。在春耕节当天，学校社团以劳动主题相关的表演为开耕仪式鼓舞助兴，各班班主任带领平时班级中获得"劳动星"称号的学生击鼓明志，由校领导为各班授予班牌与作物种子（或幼苗），家委代表发表感言。各班教师、学生和家长带着班牌与种子（或幼苗）到本班分配的菜地进行开耕，松土后将幼苗种下并浇水，将班牌立好后完成初期活动。学期期间教师利用劳动课及课余时间带学生到班级实践基地进行实操教学、作物养护，将作物成长状况记录到《"田园乐"劳动课程实践基地台账》中，为丰收节做准备。

图1　致明学校2023年春耕节活动

（二）尽享农趣，乐享丰收——丰收节活动

学期末（7月）开展丰收节活动（见图2）。在准备阶段，各班教师根据一学期学生的劳动表现以及《致明学校劳动教育评价表》记录，评选出获得"劳动榜样"称号的学生，各班教师根据班级实践基地作物收获情况，组织学生提前1天采摘部分成熟作物，装到盘子（或篮子、果盘）中，教师辅导"劳动榜样"学生准备感想与作物介绍稿。在丰收节当天，学校邀请社团展示以丰收为主题的表演庆祝收获，各班班主任邀请"劳动榜样"展示班级作物，可以介绍作物的名称、味道、烹饪方法、营养价值等，着重分享这学期参与班级基地劳动实践的感受。最后，由校领

图2　致明学校2023年丰收节活动

导为"劳动榜样"颁发奖状，德育处对"劳动榜样"的展示进行点评总结，并倡议班级师生总结经验，为下一期耕种做准备。活动结束后，各班教师更新《"田园乐"劳动课程实践基地台账》，并精选学期中班级基地活动照片，交由学校编入《田园四季摄影集》中。

四、实施过程与方法

（一）"童"赏春光，"植"得期待——春耕节活动

致明学校每年于3月植树节期间开展春耕节活动，具体安排见表1。

表1　春耕节活动安排表（示例）

阶段	项目	时间	负责部门	实施过程
活动准备阶段	选作物，定班名	2月—3月	德育处	学校列出推荐作物，各班选择班级菜地种植作物，并设计班名。
活动实施阶段（3月13日）	校长致辞	9:00—9:05	德育处	校长对春耕节进行动员，鼓励师生悉心耕耘班级劳动基地。
	《悯农》打击乐表演	9:05—9:15	"花儿乐"打击乐社团	社团以劳动主题相关的表演为开耕仪式助兴。
	击鼓开耕	9:15—9:20	德育处	在校领导带领下，各班班主任带领平时班级中获得"劳动星"称号的学生击鼓明志。
	授牌仪式	9:20—9:25		校领导为每个班级授予班牌与作物种子（幼苗），完成开耕仪式。
	家长代表发言	9:25—9:30	家委会	由家委会理事围绕本次活动感想、学生劳动表现等主题进行发言。
	分批播种	9:30—11:00	全体师生、家长	各班轮流到劳动实践基地进行开耕活动，松土后将种子（幼苗）种下并浇水，将班牌立好。
活动后续维护阶段	班级劳动基地实践活动	每周三下午2节劳技课及课余时间	全体师生	各班根据班级基地情况，在劳技课及其他课余时间对作物进行日常养护。
活动资料收集阶段	班级劳动基地相关资料归档	3月-7月	全体师生	各班将作物生长情况记录在《"田园乐"劳动课程实践基地台账》中。

（二）尽享农趣，乐享丰收——丰收节活动

致明学校于每年7月（即学期末）开展丰收节活动，具体安排见表2。

表2　丰收节活动安排表（示例）

阶段	项目	时间	负责部门	实施过程
活动准备阶段	评选"劳动榜样"	6月底	德育处、各班师生	各班教师根据一学期学生的劳动表现以及《致明学校劳动教育评价表》记录，评选"劳动榜样"。
	准备作物介绍词及感想稿	6月底		各班教师辅导"劳动榜样"准备感想与作物介绍稿。
	采摘丰收作物	7月5日		各班教师组织学生到班级菜地采摘部分成熟作物并装盘。
活动实施阶段（7月6日）	《大丰收》歌舞表演	9:00—9:10	"花儿秀"非洲鼓社团	学校邀请社团展示以丰收为主题的表演庆祝收获。
	丰收展	9:10—10:00	德育处、各班师生	各班教师与"劳动榜样"上台展示丰收作物，请"劳动榜样"展示及介绍作物，分享劳动感受。
	颁发奖状	10:00—10:10		校领导为"劳动榜样"颁发奖状。
	德育处点评总结	10:10—10:15		德育处对各班劳动基地丰收情况进行祝贺，肯定各班的劳动成果，点评"劳动榜样"的展示表现，并鼓励全校师生总结经验，为下一期耕种做准备。
活动资料收集阶段	班级劳动基地相关资料归档	7月—8月	全体师生	各班更新相关台账，精选班级基地活动照片交由学校编入摄影集中。

五、实施成果

（一）提升了学生的综合素养

在规律的劳动基地实践活动中，学生形成了良好的劳动意识和劳动习惯，感受到了田园乐趣，掌握了相关的劳动技能；在展示活动中锻炼了学生的交流表达能力，提高社会适应能力，形成热爱劳动的良好品质，提升特殊孩子的劳动综合素养。

（二）丰富了学校劳动特色实践活动

通过多元化的劳动实践活动将田园之诗搬上培智学校大舞台，不拘泥于单一、重复的劳动形式，源自田园而又不局限于田园，丰富了学校的劳动特色实践活动，并在学校中形成了良好的劳动氛围。

（三）促进了家校劳动共育模式发展

在"丰收"系列劳动实践活动中，家长参与了春耕节的播种，并引导学生烹饪丰收节收获的农产品，由此构建家校共育的劳动模式，让学生将劳动教育课堂拓展到家庭中，将所学应用到实际生活中。

六、活动反思

在"丰收"系列劳动实践活动中，特殊孩子站在台上也许话语含糊，但脸上的自豪也让我们感受颇深：相比完美的劳动实践产物，我们更应该重视学生的实践过程，积极搭建特殊孩子展示的平台，耕种属于特殊孩子的一方乐土。也许在劳动基地中，特殊孩子并不能种出最大、最甜的果实，但在劳动实践过程中，他们可以感受到泥土的温度，能理解劳动人民的不易，知道与伙伴合作的重要性，这是在课室中无法习得的劳动体验，是生活中最真实的劳动课堂。

在今后的教学生活中，我们将继续开发更多精彩而有意义的劳动实践衍生活动，例如美食节、义卖节等，化单一、重复的劳动为生动、有趣的实践活动，承上启下形成系列；让特殊孩子在劳动活动中成长，耕种属于特殊孩子的一方乐土。

教学叙事

劳动育人　自主成长

——柠檬树成长记

◎ 广州市番禺区市桥新世纪小学　宋妍

　　我的学生阿卓有点不一样。不管上课还是下课，他都流连于学校的小农田，在小农田里抓蚂蚱、捉蚯蚓、拔萝卜。我对他批评教育过，也见过家长，但效果甚微。

　　兴趣是最好的老师。我发现当阿卓看着小农田的农作物时，他眼里是有光的。我想这也许是我走进他内心的切入点。于是，我邀请他一起管理班级的小农田，他很诧异。我说："你经常来小农田，对小农田肯定很熟悉，再加上你喜欢动植物，老师相信你一定会把小农田管理得很好。"得到我的肯定，他不好意思地笑了笑。

　　我们一起商讨小农田该种些什么，最后我们选择种柠檬树。家委很快帮忙采购6棵不到30厘米高的柠檬树苗，我和阿卓带领班级的其他几个孩子一起种植。我发现不善言语的阿卓在整个种植过程中非常认真和专注，他还主动把我讲的种植方法和注意事项教给其他同学。种完后，我笑着对他说："阿卓，以后能不能吃上柠檬就靠你啦！"他看着我，小声地说："我怕自己做不好。"我拍拍他的肩膀，鼓励道："不要怕，种只是开始，接下来我们还需要观察和管理，宋老师和你一起来，让我们和柠檬树一起成长吧！"他不好意思地点点头。

　　此后，他每天都会跑去小农田看看那几棵柠檬树，浇浇水、除除草。柠檬树在阿卓的照顾下一天天长大。后来，我们发现株距太密，于是决定第二次移栽。这次，我们把柠檬树分在两块地种，怕移栽后不容易成活，还施加了复合肥。功夫不负有心人，柠檬树活了，新长出很多枝叶。

我带着阿卓一起查找资料，原来柠檬树还需要剪枝，这样才能留住更多的养分，让它开花结果。我们又一起学习剪枝技术。我借机跟他说道："阿卓，你很用心，管理柠檬树就如同我们的学习一样，去掉多余枝头，要朝着一个方向努力生长。"阿卓点点头。

柠檬树在阿卓的管理下，悄悄开了花。有一天，阿卓兴奋地跟我说："柠檬树结果了。"我跟他一起跑到小农田，发现两个拳头大小的柠檬正挂在柠檬树上。我朝阿卓竖起大拇指："厉害啊，有付出就会有收获，这两个柠檬就是你劳动的成果。"阿卓开心地笑了。

中秋节那天，阿卓亲自去摘回柠檬冲水后分享给大家。两个柠檬冲了50多杯水，尽管味道很淡，但大家都称赞好喝。阿卓那天特别开心。

学期末的时候，我为阿卓颁发了"劳动小能手"奖状，阿卓接过奖状特别开心。我趁机告诉他："劳动改变了你，一分耕耘一分收获，希望你能把自己的聪明才智用在更多的地方，更好地服务班级。"阿卓重重地点点头，全班再次响起热烈的掌声。

年橘盆中的水稻

◎ 广州市番禺区东怡小学　钟允康

故事源于一次放学后的散步。当孩子们经过学校的小农田时，一位宝贝拉着陈老师的手说："老师，你知道吗？今天刚好是袁隆平爷爷逝世两周年，他有一个'禾下乘凉梦'，而我没见过水稻是怎么长出来的呢！"

"要是我们的小农田也种一点水稻就好了。"

"对对对，要是能再种上一些水稻，等到秋天，我们就可以一起收获稻谷了！"

陈老师指着小农田说："孩子们，水稻要生长在水分充足的土壤里，我们的小农田土太干了。"

"那我们把它改造成那样不就行了嘛！"

"是呀，我也觉得这个想法不错。"

"嗯，我觉得也可以！"

……

就这样，你一言他一语，孩子们的想法越发丰富。

孩子们越聊越起劲，决定开展"小农田改造计划"。通过上网查阅资料、询问家长等，孩子们了解了水稻的生长习性，最后在众多改造方案中，选择了用年橘盆来种植水稻的方案。

按照这个计划，陈老师负责找禾苗，学生家长从家里搬来了两个大的年橘盆子，学生们也用袋子装来了一袋袋的泥土，大家分工明确。撸起袖子，铆足了劲开工啦！

改造的第一步就是把年橘盆底部的两个大洞堵住，孩子们的想法也是五花八门。有的说像热水壶一样，用个木塞子塞住，有的说用泥巴堵上，有的说用石头也可以堵上等等。但是经过同学们的分析，要么就是不耐用、要么就是容易漏水等，最后为了一劳永逸、经久耐用，我们决定用水泥来把洞补上。在校工的帮助下，大洞很快就被水泥堵上了。

改造的第二步是土壤的改造。由于禾苗（水稻的幼苗）需要生长在湿润的土壤中，而孩子们带回来的土壤太干了，甚至有一些已经出现了板结。所以我们觉得要把孩子们带回来的土全部倒进年橘盆中，然后用水把它们泡一个星期，直到把土泡软了，我们才开始种植。

一周后，土已经被泡软了，已经可以开始种植禾苗了。孩子们来到了年橘盆前，却犯起了难。原因是他们发现自己从来没有种过禾苗，不知道怎么种才是对的。刚好这个时候，陈老师经过，他说他年轻时就种过禾苗，可以手把手教大家种植禾苗。原来种植禾苗也叫插秧，要握住禾苗的根部把根部插入到土壤中。陈老师还特意提醒大家，禾苗不能插得太密，不然禾苗不够空间生长。在陈老师的指导下，两个大大的年橘盆种满了禾苗。

禾苗已经种下，陈老师提醒孩子们，之后还要做很多工作来养护，如每天浇水保持土壤的湿润，如果有虫了还要抓虫，后续还要施肥等等。陈老师希望孩子们能好好照顾这些禾苗，等待秋天的到来，和孩子们一起收割稻谷。

抓住教育契机，撒播责任种子

◎ 广州市番禺区洛浦中学　龙其燕

　　"今天的劳动任务是翻地起垄，需要20个同学去小农田，愿意去的同学请举手！"教室里，同学们齐刷刷地举起了很多小手，"小朗、小圳……以上20名同学跟我来。"其中，小朗是我重点关注的对象，他缺乏自信，上课不遵守纪律、欠交作业等现象时有发生。

　　开耕、除草、翻地……这些工作，我都让小朗参与了，还打算交给他一项重要任务，培养他的责任感。

　　我看到小朗翻地时没戴手套，提醒他道："小朗，翻地怎么能不戴手套？等会儿手掌起泡的就没有办法写作业了。"小伟在旁边插嘴说："老师，小朗这几天都没有写作业，手掌起泡那就更有理由不写作业了。"周围笑声一片，小朗垂下了头。"不会的，我相信小朗那么热爱劳动的同学一定不会以这个为借口不写作业的，凡是热爱劳动的人都是热爱生活的人，都会具备一定的责任心，会对自己的学习负责。小朗，是吗？"我一边说，一边微笑地看着小朗，小朗看着我说："明天的作业，我肯定会按时交的！"

　　劳动课上，我推荐了小朗担任生产队长。下了课，小朗来办公室找我："老师，我什么干部都没有做过，我怕我不行。"我劝他："在小农田劳动里，你比其他同学有经验。老师观察你很久了，你是最适合的。先试一试可以吗？"小朗见我这么说，勉为其难答应了。我告诉他："生产队长是一个很重要的职务，是我的小助手，你要经常过来向我汇报小农田的工作。生产队长是我们班干部的成员之一，作为班干部要遵守纪律，按时完成作业，给同学树立榜样，这些要求你也需要做到，你知道吗？"小朗回答我："好的，老师您放心。"他高高兴兴地离开了办公室。

　　小朗当选为生产队长后，每天课间操时间，我都能看见他在小农田里浇水、拔草、观察、打理小农田里的作物。他来找我汇报的次数也越来越多。"老师，青瓜发芽了！""老师，豆角发芽了！""老师，青瓜开花了！""老师，有小豆角了！"

小农田里的青瓜、豆角长势喜人，惹得其他班的同学和老师经常来围观。每一次，我都在班上表扬小朗，号召大家向小朗学习，经常到小农田里参与劳动，做一个勤劳、负责任的人。

与此同时，我观察到，小朗上课认真了很多，欠交作业的次数越来越少，甚至上课也经常主动举手回答问题了。受到他的感召，利用课间时间到小农田参与劳动的同学也越来越多了。

劳动是培养一个人具备责任感的重要途径，我们要充分发挥劳动教育的重要价值，在孩子们幼小的心田里播撒责任的种子。我相信终有一天那一粒粒小小的种子必定成长为参天大树，撑起对民族、对国家的责任。

种一株玉米

——让劳动教育落地生根

◎ 广州市番禺区石楼镇海鸥学校　黄敏静

学期伊始，我就接到学校通知——本学期我们三年级的班级小农田要种植的作物是玉米。看着我们班小农田里满地的野草，我不由自主地皱起了眉头。我重重地叹了一口气，心想："不知道又要多少个独自除草、翻地的下午才能把玉米种下。"

第二周的劳动课上，学生问我能不能在教室外上劳动课，我突然一想："对啊，为什么不带学生到小农田去劳动呢？"说干就干，在劳动课上，我带着学生到小农田去上了一节除草课。我先给学生讲解了拔草的方法，然后把学生分为10个小组去进行拔草。学生对在教室外上劳动课特别感兴趣，为了让自己的小组能获评"最佳劳动小组"，个个都拔得特别起劲，不到40分钟，小农田的草就被拔得干干净净了。看着孩子们大汗淋漓却又热情高涨的样子，我在心里默默下定了决心，这个学期，一定要和孩子们一起种植玉米，一起享受劳动的喜悦。

接下来的一周，我们又到小农田去翻地。孩子们这一次劳动却不像上一次那么愉快了，因为在翻地的过程中，孩子们的手被磨出了水泡，还有的同学脚上被蚂蚁咬伤了。这一次翻地让同学们感受到了劳动并不仅仅是快乐的，同学们真正体会到了劳动的艰辛，但是我们依然没有放弃。

后来，我们成立了玉米种植小组，孩子们自己到菜市场上选购玉米种子，还邀请了有经验的家长到校指导种植玉米。在日常的养护中，每个小组安排了组员进行日常的浇水、除草等。渐渐地，我们的玉米长大了。

在大自然的养育下，也在孩子们的用心浇灌下，我们的玉米终于成熟了。5月18日，我和孩子们到玉米地里采摘了玉米。看着金黄饱满的玉米，孩子们高兴得手舞足蹈。看着这些金黄的玉米，小骞同学眼眶湿润了。我问他为什么哭，他说："我第一次亲手把玉米从种子种成玉米，我今晚要把亲手种的玉米和爸爸妈妈一起分享。"听完小骞同学的发言，同学们都纷纷点头。是啊，在劳动实践中，这就是我们最真实的体验和收获。

随着种植玉米劳动教育课程实践的不断深入，相信学生一定能不断在劳动中体验苦乐、认识世界、发现自我，正如那茁壮成长的玉米一样，成长为建设祖国的有用之才。

生锈的锄头

◎ 广州市番禺区化龙镇大博学校　粟建明

　　春种一粒粟，秋收万颗子。新学期开始的时候，学校被晾了一个假期的小农田又迎来了新一波的耕种。我的脑海里不自觉地浮现起上学期我们班小农田丰收的景象来，当然更有耕种前的一幕幕……

　　这一天的劳动课，我准备组织孩子们到班级小农田去劳动。先得分工啦！翻土、整理土块、拔草、松土，再整理土块、播种、浇水……这一项项工作得按部就班地进行。说到翻土，一群调皮鬼很是兴奋，迫不及待地纷纷举手要求走在耕种的"最前沿"。于是我将他们八位同学分成一组，他们自诩为"先锋组"，兴致勃勃地来到学校农具室，扛起了锄头和耙子就往班级小农田冲。

　　映入眼帘的是一片沙石满地、杂草丛生的画面，夸张地说可以用满目疮痍来形容。这是我们的小农田吗？孩子们刚刚的兴奋劲儿似乎被一阵风给卷走了，脚也似给灌了铅，愣在那里面面相觑，纷纷看向了我。等我走到小农田前时，他们一起诧异地问我："老师，这就是我们未来的菜园？这么破烂贫瘠的地，怎么耕种啊？"我一看确实也有点意外，还真没见过比这更不堪入目的地了。但由不得我多想，这节课得让这帮调皮鬼们把它"旧貌换新颜"！我早早计划好了，我班的小菜园分成四小块，于是我安排每两个人负责一块地，分别相向翻土，然后整理成块。我鼓励孩子们，这地是因为长时间没有打理，所以有点不好看。"万事开头难"，眼看着不好的一块地，一旦我们开始行动，慢慢就顺利了。只要我们用心去耕种，丰收的果实就等待着我们来采撷了！想一想甜甜的玉米棒子哦！是不是就要流口水了？

　　孩子们半信半疑，但还是在我的指挥下开始行动起来。小明同学才挥动锄头，一锄下去都没锄进地里，突然大喊起来：哎呀，这锄头怎么用啊，丑不拉几的！我走过去仔细一看：这锄头边缘有一些参差不齐的小弯折，重点是锈迹斑斑，看起来根本用不了。这显然是一把以前经常被用来辛苦劳作的锄头，只是假期这么久没被使用过，生锈了。我告诉小明同学："能用的，多锄几下就好了。"小明同学疑惑地看着我，又看了看手上的锄头，还是继续锄起地来，聪明的他也试着用大一点劲尽力把地翻起。慢慢地，小明越锄越起劲，大家都锄了一会儿，间或歇息的时候，小明一看自己用的锄头，原来的锈迹没了！"难怪锄起来没那么费劲了，老师怎么知道多锄几下这锄头就会好用的？"我告诉他和其他几个孩子：锄头是铁铸造的，在长期不用的情况下，铁会被氧化而生锈，样子也就不好看了，表面因为锈迹而变得粗糙，摩擦力也就大了，因此刚开始用来锄地比较费劲，但多用几下后，锄头表面的锈迹被土地磨光了，所以表面光滑了，也就好用了。孩子们听了恍然大悟，接着继续翻土，小明同学锄地的速度越来越快，都顾不上休息了。看着他这勤劳锄地的模样，我心里感慨万千：是不是可以把孩子们的头脑比作一把把的锄头呢？小明同学平时学习上没有状态，总是以自己小学时没打好基础为由，说自己学不好，所以经常不用心听课，作业也常常不完成。不管老师平时怎么鼓励他，效果总是微乎其微。我是不是应该借此机会给他和其他孩子一点提示与启发？

一大块原本"不堪入目"的地很快被孩子们翻土并整理好，还顺便把其中的杂草清理了。孩子们一个个都很开心，小明同学因为基本没休息，也因为没干过类似的农活，手掌都磨得通红，可他摆摆手说："老师，没事的。"孩子们骄傲地说："老师，我们是不是很厉害，不愧是先锋组吧？"我点点头："是的，你们表现很棒！特别是小明同学，特别勤快，做得既快又好！"

准备收工了，我向孩子们提了一个问题：你们今天翻土（锄地）有什么感受？有孩子说：老师，锄地还是挺辛苦的，粮食来之不易，我们不能浪费粮食。也有孩子说：锄地挺有意思的，也能锻炼身体，培养我们吃苦耐劳的精神。小明同学补上一句：老师，以后我经常来照看我们的小农田。我欣然应允。然后我又问：你们觉得锄地跟我们平时的学习有什么共同之处？每个人表达一下你的看法好吗？有孩子说：锄地需要我们用心才能锄得快锄得好，坚持一段时间就能圆满完成任务，学习也是这样的。我给他们竖起了大拇指，然后补充道：还有两点。第一，都需要不怕困难的精神。我们刚看到小农田时，都觉得这地不好不能耕种，但经过我们的努力，看看是不是很好的一块地了？学习也是如此，觉得自己学不好的科目，只要克服畏难心理，慢慢就会学好的。第二，都需要工具。孩子们有些疑惑。我告诉孩子们，锄地的工具是锄头，锄头闲置会生锈，只有多用才会更锋利，我们锄地的效率也会更高。学习的工具是我们的头脑，头脑不用就会反应迟钝、记忆力下降，只有多用才会越来越灵活、记忆力也会更好，学习效率才会更高。"你们说对不对？"孩子们一个个若有所思，然后重重地点了点头。

接下来的课堂，孩子们的学习状态是否会有所改变？猜想一下吧！

劳动最美丽

◎ 广州市南沙区顺平小学　古淑琪

　　劳动是什么？是清洁打扫，是洗衣做饭，是挥汗如雨，是负重前行；劳动还是什么？是态度，是实践，是脚踏实地，是奔赴成功的有效途径。

　　在我刚负责劳动教育工作的时候，我的班上有一名学生叫"美丽"。她脸上总是挂着两个小酒窝，跳起舞来特别美丽。但不知道为什么，同学们都不喜欢她。我百思不得其解，便找了几位同学了解情况。原来她总是不爱参加劳动，不管是班级值日，还是小农田的种植管理，她都不愿意参加，怕苦怕累。

　　经过同学们的努力，班级的小农田终于有收获了。看着红彤彤的大辣椒、绿油油的青菜，我为自己的劳动教育成果感到自豪。我发现"美丽"的那个小组收获最丰富。我立刻抓住这个机会，不停地表扬"美丽"。这时，我发现台下的同学们都在窃窃私语，我疑惑了……我忍不住拿起手机对着眼前的劳动成果拼命地拍照，然后发到班群里，家长们纷纷为孩子们点赞，为我成功的劳动教育点赞。

　　在接下来的小农田种植活动中，我暗中观察"美丽"。只见她两手叉腰，指挥着组员们浇水、除草、捉虫……人人有份，但她却什么都不干。我忍不住问她："为什么你不一起参与劳动呢？"她指着你那堆刚收获的蔬果理所当然地说："老师，这不就是你最看重的劳动成果吗？"我立刻无言以对，沉思了一下。看着同学们都在出力流汗、辛勤耕耘，我恍然大悟！原来我想要的不单单是这些劳动成果，而更重要的是希望同学们能在出力流汗、动手实践的过程中，掌握一定的劳动技能，体验劳动的快乐。

　　这时，我拿起手机把同学们积极参与劳动的情景拍了下来。有的同学挥汗如雨地挥着锄头，有的同学被汗水浸湿了后背，有的同学额角的汗水在阳光的照耀下闪闪发光……这些平凡而美丽的瞬间都被我记录下来了。我又把照片发到班群里，家长的点赞越来越多了。随后，班级里涌现出越来越多积极参与劳动的好榜样。而"美丽"在老师和同学们的耳濡目染下也开始积极参与劳动，在劳动中不断地锻炼自我，逐渐成为同学们喜欢的劳动好榜样。

"美丽"的故事让我深深地感受到：新时代背景下的劳动教育，是要站在立德树人的高度对劳动教育进行全面深化的改革，让孩子们形成正确的劳动观念，培养良好的劳动精神和习惯，掌握一定的劳动技能，体验劳动价值。

劳动最光荣，劳动最崇高，劳动最伟大，劳动最美丽。梦想因劳动而实现，生活因劳动而精彩。让我们携起手来，用劳动教育点亮孩子们成长的底色，让孩子们成为闪闪发光的新时代少年吧！

让成长在劳动中悄然发生

——"躬耕园"小农田建设教育叙事

◎ 广州市越秀区小北路小学　刘丽明

劳动教育是我们小北路小学光荣的传统教育和特色项目，是我校德育教育中一张靓丽的名片。黄惠兰老师作为广州市名班主任，牢牢把握这个契机，把劳动教育作为五年5班班级文化建设的主线，在劳动教育这片乐土上耕耘得有声有色。

一、种勤劳的种子，开团结的花

"小农田"耕作的环节繁杂：整地、播种、施肥、搭架、除草、捉虫、采摘……很多环节都需要同学们团结协作才能完成。在种小树苗的时候就要分工，有的用铲子松土挖树坑，有的扶树干，有的压实树坑，只有大家合力才能顺利地完成小树苗的种植。还有的同学不够熟练，不会使用农具，这时其他同学就会主动上前帮忙。慢慢地，大家都变成了耕作的行家里手。

在一次次的互相协作、互帮互助中，同学们既懂得了"人多力量大"的道理，也明白了"一个篱笆三个桩，一个好汉三个帮"的重要性。

二、种勤劳的种子，开坚韧的花

"一勤天下无难事，一懒世间万事休。"每到耕作时刻，黄老师就带领同学们化身为"庄稼汉"，挽着裤腿，撸起衣袖，按照事先的分工加油干。广州的天气常常闷热潮湿，尽管辛苦，可同学们的笑容却无比灿烂。顺颊而下的汗水，让同学们懂得了每一粒粮食的来之不易，明白了"自己动手，丰衣足食"的道理。

同时，耕作从不是易事，一日两日的懈怠，可能就会造成减产甚至是颗粒无收。为了获得丰收，无论刮风下雨，同学们都坚持在"小农田"进行耕作。在这个过程中，同学们既体验到了坚持不懈辛勤劳作之后收获果实的快乐，也学会了正确面对耕作可能出现的失败，更磨炼了失败后再次开始、重新出发的勇气和意志。

三、种勤劳的种子，开幸福的花

在"小农田"劳动实践活动中，黄老师带领孩子随着季节变化更替种植品种，让同学们感受四季的变化轮转；教同学们用草木灰制作肥料，从小培养绿色环保的理念；让同学们把收获的蔬果带回家，亲手制作成菜品佳肴，与爸爸妈妈一起分享劳动成果；将劳动实践活动和学科教育有机结合，鼓励孩子们将劳动感受写成文字，集结成册，为孩子们留下珍贵的回忆。同学们看着土壤日渐肥沃，秧苗逐渐长高，果实变成菜肴，感受着收获的快乐、师长的肯定、父母的欣慰，每一个人心里都是美滋滋的，幸福溢满心田。

"幸福是靠奋斗出来的，是劳动创造出来的"，这种体验要在劳动中获得，在劳动后才能感悟。为此对学生们进行劳动教育是必要且任重道远的一件事。我们也将像黄老师一样，一如既往地开展好劳动教育，让劳动教育特色之花在这个时代绽放出新的光彩。

人就像种子，要做一粒好种子

◎ 广州市越秀区东风东路小学　　曹卓敏

2020年9月，我前往四川大凉山自治州的凉山小学进行支教交流。每天早晨，我总能看见孩子们一早到校清理校园，甚至还打扫校园外的街道。午餐时间，刚入学不久的一年级小朋友也屁颠屁颠地抬起饭来。我把这一幕幕用照片记录下来。

回到广州的课堂上，我把照片分享给我的学生们，一个小姑娘竟然说："哎呀，干吗要这么小的孩子搬饭啊，我才不干呢！"我心里不禁打了个寒战，在感到意外的同时，不禁思考：究竟我们的教育出了什么问题呢？在城市家庭里，"重知识，轻劳动"的家庭教育观念普遍存在。人就像种子，这粒缺乏了营养的种子会长成高大挺拔的大树吗？立德树人，我想，必须从转变孩子的劳动观念做起。

午餐时间，我发现班上有的学生挑食的情况严重，浪费粮食的情况频频出现。我把握住教育的契机，利用天台小农田的种植契机，带领学生们开展"一粒好种子"的劳动实践活动。

孩子们个个跃跃欲试，翻土、播种、施肥、移植、浇水……他们定期记录植物的生长，亲眼看着从一粒小种子慢慢冲破泥土，长出嫩芽，长出嫩叶，一路茁壮成长，大家内心无比激动。当学生看见叶子上有小虫洞了，就好像看到了自己的孩子生病了一样，马上回家翻找资料，想尽办法去给植物除虫治病。学生在不知不觉中，爱上了劳动实践，成为了农田种植小达人。

每到收获的季节，他们总会兴冲冲地带着劳动成果，回家一展身手。回到家后，我们家校联动，引导孩子们开展"厨房小当家"的家庭劳动实践体验活动。孩子们用自己采摘回家的蔬菜给家人做饭：洗菜切菜、盛饭装菜、收拾餐具、清理餐厨垃圾、清洗餐具。他们参与了家庭备餐的全过程。通过切身的劳动实践，学生深刻地体会到"谁知盘中餐、粒粒皆辛苦"的含义。从此，在家在校浪费粮食的情况基本得到了控制。

袁隆平爷爷告诫大家：人就像种子，要做一粒好种子。

这句话就像一粒好种子，种进世人的心窝。作为学校一线教师，我们有责任传承和弘扬中华民族勤劳奋斗、乐于奉献的优良传统和作风。我相信：每一个学生都是一粒好种子，经过阳光的照耀、雨露的滋润，他们终究会结出丰硕的果实。

劳动传递爱

◎ 广州市从化区流溪小学　余三妹

《中国教育改革和发展纲要》指出：加强劳动观点和劳动技能的教育，是实现学校培养目标的重要途径和内容，各级各类学校都要把劳动教育列入教学计划，逐步做到制度化、系列化，社会各方面都要积极为学校劳动教育提供场所和条件。我校是劳动教育基地实验示范校，经常通过各种实践活动进行劳动教育。我是一名班主任，平时比较注重学生德育的培养，有很多家长反映孩子在家不愿意帮忙干家务活，这是因为大部分孩子从小在城镇生活，平时在家父母比较宠爱，所以很少有机会参与劳动，户外劳动更是少之又少。正好我们学校开展了小农场活动和立体种植，我就想借助这个机会培养孩子们的劳动意识，让孩子们真实地感受劳动的快乐，让他们主动参与到小农场的种植和管理当中来。

学校给每个班级划分了一片种植区域，我每周会利用一两节劳动课的时间带孩子们到小农场劳动。3月下旬，学校举行"齐播一份爱，共育一片土"博耕乐园开耕仪式，利用这个开耕仪式，我跟孩子们分享很多关于开耕的故事，让孩子们明白开耕的意义，孩子们对于开耕种植非常期待。很多孩子说每天都吃很多菜，但是从没种过菜，也不懂得怎么种菜，趁这个机会我买回来一包菜子，带着孩子们亲自去小农场种菜，从翻土，除草，播种，浇水，施肥开始一步步教孩子们动手耕作，过程虽然累但是孩子们没有一个抱怨的，都坚持到最后。有的孩子说原来种菜这么辛苦；有的孩子说我们要管理好我们的菜园，要经常浇水，让菜苗快快长出来；有的孩子说我今天很开心，我学会了种菜，第一次体验到了劳动的快乐……看着孩子们稚嫩的脸庞，灿烂的笑容，流淌的汗水，我发自内心地开心，有时候看到孩子们一点点地进步，那种油然而生的自豪感和幸福感无以言表。

菜籽播种完，接下来就要教孩子们如何打理菜园。有些孩子以为播种下去菜苗就会自己长大，我告诉孩子们，打理菜园是菜苗生长必不可少的环节，非常重要，就像我们人要长大，长得好，营养必不可少。此外，还要定期除草，把影响菜苗健康成长有害的东西除掉，就像有时候我们会生病，需要通过药物来治疗，把病毒赶跑。我们有时候会不开心，心情不好，我们也会通过不同的方式来排忧解闷，让心情舒畅，菜苗也是一样的。菜苗长草说明它生病了，需要我们来帮它除草，除掉草，菜苗才能健康成长。孩子们明白了打理菜园的意义后都争先恐后地说要去管理菜园，我每周安排8个孩子轮流定期去浇水除草，孩子们都非常用心地呵护菜苗的成长，菜苗在孩子们的精心照料下也在茁壮成长，同时我的孩子们也在茁壮成长。

两三个月过去了，小农场里已经从最初的一堆黄土，变成了绿油油的一片。我带着孩子们去收获属于他们的幸福，是孩子们用他们的爱创造出了这片充满生机的小农场，我让孩子们把收割下来的菜拿回家品尝，体验收获的快乐。孩子们看着自己辛苦种出来的菜，个个脸上洋溢着幸福的笑容，他们说吃过这么多菜，第一次觉得菜这么好吃，这么香，一点都不舍得浪费，以后要珍惜食物，因为食物来之不易。

给孩子们一片空白的地，他们会还给你一片五颜六色、充满爱的汪洋，我想这就是劳动创造爱吧。我的孩子们在劳动的同时也收获了爱，明白了老师的良苦用心，同时把他们的爱融入生活学习的方方面面。很多家长跟我说，他们的孩子在家会主动帮忙做家务，学习更加认真，孝顺父母，也更加爱惜粮食。以前我很头疼的班级卫生也变得干净整洁，孩子更加用心对待每一次劳动，一改以往的慵懒。我一直坚信每个孩子都是可塑之才，只要用对方式方法，孩子会还你意想不到的惊喜，我一直相信爱能创造一切，我很爱我的学生，劳动教育只是一种教育方式，但是它却能很好地帮我们传递爱，我们的孩子会把这份爱再传递下去，延绵不息。

校园农田故事多

◎ 广州市南沙鱼窝头中学　林仕琴

　　歌德说：世界确实是美丽的，无数的故事在它广阔的领域里飘来飘去。校园小农田有人性、有温度、有故事、有美感，是整个校园最美丽的风景，讲述着最动人的故事。

　　故事能给人力量，诚哉斯言。校园小农田的故事是劳动教育过程中师生共同成长的真实记录。它有帮助学生树立正确的劳动价值观的故事；有让学生体验劳动实践出力流汗的故事；有在校园小农田耕创中提升劳动技能的故事；有促进学生形成良好的劳动习惯和劳动品质的故事。好的故事能改变一个人的命运，好的故事能给人启迪，好的故事甚至能影响一个民族。

　　学习是劳动，是充满思想的劳动。2018年开始，我学习了全国教育大会精神、《中共中央　国务院关于全面加强新时代大中小学劳动教育的意见》、《大中小学劳动教育指导纲要（试行）》、《义务教育劳动课程标准》、《广州市中小学劳动教育指导纲要》；观摩和参与了广州市教育研究院《综合实践活动·劳动》教材试点学校申报、星级"校园小农田"评比、劳动学校城乡结对、"五个一"劳动实践活动、劳动专项课题等，使得劳动教育在我思想里落地生花。

　　出走十年，归来耕耘着自己的小农田。"出走"十年的时间里，我是一位兼职的综合实践（劳动）教师，2023年回归学校，有幸说服校长让我来经营学校的校园小农田。在校园小农田建设实践中，我结合校园文化、东涌水乡文化和劳动教育的实际需要，创新地对校园各个场所和园地进行了实地调研并通盘统筹之后，把具有本地特色的东涌水乡建筑特点，创新地用于开展"校园小农田"建设，并经过专业设计和工程施工，使之成为师生参与、具有示范作用的校园劳动实践基地，成为传承东涌水乡文化、具有较高观赏体验意义和劳动探究价值的耕创园。

　　"耕"以育德，"创"以启智。我校正在建设的"耕·创"园既符合体力劳动倡导的出力流汗、继承中华民族勤俭节约优良传统的基本要求，又体现出在探究中劳动、在劳动中创造的育人导向。"耕·创"劳动教育旨在弥合体力劳动与脑力劳动的鸿沟，为学生劳动素养的自然生成提供课程营养，助力学生德智体美劳全面发展。

纸上得来终觉浅，绝知此事要躬行。在耕创园的建设中，我与学生们一起运送校园小农田的废物，一起更换有利于植物生长的塘泥，一起把东涌水乡文化的特色、农耕文化的特点融入校园小农田的设计中。同学们在劳动课堂中学会了锄头松土、拔草、种菜等劳动技能，共同参与制定校园小农田运作和管理常规、设施与作物养护等规章制度，慢慢了解了基于综合实践活动来设计劳动教育项目、基于学科课程设计劳动教育项目，让我们更加深入理解了做事要花气力要躬行。活动表达的思想不仅是亲身参与劳动的体会，更是师生劳动品质形成的积淀。

路漫漫其修远兮，吾将上下而求索。我将一如既往地在教育教学活动中争当有责任、有担当、有梦想、有行动的参与者。争取早日把学校的校园小农田打造成星级农田，续写校园小农田的好故事。讲好校园小农田的故事，是一个学校劳动教育的软实力和一个劳动教育人的真担当。

实践证明，只有得到师生家长认可、心口相传的校园小农田故事，才有时空穿透力、影响力，才能历久弥新、成为经典。我们应该热情地讲好校园小农田的故事，争当校园小农田故事的传承人，为劳动课程提供丰富的课程营养，助力"双减"政策下劳动教育落地生根。

"劳"有所思，"动"有所获

——记我和孩子们第一次种菜

◎ 广州市增城中学附属小学　谢凡

《中国教育改革和发展纲要》中提出："加强劳动观点和劳动技能的教育，是实现学校培养目标的重要途径和内容。"各个学校不断加大力度利用校园里的一切资源开展劳动技能的教育，最常见的是种植。对于不是在农村长大的我，当分得一块小菜地后，也是和学生们一样异常激动和兴奋，看着那些不足半尺的菜苗，幻想着几个月后瓜果飘香的场景……

劳动时间到了，我把菜苗分发给每一个学生，利用我所知道的关于种菜的一切知识，开始热火朝天地干了起来。先是让孩子们在泥地里挖一个坑，然后把菜苗放进坑里，埋上土，接着用水淋透泥土。我还安排好了值日生每天到菜地拔草和淋水，每天观察和报告菜苗的长势。

很快我就收到了学生的反馈：菜苗"奄奄一息"地趴在地上，毫无生机。"老师，为什么会这样？""老师，我们淋的水不够还是太多了？"……孩子们的"为什么"让我羞愧不已，我明明是按照网上教的流程来的，看着其他班级的菜地欣欣向荣，我实在是不清楚哪个环节出了错。我找到瓜苗长势最好的那个班主任，和她诉说了我的困惑，她听完笑着说："你是不是种植之前没有松土？"原来，在种植之前松土能使土壤颗粒之间的空隙加大，空气才比较容易进去，这样才能增加根细胞的呼吸，呼吸作用加强了可以促进根毛与土壤中的矿质元素的交换，这样也就能促进根对矿质元素的吸收。如果没有松土，泥土缺乏透气性，就如同把根密闭起来了一样，怪不得它们"奄奄一息"啊！

在劳动课上，我和同学们一起对菜地的现状进行了分析，并做出整改方案。某天放学后，孩子们把菜地翻了个遍，重新种上了菜苗，几周后我们班种的菜也变得挺拔粗壮了。孩子们每天都要去菜地看上一眼，和我分享菜地见闻和各种奇思妙想。接下来的日子，我和孩子们一起学习如何施肥、如何采摘、如何收集种子……瓜果飘香的那一天我和孩子们愉快地合影留念，烹饪果蔬，畅谈心得！不管科学有多发达，社会如何发展，劳动永远是我们最基本的生存技能，能给我们带来幸福和快乐。正所谓"劳"有所思，"动"有所获！

劳动的成果，收获的喜悦

◎ 广州市第十六中学实验学校　李晶

五育并举，劳动育人，广州市第十六中学实验学校自"广东省基础教育劳动教育学科教研基地实验学校"挂牌以来，立足于现实，因地制宜，将劳动教育从实践途径提升到教育内容。在劳动教育科科长李晶的带领下，"十六实验人"充分利用过往以项目化学习形式开展STEAM教学活动的传统优势，利用物理、生物实验室，甚至美术室，把劳动教育和科技活动开展得如火如荼。在学校和区域领导的大力支持下，历经两个月时间，"空中实验苗圃"在我校教学楼的两处屋顶顺利建成。这个农场远远不止是一个供种植健康蔬菜的场所，还是一个寓教于乐的理想环境。在这里，学生通过种蔬菜，读科普，收获了知识与劳动的乐趣。在这里，开展课程、拍摄微电影。特别是收获蔬菜的时节，是学生最开心的时刻。初中各学段的学生在这里学习科学、生态、植物，甚至艺术、语言，当然还有园艺知识、健康饮食习惯和节约用水、爱护环境、自给自足的精神。这样的屋顶农场给校园装备提供了新思路，兄弟学校纷纷前来学习与交流。

这个学期，学校着力于打造学校农场，除了利用教学楼两处"空中花园"开辟学生农场苗圃，还在球场后面低洼地带开辟种植园，命名为"恒福小农场"。"小农场"冠名"恒福"，一方面体现学校校园所处的地理位置——恒福路，另一方面寓意着师生们在劳动课教与学的过程中，所体会到的获得感和幸福感。同学们在种植园里种满向日葵、生菜、空心菜、茄子、豆角和各种瓜果苗，还种了很多的水果，如黄皮、枇杷、番石榴、人参果、芭蕉、杨桃、樱桃、桃树等。小农场处处生机勃勃，赏心悦目。

将种植项目与我校的优势——STEAM技术的科技创意结合起来，提升小农场科技含量，倡导让学生"做中学""学中做"，致力于让每个学生掌握更多幸福生活的技能，培养学生良好的劳动素养，把恒福小农场建成各种科学种植体验的重要劳动教育基地。"种豆南山下，草盛豆苗稀"，刚开始种植时，同学们对恒福小农场的管理缺乏经验，所种植的瓜果荣了又枯，枯了又荣。后来，经过劳动课老师悉心指导、同学们精心调理，恒福小农场终于迎来了硕果初现。享受到劳动的成果、收获的喜悦，师生们争相采摘这些浸润着学生们汗水的有机种植蔬果，纷纷竖起大拇指啧啧称赞。

学生十分喜爱在恒福小农场里忙碌。他们锄草、浇水、修剪，动作灵活娴熟。初二1班杨家俊说自己在家也干些拖地板之类家务活，通过校园劳动，动手能力更强了，多了一项技能、一份乐趣。而在他同班同学的眼里，种养植物就像生产艺术产品，更多的是精神劳动。"剥开豆瓣，就像给植物做小小的剖腹产，仿佛在创造一项艺术。"在这样的氛围下，同学之间的友谊也能得到升华。初二7班叶雨欣章同学说，在快乐农场，自己学会了怎么移栽植物，怎么使移栽的植物成活。

恒福小农场一处的死角经过师生的努力变得异常美丽。学生从家里、操场、教师办公室收集各种各样的废弃瓶子，通过清洗、撕标签、整理，使之成为合适的种植器皿。老师和学生们一起撒下环保的种子，栽种多肉植物、吊兰等净化空气的植物，让废弃的瓶瓶罐罐变废为宝。他们认真挑选种子、播种、做标签，就像绘本"梦幻小种子"中所描绘的世界……小小的瓶子承载了大家无尽的期待。同时，老师和学生一起成立了校"环保小队"，每周定时开展劳动活动、做记录，包括收集学校枯萎的盆栽，清理并栽种新的植物。做到美化环境，从自己做起。

恒福小农场作为学生实践劳动的场所，围绕农场活动，系统开发了农场课程，进一步建立劳动教育体系的核心课程，以农场种植方式，统筹建立多元化、系统化课程体系，打造出立体化劳动教育课程实施渠道，促进了劳动教育学校阵地与实践基地的良性互动。学生从"四体不勤，五谷不分"的菜鸟，逐渐体会到丰收的喜悦，终成劳动能手。

菁菁田园忙躬耕　双手劳作归自然

◎ 广州市天河区志远小学　李静

"老师，我发现我们种植的西红柿开花了。""我发现西红柿的花有雌蕊、雄蕊、花瓣、萼片和花梗，那也就是说西红柿的花是完全花。""过一段时间，我们就可以吃西红柿喽！""我最喜欢吃西红柿炒鸡蛋了！"在教学楼后传出一群孩子的讨论声，原来志远娃们正在"志趣小农田"里热火朝天地边劳动边讨论，浇水、翻土，忙得不亦乐乎。

自2020年11月广州市启动校园小农田建设以来，志远小学根据自身实际创设条件，规划和建设校园小农田，并取名为"志趣小农田"。已在校园开发的小农田开展了"一践'种'情，满心'番'喜"番茄种植等多个项目式学习活动，给孩子们提供了一个观察与发现、付出与收获的自由空间。小农田被分成了许多个区域，志远娃们分别种上了不同的农作物——凤仙花、草莓、西红柿、红薯、玉米等，志远娃们每天亲自照料。志趣小农田成为校园里最受学生欢迎的场所之一。

平时老师们带领学生开展项目式劳动实践活动，设立学生成长档案袋，采用表现性评价记录学生成长的全过程，主要包括记录考察探究活动过程、劳动实践活动过程、设计制作活动过程以及实践的心得体会等。表现性评价贯穿日常劳动活动、贯穿校园小农田劳动的整个过程，老师带领学生在校园小农田大显身手，一起播种希望，收获成长。

志趣小农田为学生创设了整土、浇水、施肥、播种、除草、除虫、收成等一系列劳动任务，学生在完成任务的过程中，掌握了基本的种植知识与技能。志远娃们在"志趣小农田"中从最初的一无所知，到慢慢地了解到什么样的土壤适合种植，种植前为什么要翻土、施肥，再到选择种植哪种农作物。小农田种植涉及多学科知识，志远娃们在种植时主动查阅相关知识，解决问题，并及时记录劳动过程，展示劳动成果，促进了劳动与科学、语文、美术等多学科的融合，丰富了学生的劳动知识与劳动感受。另外，为提高收成，学生充分发挥团队合作精神，遇到诸如哪个时节下种育苗、杂草虫害如何治理、作物长势不佳怎么办等实际问题，共同商量与处理，培养了志远娃的合作素养、问题解决能力等。学生还通过收获体会到劳动的成就感，激发了学生继续参加劳动的兴趣。

师生在探究中劳动，在劳动中创造。"志趣小农田"促进了学生实践创新能力的发展，有效培养和提升了学生的劳动观念、劳动能力、劳动精神、劳动习惯和品质，成为志远小学劳动教育的一座标杆！

深耕心田，播种未来

——小农田里的教育之旅

◎ 广州市增城区合生育才学校　温淑云

　　为深入贯彻落实习近平总书记关于教育的重要论述，广州增城区新塘镇育才学校于2020年在全区率先开展"小农田"劳动实践教育，将学校原来的"植物园地"开辟为"小农田"。按年级、班级进行划分，每班都有一块小农田进行劳动实践，并通过课程化探索开设劳动实践课，以小农田为平台，开展了形式多样的劳动教育实践活动，引导学生在实践中以劳树德、以劳增智、以劳强体、以劳育美，切实地感受并认同劳动最光荣、劳动最崇高、劳动最伟大、劳动最美丽。

　　学校东北角的围墙边，一块长4米、宽2米的长方形地块就是我们班的小农田了。从一年级到三年级，我跟我的学生们在这方寸"小农田"里耕耘了三年，倾注了心血、汗水，收获了喜悦和成长。三年里，每当清晨的阳光洒满了整个校园，微风轻拂，带来一丝丝清凉，我会把学生们带到了校园里的小农田，孩子们兴奋地围坐在我周围，满怀期待地开启当天的课程。我带着孩子们一起握着铲子，感受着泥土的气息。我示范着如何铲开土壤，为种子创造一个舒适的家园。孩子们跃跃欲试，仿佛这片土地是他们的白纸，可以书写出无限的可能。他们小心翼翼地将种子埋入土壤，然后轻轻地覆盖上一层薄薄的土壤，仿佛在给它们一个温暖的拥抱。我看着他们认真的表情，心中涌动着一股满足感，这也许就是教育的魅力所在。

　　随着时间的推移，小农田逐渐变得生机勃勃。孩子们带着水壶和肥料，轮流前往农田照料蔬菜，仿佛在照顾自己的孩子。他们小心翼翼地为它们浇水，小心翼翼地施肥，眼神中透着一份责任和呵护。每次的护理都像是一次心灵的交流，让我和孩子们更加亲近大自然，也更加理解劳动教育的真谛。

　　在一个温暖的午后，班上的三个课代表同时跑过来跟我诉苦："老师老师，小浩今天又是三科作业没有上交！"经过我与家长的进一步沟通，我了解到这个孩子在家是被溺爱着长大的，家长从不让孩子参与家务劳动，就连学习用品都是家长帮忙收拾的，导致了他做任何事情都怕苦怕累，缺少责任感。针对他的问题，我和任课老师们想方设法，教育再三，效果仍然不佳。这天，我灵机一动，想起了我们班的小农田。于是，我带着小浩来到小农田边，我告诉他："我们的学习就像在这片小农田种蔬菜一样，要用双手播种，用心灵呵护，然后耐心付出、等待，才能有所收获，遇见更好的未来。"说罢，我便安排他每天放学负责来农田护理，让他分享在菜地耕种的心得体会。在接下来的时间里，我惊喜地发现小浩每天都神采奕奕，一大早就兴冲冲地跑来找我分享他在菜地的点点滴滴。在他的眼神中，我看到了满心的喜悦和自豪，仿佛这些蔬菜是他的孩子，而我是他的引路人。每当这时，我总会很积极、很高兴地给他回应和鼓励。他从那时开始慢慢改变了，直接反映在学习上，作业按时交了，上课也不瞌睡了，成绩也提高了。这何尝不是小农田带给他的成长蜕变！

丰收的季节终于到来，小农田里的蔬菜们长得又饱满又诱人。孩子们兴奋地跑向小农田，眼前的景象让他们惊叹不已。他们小心翼翼地采摘着自己的劳动成果，笑容在脸上绽放。辣椒、西红柿、茄子……每一种蔬菜都是他们辛勤劳动的结晶。在收获的喜悦中，我看到了孩子们的成长。他们不仅学会了种植的技能，更学会了耐心、责任和团队合作。而我，也从他们身上汲取了无穷的能量，重新审视教育的意义。

教育不仅是知识的传递，更是灵魂的沟通。在小农田里，我与学生们一同播种，一同呵护，也一同成长。每一个点滴的思考，每一次带着微笑的交流，都构成了我教学旅程的珍贵记忆。

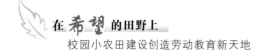

劳动教育，不妨让孩子们动起来

◎ 广州市增城区正果镇水围小学　温小金

记忆中，儿时生长在农村，锄地、割草、下田……见活就要干，样样都能干。后来，我来到一所农村小学任教，想着学生都是与面朝黄土背朝天的父母一起生活的孩子，劳动素质肯定很好。我想象劳动课上孩子们也像是我小时候那样，劳动技能适当点拨即可，劳动态度积极性强，劳动效率高……

可是，现实却给了我当头一棒。五年级的孩子第一节劳动课是到校园小农田除草，个个拈轻怕重，拔草好像绣花一样，只拔到草尾部，没有做到"斩草除根"……一节课下来，那些杂草只是损头折腰而已。一调查才知道，农村的孩子虽然身在农村，但家长包办，从不舍得孩子做，孩子没有"动"的机会。在学校，不重视劳动教育，认为农村的孩子不需要劳动教育，学生没有"动"的能力。所以出现了农村的孩子不会劳动的怪现象。

所有的事情只有经过自己亲身经历，才会有可能有所感受，让学生亲自动手操作，是一种难得的体验，这比什么教育都要好。为此，我把劳动课堂直接搬到校园小农田，课前先让学生观摩几个同学拔草，然后评一评，议一议。大家都七嘴八舌，说"张倩的速度最慢""李明拔得不干净"……

正当大家说得热火朝天的时候，我看似漫不经心地说："大家在拔草的时候有没有想过要把一棵草连根拔起，手大概要抓住草的什么部位才容易拔起来？才更省力？才能真正做到斩草除根？"一句话问得大家鸦雀无声，于是我请出在刚才的观察中拔得比较好的两个同学，让他们示范一下，拔完后一个同学说离根部大约1/3的位置，另一个同学说抓住根部就可以了。这时，同学们又炸开了，我并没有急着去引导，而是每个同学都分给了一小块地，让他们按照两个同学说的去实践。

实践完后我让同学们说说感受，有的同学说，1/3的地方最省力，也不容易弄伤手；有的说草根长得深的要抓住根部才容易拔；更有的说，可以根据杂草的种类来决定抓什么地方才容易拔……我都肯定了同学们的说法。果然，实践出真知。

于是，我趁热打铁，让同学们分成小组，在限定的时间内把一垄地的杂草拔完，并且提出了标准，评选出优秀小组。同学们都抢着干、主动干，不怕苦，不怕累，主动投身到劳动中。看来，有竞争，劳动的主动性会更高。

一番苦战后，杂草丛生的菜园变得干干净净。"同学们，小菜园的前后对比，杂草都拔干净了，看着舒服吗？"大家都点点头，我再引导说，"这就是劳动的乐趣，劳动的快乐，刚才大家出力拔草，也流汗了，这就是劳动的特点，要出力流汗！"大家都心悦诚服地点点头。

这节"动"起来的劳动课既让同学们懂得了怎样拔草，又有了劳动的体验，认识劳动的价值。让学生出力流汗，让学生崇尚劳动，这就是我们劳动课的目标所在。

一陇田地，美好至极

◎ 广州市从化区鳌头镇第三中心小学　陈绮雯

有人说，土地是一个大写的创造者，对农民来说是如此，对孩子们来说更是如此。劳动是创造者的伟大见证者，在孩子们心中深植劳动的种子，让他们懂得物力维艰的道理，培育自立自强的精神，才能使其在思想、品格上获得长久的滋养。只有让孩子亲历情境、亲手操作、亲身体验，真正挥洒劳动的汗水，才能收获劳动的快乐、理解劳动的意义。校园小农田便是让孩子们能真正获得劳动快乐、体验劳动精神的一个重要平台。

"孩子们，你们看这是什么呀？"

"禾苗！"

"你们知道禾苗长大后会变成什么吗？"

……

对于南方田地里的稻谷，孩子们只认得出最初的禾苗，更别提禾苗会长成稻谷、再成为餐桌上日常可见的米饭了。作为一名在农村教学的青年教师，我无奈于农村孩子与城镇孩子在成长环境上的霄壤之别，也感慨于孩子们同样五谷不分、四体不勤。因此，借助劳动课与小农田，我想让孩子们回归大自然，好好地拥抱我们的大地母亲，通过劳动，锻炼身心，提高素养，淬炼精神品质，促进德智体美劳全面发展。

孩子们，你们看，每一颗种子都孕育着生命，它会经过发芽、抽枝、长叶、开花、结果、凋落。你们看，世界上没有完全相同的两片叶子，叶子还会告诉人们，它们过得好不好，需要怎样的关怀。你们看，每一种生命都有不同的形式，花生会在地下暗暗地生长结果；木瓜会长成小树，在树上开花结果；爬山虎是攀爬高手，能爬满房顶，细小的脚像蛟龙的爪子，巴在墙上相当牢固。你们看，节气是音符，让人间年复一年歌声不断。我们在日夜平分的春景里读懂万物生长；在最长的白天里读懂自然更迭的意义；在霜降时节读懂地生的力量与水的姿态；在"冬至大如年"的时光里读懂祖先们参悟自然、洞悉天地的智慧。你们看，大自然中的一切都值得我们致敬，哪怕是路边的一株野花野草。艾草可以吃、沐浴、焚烧，或把它挂在门窗，身康心安是它给我们的祝愿；菖蒲随水而安，附石而定，淡泊自在；石缝里颜色绚丽的阿拉伯婆婆纳、紫花地丁和矮矮的苔藓，再微小的生命都有它们自己的大山大河。

校园小农田的一陇田地，已然能让孩子们窥见大自然的美好。他们认识自然、感悟自然，在劳动中洒下汗水，在劳动中感受日月星辰的馈赠，有了风调雨顺的期盼与天道酬勤的信念，读懂手上粗糙的老茧、脚底磨破的血泡，感恩弓起的背、塌下的腰，还有电脑前布满血丝的眼，明白人生在勤、劳有所获。

播种"真我"，乐享劳动

◎ 广州市天河区黄村小学　吴仕婷

晴日看《园艺智慧》，读到这么一句：每座花园得有它自己的个性，自己的氛围，有一种切切实实、伸手可触的"举世无双"感，展现出此地的"真我"。于是我思如泉涌，想到我们学校的小农田要展现出自己的独特魅力就要孩子们展现出他们的真我、由孩子们亲自参与描绘建设自己的园艺世界。由此我便开始了穴盘育苗的课程方案设计。

什么是穴盘育苗呢？这对大部分同学来说可是新奇事物。在课堂开始的时候，我提了个问题："同学们曾经播种过的种子都发芽了吗？"孩子们纷纷激动抢答："没有，我感觉我浇水少了。""我的种子应该是被晒死了。"多么自然啊！同学们提到了种子发芽环境条件问题。这时，我拿出本课重点教具——穴盘展示给大家。穴盘育苗是将种子或种苗直接种植在穴盘中进行培养，它可以提供良好的环境条件来促进种子的生长和发育。通过这种方法，不仅可以解决同学们难以人人参与种植劳动的问题，还能更好地控制植物的生长过程，提高种子成活率和幼苗生长速度。

接下来，我向同学们展示了穴盘的选择和准备工作。我告诉他们要选择适合的穴盘，根据种植的植物种类和数量确定穴盘的大小和孔径。以辣椒和茄子为例，由于辣椒种子较小且生长速度较快，一般长至6片叶就可以移栽，所以更适合72穴甚至更小尺寸的苗盘，而茄子则需要稍大尺寸的。

然后，我让同学们亲自动手填充培养基。我提醒孩子们：苗盘消毒以后，同学们要选择适合种子萌发和幼苗生长的培养基，并保持培养基湿润但不过湿。同学们争先恐后地动手填充培养基，他们认真地选择松软细腻的土壤，然后小心翼翼地填充到穴盘孔中。

最令同学们期待的时刻——播种到来了！同学们小心地将种子一颗颗放置在穴盘孔中，保持适当种植深度和间距。他们小心翼翼地处理种子，生怕弄丢它们，脸上洋溢着快乐的笑容，仿佛看到了小苗已经快要破土而出的那一天。

我告诉同学们播种后需要经过一个硬化过程。这个过程就是暴露在逐渐增加的光照和气温条件下，让小苗逐渐适应外界环境，展现出"真我"。同学们听得津津有味，他们决心接下来要定期观察和记录种子或幼苗的生长情况，细心地照料每一棵小苗，让它们健康成长。

在种植劳动的过程中，同学们不仅收获了种植的知识，还体会到了劳动的快乐。他们深深地懂得了呵护植物生命的重要性。作为教师，我也深感欣慰。同学们对植物种植的积极程度和用爱心和耐心去呵护植物的"真我"品质，不正促成了学校小农田悄然展现出来的"举世无双"吗？

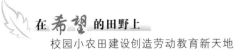

巧手扦插茉莉花

◎ 广州市番禺区洛溪新城小学　谭君仪

为了贯彻落实"双减"政策文件精神，切实提升课程实施质量，促进学生综合素质发展，针对我校劳动教育开发"花·语·茶"小农田特色课程，开展相关劳动活动。学校选取了玫瑰花、金银花、桂花、茉莉花、百香果、柠檬、金茶花、蓝莓八种植物，在校内劳动教育实践基地的土壤里种植花果，开展小农田特色课程的学习。"花·语·茶"课程是我校独具匠心的劳动教育课程，通过动手实践、接受锻炼、出力流汗的劳动，体验"立志—磨砺—铸魂"过程，铸造洛小学子勤俭、奋斗、创新、奉献的劳动精神，养成正确的劳动价值观和良好的劳动品质。

"巧手扦插茉莉花"是"花·语·茶"课程（茉莉花课程）中的种植课程之一，基于广州市劳动教育实验教材《小学综合实践活动·劳动·三年级》主题五"种植小能手"，旨在使学生树立正确的劳动观点和劳动态度，养成劳动习惯，培养学生德智体美劳全面发展。

茉莉花课程分为八个部分，第一部分是认识茉莉花和解密土壤；第二部分是种（扦插）茉莉花——我是种植小能手；第三部分是田间管理——做小农田营养师；第四部分是病虫害防治——消灭害虫；第五部分是摘花烘花；第六部分是耕作历程齐分享；第七部分是冲泡茉莉花茶。

"巧手扦插茉莉花"选取第二部分：种（扦插）茉莉花——我是种植小能手。学生通过本次教学活动，能运用正确的工具、方法和步骤扦插茉莉花，基本掌握扦插茉莉花步骤方法与注意事项，能根据茉莉花扦插的方法步骤，扦插其他植物花卉。教学活动中学生体会劳动的艰辛与不易，增强社会交往能力和合作意识。

　　"巧手扦插茉莉花"这节劳动实践课围绕新课标的精神，引导学生在劳动中掌握扦插步骤方法，"从做中学"，感知劳动的艰辛与乐趣，结合"融汇四评"，践行"融·乐"课堂的教学理念。本节劳动课的授课对象是三年级的小朋友，在课堂目标确立方面，我始终秉持"融·乐"课堂的教学理念，力求让学生能够在愉悦的课堂氛围中实现快乐地劳动，培养学生的劳动核心素养，从而实现励志铸魂的劳动目的。教学目标是让每个孩子都能亲自动手实践，亲自进行扦插，孩子们从亲历的劳动过程中，不仅能够发现问题并总结出扦插的注意事项，还真正体会到劳动的艰辛与乐趣，基本实现了参与性目标、体验性目标和创造性目标。特别是当学生说出"虽然我的小手都是泥巴，但我回家还要去扦插"这句话时，我也不由自主地被孩子们对劳动的热情所感染，一张张认真扦插茉莉花的脸庞便是劳动给予的美好馈赠，"融·乐"课堂乐研、乐学、乐教、乐动、乐思和乐创的目标也随之实现。

　　从技术赋能的角度而言，"融·乐"课堂倡导运用适当的多媒体教学手段，提高课堂教学效率，激发学生学习的兴趣。在回顾导入这一环节中，我借助了微课指导学生扦插的步骤与方法，课堂的最后，我利用微信小程序"劳动小能手"布置课后作业，运用课堂学到的扦插方法，回家动手种植或扦插。"劳动小能手"小程序这一多媒体能够为学生提供劳动成果展示平台，将课堂内的劳动收获延伸到生活中，以劳育劳，通过劳动榜样的树立和教师及时的批阅，更好地调动了学生参与劳动的积极性。

　　在课堂评价方面，我始终注重过程性评价，做到即时促评，体现番禺区"融汇四评"理念。在反思交流和榜样激励这一环节中，结合孩子们的课堂表现，评选出"劳动小能手""最佳劳动小组"，运用赏识教育，采用"个体内差异"评价法，在扦插的劳动过程中看到学生的优点并进行鼓励。通过榜样激励，帮助学生更好地学习同伴的劳动精神及品质，提高教育评价的科学性和有效性，做到以评价促教育、以评价促发展，使学生感受到劳动的喜悦，进而培养劳动核心素养。

"莘莘"小农田的教学心得

◎ 广州市番禺区市桥小平小学　何思敏

一、主题整合，多维体验

1. 学科统整，确定主题

小农田的课程开发，整合了各学科的知识，根据不同年段学生的认知水平开设不同主题的学习、劳动实践活动。而且每个年段的设置有梯度，同一板块设置不同的侧重点，促使学生在小学六年时间里坚持小农田劳作，逐渐养成热爱劳动、崇尚劳动的意识，例如可以设置"农场的油菜花""西红柿的变身""青瓜的独白"等主题活动。各班围绕一个主题开展劳动实践活动，需要各学科统整、资源整合。丰富并具有探究性的劳动活动，让学生发现问题、提出问题、解决问题，这就需要调动学生各学科的知识储备来完成任务。

2. 多门学科多位体验

在班级农场的油菜花主题活动中，科学老师告知学生油菜花的基本知识，学生可开展"油菜花不同播种方法对比实验"的小课题研究。道德与法治课老师教育学生油菜一身都是宝，默默无闻地为人们创造价值，具有无私奉献的品质。学生也体会到了农作物收成的不易、农民伯伯的艰辛，养成热爱劳动、珍惜劳动成果的优良品质。在美术课上，教师布置学生画一画油菜花，把干的油菜花镶嵌在小相框里。关于油菜花的写生画作和油菜花摆件展示在学校的艺术长廊。语文课上，教师让学生收集有关油菜花的诗句并让学生创作一些关于油菜花的诗歌，把油菜花的生长过程写成观察日记和科技小论文等。数学课上，教师让学生对油菜花的商品价值进行调查了解，思考如何在市场上获得最大的收益。用全课程的教学理念开发小农田校本课程资源，使学生在劳动实践过程中获得多维体验，学生的智育、美育、德育、劳动教育得到有效落实，让小农田课程实施更有效。

二、多元评价，全面推进

1. 创设开心币

在小农田劳动活动中，师生共同开发了与本课程高度匹配的评分细则。我校创设了开心币三级评价制度。一级层面：为小农田提供种子、秧苗、肥料、劳动工具等。二级层面：为小农田的种植献计献策，提出金点子。三级层面：主动去小农田劳动，积极养护班级农场，如除草、捉虫、打扫卫生、积极参加农场主大比拼等。开心币可以用来换购小农田的蔬菜、水果、鲜花等，还可以免去当天的作业或者实现自己在学校的一个小心愿。开心币评价制度的实施，提高了学生参与劳动的积极性，确保了劳动活动的开展和学生劳动能力的提高。

2. 班级评比

我校还从全班种植的效果层面进行评价：种植是否规划有序，收成如何，农场整体养护效果等。例如，种植西红柿时，我校设计了西红柿种植评分规则：能熟练使用劳动工具翻地、播种，会用多种方法种植西红柿，棚架的搭建、距离适中并全部发芽成活的评为优秀；能使用劳动工具翻地、播种，并能用一种方法种植西红柿，距离符合要求，发芽率、成活率达80%以上的评为良好。

3. 活动推进

小农田的养护是一个长期的过程，辛苦又略显枯燥。为了保持小农田劳动的活力，我校不定期地组织各种活动。例如举办农贸市场活动，各班展示销售劳动果实，把赚得的资金作为农场的运营经费，用于购买种子、秧苗、肥料和劳动工具等，学生享受了成功的喜悦，尝到了劳动的甜头，提高劳动活动的趣味性。又如瓜果成熟的季节，我校举办收获节，将各班收成的瓜果进行展示评比，产品大且多的班级获得一等奖，而且把收成的瓜果分给班里的每一位学生带回家品尝。毕业班联欢会上，有些班级把收获的香芋分给学生作为毕业礼物，纪念小学这份美好的"相遇"时光。我校还举办农产品美食节，就地取材，把开心农产的瓜果制作成各种美食。例如学生亲手制作西红柿炒鸡蛋、虾米蒸茄子、拍青瓜、烤番薯等。

学生在参与小农田活动的过程中，培养了劳动意识，增强了劳动体验，丰富了生活实践，动手能力、合作能力和审美能力得到发展，综合素养得到了提高。

"薄荷的扦插繁殖"课程教学心得

◎ 广州市海珠区梅园西路小学　陈子科

薄荷是一种常见的香草植物，具有可口的香气和清爽的口感，同时也是一种常用的中药。薄荷有多种繁殖方式，其中扦插是便捷且能使薄荷快速大量繁殖的方法。"薄荷的扦插繁殖"是我根据本校四年级学生特点以及开展凉茶种植和制作特色开展的一节劳动课，在上此课之前，该年级的学生已经学习了薄荷的形态结构、生长特点和药用价值等。

在开展本课教学的过程中，我利用自己平时种植薄荷的经验，让学生按照我教的方法去扦插：准备好一些健康且茎表皮呈深色的薄荷枝条，剪成留有三四个茎节的小茎段，并将茎底部剪成斜口，茎上只留最上面2片小叶，其余叶子去掉，然后将最底下一节插入泥土中，浇水后放在阴凉处等待成活，成活的标志是长出新叶。

学生按照标准的薄荷扦插流程，按部就班地执行，扦插出的薄荷成活率会很高。但我开展本课的目的是让学生学会扦插植物的技能，而不仅仅局限于扦插薄荷。薄荷容易长出不定根、对土壤要求不严等特性使得扦插成功率高，是薄荷作为学习扦插素材的重要原因。然而越是简单的因素越容易被忽略。我是站在种植者的角度去思考，而学生大部分不知道以上扦插步骤的目的。因此，我需要对本课进行重整：本课不仅是教学课，更是学生的体验课。

农业生产劳动是一个连续且因果关联的过程，所以我们更重视学生的劳动过程，甚于劳动成果。

从选材方面，一开始我给同学们提供的是完整的薄荷植株，让小组成员分别尝试用地下茎、木质化的茎、嫩茎、茎尖、根、叶等不同部分进行扦插；接着，让学生尝试用不同的方法处理不同长度的繁殖段，例如：扦插基质提供泥土、营养土、水、沙子等不同选择，并且让学生写出这样处理的目的，同时与后期的薄荷成活率进行对比，再让学生总结成功的原因。教师对学生劳动过程中产生的疑问进行解释。

经过这一段头脑风暴式的探究实践，学生对扦插的理解就不仅仅局限于薄荷的扦插，而是明白扦插各步骤的原理，甚至开发出新型的扦插方式。这为将来扦插其他植物打下重要的基础。

有的老师可能觉得这样做会增加准备材料的麻烦，我的建议是：准备材料的过程可以让学生参与，一是绝大部分学生乐于体验新事物，准备材料会让他们对上课充满期待；二是减少教师准备材料的时间；三是使学生对上课的材料会更加熟悉。

在种植相关的课程上，类似的反思例子还有很多，然而目标是一致的，就是让学生在种植的道路上体验乐趣，在乐趣中掌握技能，而不只是付出汗水。

小农田大世界

◎ 羊城铁路总公司广州铁路第八小学　王锦辉

学校要走内涵发展、特色发展之路，必须有先进的教育理念作为指导。在国家全面推进乡村振兴，建设美丽宜居的现代乡村的大背景下，我校也打造了独具地方特色的"小农田"建设。现"小农田"特色课程不知不觉已经开展两年多了，它不仅提供了一个具有实践意义的教学环境，还带给学生们更多的生活知识和体验，同时也对环保和可持续发展起到了积极的推动作用。在我校建设了小农田后，我深刻地体验到小农田的教学魅力，并从中受益匪浅。

一、小农田环境的创设

小农田虽然面积不大，但是其布局设计和环境创设也是非常重要的。在我们学校小农田的设置中，集中了可供种植的小菜地和果树区，还设置了杂草区和自然植被区，打造了一个多样化、互为补充的生态系统。小菜地种植的是农民家中最常见的蔬菜，如小白菜、生菜、茄子、豆角等；果树区培植的是常见的木瓜树、柠檬树、葡萄树等。而杂草区是专门留给学生们观察和采摘各种野花、野草。虽然小农田中杂草茂密，但是和周围校园的植物相对应，增添了小农田的自然气息。通过这些环境的创设，学生们可以在更加现实的环境中掌握生态学知识和农业技术，开阔视野。

二、教师的引导作用

小农田的教学实践中，教师起到了重要的引导作用。他们不仅是技术支持团队，还要负责对小学生进行教育、指导和培训。最重要的是，他们需要让学生们了解、感受到自然界的生命力和价值。在我们学校的农田中，为了更好地培养孩子的观察力、创新力和自我管理能力，每个班都会安排每周至少一节的小农田课程。在这些课程中，教师会采用多种形式，如观察、动手制作、表演和讲解等让学生们了解更多的农作物和生态系统知识；让孩子们亲手种植、收获并消除杂草，让他们更好地体验农田劳动的不易。

三、实践经验与策略

学生在小农田中获得的是一种非书本教育的经验。通过亲自体验劳动，孩子们培养了耐心和认真的劳动精神，他们在这个过程中也了解了人类食物的来源和价值。正如一位教育家所说："孩子们需要有一个有趣的、富有充实性的学习环境，这样他们才会认真地学习。"在我们的小农田劳动中，教师和学生共同探索如何合理地进行农业耕作。对于孩子们来说，小农田和日常饮食息息相关，他们也会因此掌握更多的生活实践技能。通过对古代和现代农业科技的深度了解，孩子们可以更好地认识农业在社会中的重要性，培养他们的敬业精神和感恩意识。课程中，孩子们认识了各种劳动工具，如锄头、铁锹、铲子等，也认识了白菜的种子、香菜的种子、萝卜的种子；知道了如何按照一定的要求去撒种，去浇水。撒种既不能太稠密，又不能太稀少，浇水需要浇多少量才合适。在收获的季节，我们收获了扁豆、白菜、南瓜等农作物，知道了劳动的辛苦，也体会到收获的喜悦。

四、小农田的未来方向

小农田是一个长期的项目，无法立竿见影地得到成果。然而，我们认为通过毫不懈怠地工作，我们可以使小农田成为学校教育的一部分。我们可以利用小农田的劳动教学增强学生的沟通能力、自省能力，打造一个让学生自主处理问题、改错、积极成长的环境。最重要的是，我们要努力实现小农田的可持续发展，关注绿色环保，并遵循生态恢复、资源保护和文化遗产保护等方面的各项规定。

作为一名教育工作者，应当以丰富的知识、良好的态度为荣。在利用小农田教学的过程中，我们将这些元素全部纳入认知，在实践中考量和优化。总之，校园小农田的建设会为学生们的自我认识、人际交往等方面带来积极的影响。我们相信，在近年来的教育趋势下，小农田会更多地融入学校教学生活中。

实实在在的小农田教学

◎ 从化区希贤小学　李碧瑶

从化希贤小学的小农田有一个好听的名字——"希贤劳动吧"，里面种植了柠檬、嘉宝果、桂花、葡萄、百香果等水果和各种蔬菜。我在这里担任专职劳动老师，其中一个教学任务就是带领学生一起建设小农田。在上了多节关于小农田建设的课程后，我有了以下的心得体会。

一、小农田的课程开展必须先了解小农田的特点。我校小农田面积算大，但因为是黄泥土，土壤特别硬而且很贫瘠，所以里面的植物长得不好，叶子发黄稀疏，杂草长得特别快。所以我设计的课程内容包括除草、松土、整理土面、施肥、种植。除草、松土、整理土面这三节课程开展好，后面的种植课程才能顺利进行。施肥除了为了给蔬菜、果树提供养分，也能使土质得到改善。

二、劳动工具要充足且合适。前期小农田只有两用小锄头、喷洒小水壶（这种水壶适用于阳台浇花），起初学校买这种水壶是为了想要更多学生能够参与浇水，但是事实上，这种水壶在小农田教学应用上真的很不方便，因为容量小导致浇水不够充分，来回装水次数多，浪费课堂时间。后来我建议买了十来个大水桶。两用小锄头数量不多，后来增加了十来把，几乎是可以人手一把。我觉得现实耕作不能没有大锄头。试想要锄块土地来种植蔬菜、想要挖坑种植一棵树，光是小锄头能行吗？大锄头不是更加方便吗？教学实践既要考虑学生的参与度，也要考虑实际情况。

三、小农田每节课内容不需要太饱和。在设计课程的时候，千万不要为了内容丰富而编写好几种实践任务环节。比如"除草"可以设计为一个课时，很多老师会觉得内容单调，想向学生介绍两用锄头的作用、示范正确的除草方法（连根锄起）、提醒学生保持安全实践距离、抽查学生是否掌握除草技能，然后三两下就把草锄完，剩下很多时间让学生交流、点评。但是在像我校面积那么大的小农田上课实践，除草真的需要花一节课时间。实际上课也并不是那么顺利，还要管课堂纪律、收拾工具，天气炎热情况下还要控制好学生的劳动时间。而且现在很多学生真的不会除草，需要老师重复示范、指导。

四、老师要学会虚心倾听学生的实践方法。我校不少学生是农村孩子，从小就会种地。所以，教学过程中可以尝试让有经验的学生发言讲解、示范，协助老师指导其他学生实践。

五、注重小组合作。学生学会分工合作真的会比较省时省事。比如给蔬菜施肥，涉及的环节有：取肥料、施肥、打水、浇水、收拾工具。如果小组成员都自觉认领任务，不仅能让课堂有序进行，还能节省个人时间轮流休息。户外上课学生通常都比较兴奋，小组长也可以协助老师管好小组纪律。

我现在已经任教劳动课差不多一个学年，还在不断学习中：学习教学方式、学习农耕知识。小农田教学成功与否就看学生是否真的掌握相关农耕技能、种植的蔬菜和果树是否有收成。每一节课都是紧密相连，是实实在在地向学生传授农耕知识。

绿树浓荫草木长·风暖育才花果香

◎ 广州市越秀区育才学校　朱雪梅

向阳草木青，明媚春光暖。在这个充满生机和希望的季节里，育才学校二号楼楼顶天台的小农田实践基地上，一片片嫩绿的菜苗、一株株鲜艳的花朵、一个个茂盛的果棚相得益彰，散发出迷人的瓜果花香味、焕发出勃勃的生机与活力。而打造出这一片美丽的小天地的，正是我们育才勤劳的孩子们。

时光回溯到三个月前，经历了寒假短暂的休眠期，学校小农田的作物或枯萎、或凋谢，呈现在我们面前的，可以用"衰败"这一词来形容。而孩子们的劳作热情也不似现在这么高涨。那么，如何激发学生的劳作热情、让学生能主动积极地投入到校园小农田的劳动实践中来呢？经历了三个多月的探索与实践，本人总结出了以下的几点心得。

一、以身作则，激发学生兴趣

对新鲜事物具有好奇心，是所有孩子的天性。劳动教育的启蒙要牢牢抓住孩子这一心理特点，采取合适的方法，因材施教，让孩子对劳动具有好奇心、求知欲，进而激发浓厚的兴趣。学期伊始，孩子们对小农田的劳动实践不甚感兴趣，为了激发孩子们的热情，本人特地回到乡下老家，跟着妈妈学习如何种植番薯叶，并把种植的过程拍成了视频。我把这一视频播放给了学生观看，视频中的我是开心的、享受的、惬意的，希望能让学生感受到劳动带给人的快乐。两个星期之后，本人再次回到老家，记录了我当时种植番薯叶的情况，发现它们竟然长高了一点点，我欣喜地拍了下来，并在课堂上进行了展示。经过我的劳动分享，同学们都被点燃了兴趣，都开始迫不及待地到学校小农田去开展种植活动了。

二、立足劳动项目，周全劳动计划

"凡事预则立，不预则废。"根据劳动课标的要求，劳动教育要顺利进行、落到实处，就必须有周全的计划。都说"实践是检验真理的唯一标准"，但在实践之前，还需要有理论的支撑。同样，劳动种植活动，也需要先了解种植的基本知识，才能躬身实践。如在教学生种植南瓜时，本人先对学生进行了理论知识的指导，包括南瓜的种植条件，如季节、气温、土壤等，以及南瓜的种植方式、种植步骤等。学生系统地掌握了南瓜的种植理论知识后，再着手进行劳动实践，这将有利于种植任务的顺利完成，且能达到事半功倍的效果。

但在进行劳动实践之前，老师们需要注意以下的几点细节：

1. 对学生的劳动实践进行分组，如除草组、松土组、种植组、浇水组、记录组等，学生按照小组分配的任务有序地开展劳动实践。

2. 提前准备劳动材料与工具，教师需要对劳动工具的安全性进行检查，确认是否安全、可行。

3. 对学生进行劳动实践的安全教育，明确可以做以及不可以做的事情，共同制定小农田劳动守则。

三、亲历劳动实践，及时反思交流

"纸上得来终觉浅，绝知此事要躬行。"劳动实践环节是整个劳动课程的核心部分，通过亲历劳动、出力流汗，学生能切身体会到劳动的艰辛与不易，从而坚定了热爱劳动、珍惜劳动成果、尊重劳动人民的信念。每次在小农田劳作过后，我都会及时组织学生展开交流与讨论，让学生表达自己的感受。一方面是为了鼓励学生再接再厉，继续对小农田的劳动实践保持热情与兴趣；另一方面是通过交流与讨论，引导学生总结劳动经验、增长劳动技能，为下一次的劳动实践做理论与技能的准备。

四、多维多元评价，推选劳动能手

评价是启发、是帮助，更是认可与赞赏。在进行小农田的劳动教学时，本人采取表现性评价与综合性评价相结合的方式，通过教师评、同伴评、自评、家长评多维度的评价，结合学生的劳动表现，每个月在各小组内推选出一名"劳动种植小能手"以及"劳动种植积极分子"。获得以上荣誉称号的同学，将有机会角逐学校的"校园劳动之星"。通过对学生上述的评价，让学生的劳动实践得到肯定与赞赏，又激励学生积极参与每一次的劳动实践，实现"热爱劳动—参与劳动—获得鼓励—继续参与劳动"的良性循环。

"春种一粒粟，秋收万颗子。"不经历过付出，不体验过流汗，哪知道珍惜，怎

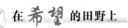

知道幸福生活的来之不易？通过小农田种植活动，孩子们在大自然中、在田间地头，用稚嫩的双手松开一片片土壤、拔掉一根根杂草、种下一棵棵幼苗、收获一筐筐果实。在这一劳动过程中，孩子们感受到了生命的意义，体验到了付出的快乐，享受到了劳动的成果，从而发自内心地热爱劳动，深刻体会"劳动最光荣、劳动最崇高、劳动最伟大、劳动最美丽"的理念。

"生活即是教育。"在劳动教育的这片沃土里，我们将勠力同心、坚定前行，为培养德智体美劳全面发展的社会主义接班人上好每一节劳动课、开展好每一次实践活动！

小农田探索：激发创新思维与综合素养

◎ 广州市增城区合生育才学校　曾庆奇

在当今充满变革与创新的时代，教育也必须不断进步，以适应学生的成长需求和社会的发展要求。开展小农田教学，是我近年来尝试的一项新颖探索。通过这一实践，我深刻认识到，小农田教学不仅能培养学生的动手能力，更能激发创新思维与综合素养，使他们在实际生活中变得更加自信、独立和有责任感。

一、创新思维的培养

传统的课堂教学注重知识的灌输，但现实世界需要的是解决问题的能力和创新思维。小农田教学为我提供了一个打破常规的机会。我引导学生们思考：如何更有效地种植？如何应对天气变化？他们开始尝试各种方法，从试错中学习，从失败中汲取经验。这一过程激发了他们的创新思维，让他们明白创造力不仅体现在纸上，更表现为解决实际问题的能力。

二、综合素养的提升

小农田教学不仅仅是一门农业课程，更是综合素养的培养。在实际操作中，学生需要调查、计划、协作、分析问题，这锻炼了他们的综合能力。他们需要考虑植物的生长需求、天气的变化、土壤的特性等多方面的因素，从而形成全面的思考和决策能力。这些综合素养不仅在农田里有用，更是他们未来生活和职业发展的基石。

三、实践与情感的结合

小农田教学让学生身临其境地感受了生命的奇迹，从播种到收获的全过程让他们切实体会到劳动的成果。在劳动的过程中，他们体验到汗水的滋润、风的吹拂，这种情感的投入让他们对所学知识产生了更深的认知。同时，他们也体会到耐心、坚持的

重要性，这些品质在未来的学习和生活中将成为他们的宝贵财富。

四、培养责任与社会关怀

小农田教学不仅是在种植蔬菜，更是在培养责任和社会关怀。在这个过程中，学生们需要照料植物、保护环境，他们意识到每个人的行动都会影响整个生态系统。这种关怀不仅停留在农田，更会延伸到日常生活中，让他们在行为上更加注重环保、可持续发展。

五、培养自信和独立

小农田教学让学生在实际操作中感受到了成功的喜悦，也体验了失败的挫折。然而，正是这些经历让他们更加自信和坚韧。在我看来，教育不仅是为学生提供知识，更是要培养他们面对困难时的勇气和信心，这正是小农田教学所做出的贡献。

六、反思与展望

在小农田教学的实践中，我看到了学生们的成长，也收获了教育的乐趣。然而，我也深知这只是创新教育的一个方面，还有待不断完善和发展。未来，我将继续在实践中探索，不断调整教学方法，为学生提供更多具有现实意义的体验。我相信，小农田教学的种子已经在学生们的心中生根发芽，终将长成茁壮的树木，为他们的未来生活和事业注入勃勃生机。这正是我对教育的热爱，也是我为之努力的方向。

我和小农田

◎ 广州市增城区正果镇水围小学　洪秀琴

劳动教育是国民教育体系的重要内容，是学生成长的必要途径，具有树德、增智、强体、育美的综合育人价值。作为一名劳动课的科任教师，我精心设计了一堂"我和小农田"学校特色教学课例，它以学生熟悉的小农田为学习对象，让学生通过观察、测量、计算等探究活动，来了解农田的变化及其对农作物生长的影响。

一、激发兴趣，创设情境

一堂好课，是教师和学生共同创设的一个学习情境。在这堂课中，我是这样设计的：教师在讲"我"和小农田的故事后，播放一个动画片，动画片中的主人公叫"小田"，它帮助"我"认识了许多农作物，了解了农田的变化及对农作物生长的影响。小田还帮助"我"发明了一种测量工具。这时，让学生讨论小田的作用，使学生真正认识到自己与小农田是密不可分的。在这堂课中，我创设了一个情境：同学们，你们家有没有农田？如果你家有农田的话，你想知道哪些信息？学生带着这些问题进入学习过程中。这样就在学生脑海中形成了一个"小农田"形象。

二、自主学习，自主探究

《义务教育劳动课程标准（2022年版）》指出："劳动教学要重视培养学生自主学习的能力。"为此，我在课堂教学中，给学生留有足够的时间和空间，让学生自主探究问题。例如：当学生提出："小农田能让我的身高长高吗？"这一问题后，我引导学生到生活中去寻找答案：小农田里种了什么？（高粱、水稻）长得怎么样？（高粱最高长到1.85米，水稻最高长到1.86米）让学生思考：小农田能让我们的身高长高吗？（不能）那是为什么？我们要怎样才能让小农田变得更好？提出问题后，让学生用自己的方式去探究。这样的学习方式，一方面是为了解决本课的教学重点问题"小农田能否使我的身高变高"，另一方面是为了培养学生主动探究、勇于探索的精神。

三、小组合作，交流讨论

小组合作是探究式教学模式中一种重要的教学形式。我先让学生自己说说在这次小农田之旅中做了什么，有什么发现。学生先在小组内交流、讨论，接着让学生上台展示自己的探究成果。教师巡视指导，随时纠正学生的错误。在这个过程中，教师的角色定位是学习的促进者、组织者和引导者，而不是一个知识传授者，只是一个启发者、引导者，给学生提供自主探究的机会。这一环节也让学生充分发挥了自己的聪明才智，感受到成功的喜悦。

四、合作学习，汇报展示

合作学习是新课程倡导的一种教学方式，能培养学生的团队精神和合作意识。在本课的学习中，我将全班分成四个小组，每个小组分别准备好材料，每组有一名小组长。在汇报展示时，我让学生自己介绍本组里准备好的材料，再让其他小组进行评价，提出建议，然后四个小组进行讨论交流，最后选出代表在全班进行汇报。这种学习方式激发了学生的参与热情，使学生学得轻松愉快。同时，我深刻地体会到：在课堂教学中要坚持以学生为主体的原则，让学生在自主探究的过程中获得知识、技能和情感体验。

五、引导思考，感悟生活

我在教学中让学生思考：我和小农田之间发生了什么变化？如果让你也来种上一块这样的土地，你会种些什么？学生通过反复揣摩，用心感悟，自然就能发现它们之间发生了什么变化。这节课让学生用自己喜欢的方式记录下自己与小农田的变化，感受生活的美好。作为劳动教师，应在课堂教学中教给学生观察事物、表达感受的方法，培养学生的观察能力和表达能力，让他们感受生活、热爱自然，从而培养对生活的热情。

六、拓展延伸，课外延伸

学生在课外进行了广泛的探索活动，把课堂上的所学内容用到实践中去。比如：

让学生利用所学知识，测量土壤的体积及重量；在课堂上让学生用自己制作的卡片测量土壤的厚度，并把测量结果记录下来；等等。这样，学生对课堂上学习到的知识进行了灵活运用。

青青幸福田，绽放劳育之花

◎ 广州市天河区志远小学　李连娣

现代社会，别说孩子，很多家长似乎都要四体不勤、五谷不分了。在这样的大环境下，我们志远小学于2020年正式开始了校园"青青幸福田"的规划和建设，让学生真正接地气，亲近大自然，感悟自然的生命，感受生命的灵动与神奇，并从中获得自己独到的体会。

在这三年的校园小农田建设中，通过亲身参与农田的耕种和养护等活动，学生不仅可以了解农田的基本知识和种植技能，还可以培养动手能力、合作意识和责任感。作为一名教师，我在指导学生开展小农田教学的过程中也有自己的一些心得体会。

一、确立明确的目标和任务

在开始指导学生开展小农田教学之前，我会与学生明确目标并确定具体的任务。教学目标可以是学生通过小农田实践来掌握一定的农田知识和种植技能，培养实践能力和创新思维。任务可以包括选择适宜的农作物或养殖品种、制定农田耕种计划、实施农业操作等。通过确立目标和任务，可以帮助学生清晰地了解活动的目的和要求，从而能更好地在小农田实地中实施耕种活动。

二、提前进行适当的讲解和准备

由于大部分学生对农耕种植都缺乏系统的了解，因此在教学前我会对植物的相关知识进行讲解，包括要种植的植物生长的基本原理、肥料的使用方法以及浇水等。同时，我还会就学生将要进行的种植活动进行详细的讲解和演示，如播种、施肥、除草等。这样可以帮助学生理解活动的目的、方法和注意事项，提高他们的参与热情和积极主动性。

三、鼓励学生主动参与和实践

在小农田教学中，我会尽量为学生提供自主学习和实践的机会。我会鼓励他们主动参与农田的各项活动，如择优选种、制定种植计划、组织浇水、施肥等养护活动。同时，我也会引导学生进行观察和记录，记录农作物的生长情况、浇水和施肥的效果等。这样可以促使学生在实践中不断思考和总结，提高他们的观察和分析能力。此外，学生在参与种植的过程中，可以综合运用科学、生物等各门学科的知识和技能，拓宽视野，提高学科综合能力。这样的跨学科融合有助于学生更好地理解知识，加深对各学科的认识。

四、加强团队协作和交流合作

正所谓"众人拾柴火焰高"，在小农田教学中，我也会鼓励学生进行团队合作，通过分工协作完成不同的任务，提高合作的效率。在种植活动中，学生肯定会遇到这样或那样的问题，这时，我会引导学生相互交流经验，并共同想办法解决问题，在农田实践中形成互帮互助的氛围。同时，我也会定期组织学生进行经验交流和总结，分享各自的心得和收获，以此培养学生的合作意识和团队精神。

五、及时评价和反馈

及时对学习及活动的结果进行评价，能强化学生的学习动机，对学生后续的学习活动起到很大的促进作用。在学生开展小农田教学的过程中，我会及时对他们的表现进行评价和反馈。我会通过观察、检查学生的实施过程和实际成果，评价他们的主动性、创新能力和合作精神。同时，我也会给予肯定和鼓励，为优秀表现的学生提供一定的激励，在班上树立榜样。对于存在问题或不足的学生，我会耐心指导和帮助他们改进，鼓励他们继续努力。

在这三年里，校园青青幸福田的建设和教学活动也为学校带来了一份特殊的骄傲与荣耀。随着时间的推移，这青青幸福田逐渐成为学生的学习乐园。学生积极参与到农田的种植和管理养护中，他们不仅学到了农业知识，还锻炼了自己的动手能力和实践经验，更是树立了爱农、热爱自然的意识和态度。愿志远的孩子们在青青幸福田继续播种爱农的种子，让劳动教育之花在学校中尽情绽放。

03

第三部分

课例篇

我为瓜苗安个家——搭瓜棚

◎ 广州市番禺区市桥中心小学　梁彩英

一、教学背景

学校各班学生在5A级小农田——稼穑园，通过劳动种植小能手比赛，在班级的农田里种上了绿油油的"小瓜苗"。经过各班的日常打理和用心养护，现在的瓜苗已经长到一米多长了，需要为瓜苗搭个小瓜棚了，这能让瓜苗有更好的成长环境，为后期开花、结果做好"安家"的准备。

四年级学生需要体验简单的种植、养护、手工制作等生产劳动，能规范使用常用的劳动工具，了解常用材料的作用与特征，对劳动过程中遇到的问题能激发好奇心和探究欲望，通过与他人合作劳动完成劳动作品。通过劳动养成有始有终、专心致志的劳动习惯和品质。为此，我们设计"我为瓜苗安个家——搭瓜棚"劳动课，借助学校稼穑园劳动基地，对四年级学生开展农田耕作劳动项目活动，培养学生各种劳动技能和合作精神，培养良好的劳动品质。

二、学情分析

四年级学生有一定的劳作经验和动手能力，"我为瓜苗安个家——搭瓜棚"劳动课贴合学校农耕实际，源于学生生产劳动实践的需要，能较好地调动学生的积极性和创造性。

四年级的孩子活泼好动，乐于模仿，具有一定的观察、思考和实践能力，能在教师的引导下学习瓜棚的搭建步骤，并有创新意识地进行创意搭建。因此，本活动设计了"激趣导入、学习步骤、淬炼操作、榜样激励、拓展延伸"等环节，基于实际，引导学生按照步骤创意搭建瓜棚，通过多种途径激发劳动的兴趣，增强热爱劳动、热爱劳动者的意识。

三、教学目标

1. 认知性目标：了解瓜棚的小知识，学习搭建小瓜棚的基本方法，学会使用简单的搭建工具。在动手操作实践过程中，能进一步学习搭建小瓜棚的其他方法，创造性地完成小瓜棚搭建。

2. 参与性目标：能主动参与农耕劳动，学习搭建小瓜棚的基本方法，学习帮助瓜苗"上棚"的方法。培养学生耐心细致、不怕困难的劳动态度和珍惜劳动成果，爱护农作物的优良品质。

3. 体验性目标：通过搭瓜棚、扶植瓜苗"上棚"，培养观察、思维、想象的能力和创造精神，体验劳动艰辛和劳动创造的快乐，乐意和别人分享自己的劳动成果及欣赏他人的劳动成果，养成良好的劳动习惯。

4. 技能性目标：通过动手操作实践，初步掌握裁、绑绳子的技能，掌握合作搭建稳固、美观的小瓜棚的方法，掌握帮助瓜苗"上棚"的方法，提高实际操作能力，团队合作能力。

5. 创造性目标：通过参与搭瓜棚活动，从中发现瓜棚的稳定、美观等问题，有创意地解决问题。能温柔对待娇嫩的瓜苗，合作帮助瓜苗上棚，培养实践创新精神、增加学习自信、增强自豪感和成就感、懂得向植物倾注爱心。

四、教学重难点

教学重点：通过动手操作实践，初步掌握搭瓜棚、帮瓜苗上棚架的方法。

教学难点：自主探究搭稳固、美观的瓜棚。

五、工具及资源准备

1. 多媒体教学课件、视频。

2. 搭瓜棚的工具：竹竿、剪刀、绳子、手套等。

六、教学实录

（一）回顾导入，引出课题

教师：同学们，我们通过种植小能手比赛，把小小的瓜苗种在土地上，经过一段时间日常打理和用心养护，现在的瓜苗已经长大了。我们来看看瓜苗已经长得长长的，瓜藤嫩绿嫩绿的，有的已经伸到田地外的人行道了，一碰就有可能折断，这样就

不利于瓜苗的生长了。这时候我们需要帮瓜苗安个家——搭个稳固又美观的瓜棚，让瓜苗快快长大。

教师出示课题：我为瓜苗安个家——搭瓜棚

（二）讲解说明，归纳方法

1. 认一认：熟悉搭瓜棚工具

教师：你见过什么形状的瓜棚？

学生：三角形的瓜棚、方形的瓜棚、拱形的瓜棚。

教师根据学生的回答出示图片。

教师：这些瓜棚都是根据实际情况选择合理的形状，只要搭建得稳稳当当、美观合理，让瓜苗有足够的空间舒展，都是合适的。

教师：想要搭个小瓜棚，需要用到什么工具？

学生：粗细不同的竹竿、剪刀、绳子、手套等。

教师出示工具。

2. 知一知：熟悉搭瓜棚步骤

（1）归纳搭瓜棚方法。

教师：现在老师选择三角形的瓜棚作为示范，请同学们认真观察老师搭瓜棚，然后思考一下有哪些步骤？

教师示范搭一个小瓜棚，边搭边讲解。

教师：刚才老师示范了两个小技能，一个是搭瓜棚，一个是瓜藤上架，现在让我们来归纳一下搭瓜棚的方法和步骤吧。

学生归纳。搭建瓜棚：定距离—斜插竿—金字塔—绑支架—搭横梁—帮牢固；瓜藤上架：顺瓜藤—依竹竿—轻轻扶—小心绑。

（2）安全操作提醒

教师：想要个稳固美观的瓜棚，需要做好哪些安全注意事项？

同学发言，归纳。

小技巧：戴手套、安全搭、轻轻绑、合作做。

（三）淬炼操作，动手实践

1. 牛刀小试

教师：我请两位同学合作搭一个支架。

两人合作，让其他学生观察。

学生：我认为他们没有合作好，所以瓜架搭的歪歪斜斜的。

教师：是的，要合作才能做得好！现在再请两位同学合作引藤绑藤。

两人合作，让其他学生观察。

学生：我知道瓜藤为什么耷拉下来，因为没有理顺瓜藤就绑，绑的时候没有扶好，另一位就急着绑藤了，而且力度太大了，瓜苗差点折断了。

教师：你们说出了关键的地方。想要搭个稳固美观的瓜棚，就要做到专心、细心、用心呵护、合作完成。

2. 亲身实践

教师：看到大家跃跃欲试的样子，一定很想亲手搭个属于自己的瓜棚了。好！我们现在进行分工，请讨论：谁负责插竹竿、谁负责绑金字塔支架、谁负责搭横梁、谁负责引瓜藤、绑瓜藤。

讨论后学生汇报：我们选出两位力气比较大的同学搭瓜棚，两位比较细心的女生绑瓜藤，选了一位最有威信的同学当组长。

教师：看来大家的分工都非常有序，接下来我们将一起行动起来。请大家在15分钟内搭建一个小瓜棚并帮助瓜藤攀上瓜棚，为瓜苗安个牢固、美观的家。老师再次请各小组注意：使用工具要注意安全，剪刀尖锐部分不能对着别人，戴好手套拿竹竿，并保持安全的距离，不要打到别人。我期待大家的劳动成果。瓜棚搭建好以后，请回到自己的位置安静等待，并且选一名同学代表自己组作展示。

各小组合作开展劳动，教师适时指导。

（四）示范引领，榜样激励

1. 组织评价，小组交流分享互评。

教师：恭喜我们所有小组已经完成了任务。一个个小瓜棚已经展现在我们眼前了。一个个小瓜棚就是一棵棵小瓜苗的"家"。谁来点评一下我们眼前的这些小瓜棚？有没有按照要求完成好？有什么优点或者需要改进的地方？

同学1点评：这个小组的搭建速度很快，说明合作得很好，但是，我看到这个瓜架一高一低，建议插竹竿之前先定距离。

同学2点评：这个小组的瓜架的绳子没有绑牢固，导致架子支撑不起横梁。

同学3点评：我来谈谈我们组。一开始以为很简单，结果实操起来一点也不容易，我们发现支架歪了，在组长的建议下拆了支架重搭，第二次才搭好了。

2. 榜样激励，分享成功的奥妙。

教师：同学们看看，这一个瓜棚搭建得非常好！我要采访一下这个小组的同学，

你们是用什么好方法搭建瓜棚的?

小组分享:我们没有急于搭瓜棚,而是先拿竹竿比画,在插竹竿的地上做个标志,定好交叉点,才开始动手,而且我们让高个同学绑支架,这样支架就成了一个完美的"金字塔",这方法十分好。

3. 学生谈收获,分享过程感受

教师:在搭建过程中,你有没有发现一些做得特别好的细节或值得学习的精神品质?

学生:我看到小明同学为了搭好瓜棚,用手紧紧扶着竹竿,一直坚持到同学绑好绳子才松手,换了我可能坚持不了,我很佩服他。

……

教师:我很欣喜看到大家团结合作、耐心细致、不怕困难的优点。你们认真劳动的场面成了小农田的一道亮丽的风景线。

(五)拓展提升,强化意识

1. 强化意识

教师:现在让我们对今天的内容进行一次简单地回顾吧。

学生在教师的指引下复述板书要点。

教师:其实我们每一个环节都有一些技巧和小方法。比起我们的小农田,农民伯伯耕种的农作物是一大片的,他们每天都在田里干活,每一个瓜棚都是自己搭建的,长期日晒雨淋,他们付出了许许多多的汗水才能换来丰收的果实。想一想,农民伯伯的哪些精神品质值得我们学习?

学生:吃苦耐劳、专心细致、不怕苦不怕累、干一行爱一行……

2. 拓展延伸

教师:瓜棚搭建好了,瓜苗有了安稳舒适的家,并不代表一劳永逸。后期我们需要继续打理,例如:浇水、施肥、除草、捉虫,随着瓜藤越长越大,越长越长,我们还要继续帮助瓜藤"爬瓜棚"呢!当瓜苗开花时我们还需要帮花儿授粉,这也是非常有趣的劳动。课后请你们在"植物成长记录表"上做好"我为瓜苗安了个家"的记录,还可以把瓜棚的样子画在表格空白处,最后形成完整的瓜苗成长档案。老师非常期待大家的作品哟!这节课上到这里,下课!

七、教学反思

1. 讲实用

本课例内容是因学校小农田建设中出现的实际情况开展的劳动项目。班级的小瓜苗经过日常打理和用心养护，得到苗壮成长，于是顺理成章要搭瓜棚了。搭瓜棚这项劳动，显然是为了解决真实存在的问题，来源于生活、为生活服务，实际、实用。

2. 重亲历

在劳动教育中，与其让学生观察，不如让学生亲历。我们在种植过程中，往往由学校搭建平台后，由专人长期打理，把农田建设好后让学生隔段时间来小农田"踩踩点""走过场"。我们在搭瓜棚课例中不难看出：只有让学生真真切切参与劳动、出力流汗，才能真正体验到劳动的艰辛和快乐。

3. 求提升

大多数人认为参与小农田的劳动，只要有参与，有体验，知道绿植常识，掌握劳动技能就可以了，那是片面的认识。我们还应该在劳动过程中发现优点与不足，团结合作，互相学习，养成良好的劳动习惯，培养优秀的劳动品质。搭瓜棚课例中，教师很懂得抓住各环节的亮点，制造互相学习的契机，非流于表面。"精神领悟"是劳动教育的"灵魂"，能真正让劳动教育提升"质感"。

（本课例为广东省欠发达地区义务教育均衡优质标准化发展"世行贷款第二批骨干教师能力提升培训项目"公开课暨番禺区市桥城区联盟教育公开课，见图1、图2）

图1　课例照片1　　　　　　　　　　图2　课例照片2

基于小农田的微型创意盆景制作

◎ 广州市番禺区石北中学　李瑞玲

一、教学背景

我校劳动教育课程包括必修和选择性必修课程，其中选择性必修课程为劳动教育拓展类课程，主要以校本开发的实践活动课程为主。本节课的教学内容依托学校小农田开发，利用小农田的花草树木为盆景创作素材，制作微型创意盆景。盆景是中国优秀传统艺术之一，微型创意盆景的制作将艺术与劳动相结合，在进行劳动教育的同时也渗透了美育。

二、教学目标

1. 认知性目标：了解微型盆景的制作材料，掌握基本的制作步骤和要领。

2. 参与性目标：积极参与微型创意盆景的制作，解决实际问题。

3. 体验性目标：在微型盆景的创作过程中，体验知识力转化为劳动力的乐趣，体会团队合作的劳动精神，珍惜劳动成果。

4. 技能性目标：掌握取材、造型技巧，按制作步骤能完成一盆微型盆景的劳动制作。

5. 创造性目标：灵活运用取材、造型技巧，制作有创意的微型盆景。

三、教学重难点

教学重点：掌握微型创意盆景的基本制作步骤和要领，并加以实践运用。

教学难点：取材、造型技巧的灵活运用。

四、教学准备

准备好容器、砂石、泥土、制作工具等，绿植到小农田就地取材。

五、教学过程

（一）引入主题

师：同学们，我们生活在花城广州，很多家庭都有买花、养花的生活习惯，花草盆景在日常生活中随处可见，大家有没有想过自己动手制作盆景呢？

生：有，想过。

师：下面我们一起来欣赏一些微型创意盆景。（展示微型创意盆景图片）这些盆景小巧玲珑，造型别致，借助容器、配件突出主题，而且植物多样，注重整体艺术美。

学生欣赏着精美的盆景图片，不时发出赞叹声：哇，太美了！课堂气氛活跃。

设计意图：通过欣赏精美微型创意盆景，激发学生的学习兴趣和创作热情。

（二）讲解说明

师：什么是微型盆景？微型盆景是以花草为主，缀以山石等小件配置而成的小型盆景。

师：微型盆景所采用的材料，除了传统盆景植物，如六月雪、榕树、罗汉松、榆树、枫树、福建茶等，一些新兴植物如石菖蒲、文竹、虎耳草、吊兰、兰花、万年青、水仙、菊花、芭蕉、芦苇以及其他的闲花野草都可以用作微型盆景的材料，再加上一些配件，如：山石、枯木、陶瓷人物、树脂动物等进行装饰点缀。盆景容器可以用盆、碟、钵、筒等。

师：微型盆景的特点是形态小巧，造型玲珑别致，更注重整体艺术美。

设计意图：理论学习，为之后的小组实践做好理论知识的准备。

（三）淬炼操作

师：如何创作微型盆景呢？从微型盆景到创意盆景，第一步就是立意，也就是确定盆景的主题，立意要新，要生活化，取材要便捷丰富。第二步是选材，根据盆景主题选取所需要的制作材料。第三步是盆景的制作，第四步是盆景后期的养护。

师：我们通过几个微型盆景实例讲解微型创意盆景的制作过程。作品1《田园一角》，采用两种或两种以上的植物搭配，可选择颜色分明、造型各异的植物，正如当下流行的混搭风，往往比单一植物更加动人。所采用的植物是紫苏和网纹草。制作过程：在盆底先铺上一层陶石，再放入泥土，种上紫苏并固定，之后在旁边种上网纹草，最后铺上苔藓。作品2《动静结合》，采用的材料是骆驼榆和竹炭。制作过程：在盆底先铺上一层陶石，再放入泥土，种上骆驼榆并固定，最后铺上苔藓，撒上竹炭。作品3《枯木逢春》，采用的材料是常春藤、苔藓、树根。制作过程：选择有洞的树根，放入水苔，一边种上苔藓，另一边种植常春藤。记得要时常保持苔藓的湿润。作品4《希望森林》，用的材料是柑橘种子，用豆类和花生种子也可以。制作过程：在盆底先铺上一层陶石，再放入泥土，种子用清水洗净，埋入土下约1厘米，浇水，保持土湿润。

师：我们一起总结一下微型盆景制作的基本步骤。

生：立意、选材、制作、养护。

同学们已经摩拳擦掌、跃跃欲试，想要立即动手制作一盆微型盆景。

设计意图：通过案例的学习，为作品的创作提供借鉴和参照，同时开阔学生的创作思路，掌握基本的制作步骤。

（四）项目实践

师：接下来是我们的创作时间，四位同学组成一个劳动小组，小组成员分工合作完成一盆微型创意盆景制作。实践包括两个环节，第一环节是到学校小农田选取所需要的植物材料，第二环节是进行盆景制作。现在请各小组长到前面领取工具，带领本组组员到小农田就地取材。

师：大家在实践过程中注意劳动工具的安全使用，取材时爱护小农田的花草树木。

学生领取工具，到学校小农田，根据构思的作品，选取需要的植物材料。小组成员分工合作，按照制作步骤完成微型创意盆景的制作。

设计意图：保证学生有独立的劳动锻炼机会，充分发挥学生的主动性、积极性、鼓励创新创造。

（五）反思交流

师：每个小组都完成了盆景的制作，下面分小组派代表展示本组作品，讲解创作思路，分享实践过程中的经历和劳动感想。

生1：考虑到养护问题，我们选择了一个比较高的盆，用了比较多的植物来点缀。

生2：我们的作品名叫《春夏秋冬》，小花代表春天，绿叶代表夏天，落叶代表秋天，枯枝代表冬天。

生3：现在是冬春交替之际，这朵小花绽放着生机，这根枯叶上有一点草，营造出枯木逢春的意境，寓意着同学们不要在意过去学习的好坏，新的一年会有新的希望。

生4：大家看这一面花草茂盛，非常美，但世上不是只有美的事物，转过来这一面是枯枝落叶。这个盆景更令人联想到这句诗：沉舟侧畔千帆过，病树前头万木春。我希望这个盆景能传递乐观的精神，就如我第一次踏入石北中学，映入眼帘的是那四个大字"积极人生"。

生5：我们的作品名叫《枯木逢春》，这根枯木上长了一片叶子，意味着希望。

生6：我的作品叫《自由简单》，希望这根小苗能茁壮成长，也希望同学们能成为一个强大的人。

生7：我们的作品叫《学业有成》。后面一排竹子是从低到高排列的，意味着我们的学习要和竹子一样节节高，前面的蒲公英代表着我们的梦想，希望我们的梦想可以自由放飞，最后希望我们像这朵花一样出类拔萃。

设计意图：通过展示讲解，分享劳动成果，传递从劳动中获取成功的喜悦，互相学习。

（六）榜样激励

师：我们看了每个小组的作品，听了他们的讲解和感想分享，现在我们要评选"最佳创意奖"和"最佳小组奖"，奖品就是本组的作品，可以带回去装饰课室。

教师展示评价标准，学生投票评选"最佳创意奖"和"最佳小组奖"。

师：今天每个小组都完成了劳动任务，实践过程中能够做到分工合作，安全操作，而且能做好清洁工作，希望大家能将课堂所学运用到实际生活当中，通过劳动创造美好生活。

设计意图：通过评奖激励学生向榜样学习，总结提升，培养学生正确的劳动观，体会劳动创造美，劳动创造价值。

下课了，同学们意犹未尽。

六、教学反思

课堂以欣赏微型创意盆景导入，一盆盆小而精致的绿植，吸引了所有同学的目光，接着老师讲解了微型盆景的相关知识，并通过实例讲解制作过程。在欣赏完微型创意盆景和老师对微型盆景的基础讲解后，同学们纷纷摩拳擦掌、跃跃欲试，想要立即动手制作一盆。项目实践环节分为两个部分，第一部分是到学校小农田选取所需要的植物材料，第二部分是进行盆景制作。同组的同学能够分工合作，各小组均完成了

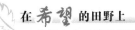

微型盆景的制作，其中不乏创意作品。最后每组都派代表上台对本组作品进行了展示讲解，分享了劳动心得。在实践过程中同学们能够做到安全操作，制作完成后能够把多余的植物清理干净，清洁劳动工具并摆放好。

虽然此次微型盆景制作活动只有短短的一节课，但是通过这次活动，大家都感受到了身心愉悦，收获了美好。亲自动手做出的微型小绿植拉近了大家与大自然的距离，增强了对生活、对生命的热爱之情，同时也培养了审美情趣，在进行劳动教育的同时也渗透了美育。

学包防果蝇网袋

◎ 广州市番禺区沙湾德贤小学 何莹亮 陈晓晴

第一部分 教学设计

一、教学背景

本班学生已经上过种植实践课，对在小农田开展劳动活动很感兴趣，也已经掌握了一些基本方法和基本技能。本课程将引导学生去了解包防果蝇网袋的意义及方法。本次教学基于学校的小农田，在教师的指导下，以小组为单位开展生菜移植的实践劳动，坚持理论与实践相结合，充分发挥劳动课程的育人价值。本课程的学习让学生亲近大自然，亲历探究过程，形成遵循植物生长规律和季节特点的观念，学会与他人合作劳动，培养学生热爱劳动的优秀品质。

二、教学目标

1. 认知性目标：了解包防果蝇网袋的意义和方法。

2. 参与性目标：能积极参与农田上的实践活动，主动完成活动中的每一个环节，乐于交流合作，培养合作意识和养成交流分享的习惯。

3. 体验性目标：通过经历包防果蝇网袋的过程，了解虫子的危害及种植的不易，体验帮助植物更好生长的快乐。

4. 技能性目标：掌握包防果蝇网袋的方法和步骤，正确使用工具。

5. 创造性目标：在学会包防果蝇网袋的基础上，能创造性地解决问题。

三、教学准备

防果蝇网袋、评价表。

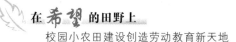

四、教学过程

（一）情境导入，明确要求

1. 老师拿出两个番石榴（其中一个套有网袋），让学生作对比。

2. 提出疑问：为什么要包着网袋呢？

3. 引出课题：学包防果蝇网袋。

设计意图：用学生平时生活中所见的现象导入，激发学生学习兴趣，提问引发学生独立思考。

（二）回顾讲解，探究方法

1. 观察小农田，想出防果蝇的方法。

2. 小组讨论：探究包防果蝇网袋的步骤方法。

设计意图：通过观察小农田的实地状况，学生思考并总结出防果蝇的三种工具：果蝇贴、诱蝇瓶、防果蝇网袋。讨论包防果蝇网袋的方法，小组学习激发学生的创新思维，培养学生观察能力和解决问题的能力。

（三）淬炼操作，项目实践

1. 老师引导讲解包防果蝇网袋的步骤方法和注意事项。

2. 请一名学生示范，其他学生补充注意事项。

3. 分组操作：运用工具进行活动，老师巡视学生并及时规范学生行为。

设计意图：让每个学生都参与到过程中，强化包防果蝇网袋的方法，培养学生的动手能力，体验劳动带来的乐趣。

（四）交流反思，榜样激励

1. 让学生分享心得体会，说说过程中遇到的困难和自己的解决方法。

设计意图：激发学生向他人学习的情感，培养学生正确的劳动价值观。

（五）总结评价，课外实践

1. 集体总结包防果蝇网袋的步骤和注意事项。

2. 进行课堂评价。学生自评和小组互评，填写劳动评价表，选出护植小能手。

3. 布置课外劳动任务：定期管理小菜园。

设计意图：通过评价促进学生进步。课后实践让学生感受持续性劳动的艰辛和不易，懂得珍惜劳动成果。

五、板书设计

主题：学包防果蝇网袋。

防果蝇的三种工具：1. 果蝇贴；2. 诱蝇瓶；3. 防果蝇网袋。

包防果蝇网袋注意事项：1. 不要有缝隙；2. 不要伤害到果实。

第二部分　教学实录

第一阶段：情境导入，明确要求

师：同学们，对比老师手上两个番石榴，你发现了什么？

生1：一个大，一个小。

生2：一个有包着袋子，一个没有。

师：我们在水果店里看到的都是包着的，为什么要这样包着呢？

生1：防止虫子啃食。

生2：为了掉地上的时候减少损害。

师：这个袋子的学名叫防果蝇网袋，用它可以有效防止蔬果遭受果蝇的损害——果蝇会在皮上叮一个洞在里面产卵，长出的幼虫就会咬食果实。大家可以看看小农田里的植物，谁来说说哪些已经被果蝇侵害了。

学生指出受虫害的果实并交流。

师：那我们该如何防止果蝇侵害果实呢？大家可以交流一下。

结合学生的交流结果进行小结：防果蝇可以使用三种工具：果蝇贴、诱蝇瓶、防果蝇网袋。

师：接下来我们一起来学习包防果蝇网袋吧！

第二阶段：回顾讲解，探究方法

师：观察我手上的袋子，你发现了什么？

生：有大中小三种规格的袋子。

师：我们可以根据果实的大小来选取合适的规格。丝瓜、冬瓜用什么规格呢？

学生发言，提醒道：要根据果实长成后的大小来选择。

师：很好！那现在我们来探究一下如何包防果蝇网袋。

第三阶段：淬炼操作，项目实践

请一位学生操作，其他学生思考和讨论。

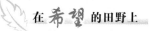

师：果蝇很小，所以要注意包的时候不要有缝隙。瓜柄、瓜秧都是比较脆弱的，所以包的时候要小心不要伤害到幼瓜。知道了注意事项之后再请两位同学合作试一试。

请一位学生点评。

生：没有缝隙，绑紧了。

师：现在大家两两分组，拿合适的网袋，开始动手吧！

……

生：我们都完成啦！

第四阶段：交流反思，榜样激励

师：在今天的过程中，你们遇到了什么问题？或者有什么启发呢？跟组员讨论讨论。

小组讨论后汇报。

生：绳子有点散，很难穿进洞里。

师：可以用剪刀剪齐一点，或者用火烧一点点。

生：很难拉紧，容易有缝隙。

师：谁有办法帮她解决？

请学生示范。

师：谈谈这节劳动课你的收获。

生1：我知道果蝇会对果实造成很大的危害。

生2：我学到了防果蝇的三种方法，可以用果蝇贴、诱蝇瓶、防果蝇网袋。

生3：我们还学到了包防果蝇网袋的两点注意事项：不要有缝隙，不要伤害到植物。

第五阶段：总结评价，课外实践

师：看来同学们今天的收获良多，大家一起对自己和组员进行评价吧！完成自我评价表（见表1）。

表1　沙湾德贤小学劳动课自我评价表

班级：　　　　　　　　　　　姓名：

活动小组		组长	
活动主题		指导老师	
评价项目	评价要点	自评	互评
在活动中参与的态度	1. 认真参加活动。		

（续表）

	2. 努力任务。		
	3. 主动提出设想。		
	4. 乐于合作，能和同学交流，尊重他人。		
在活动中学习方法的掌握	1. 能用多种途径获取信息。		
	2. 能运用已有的知识解决问题。		
在活动中的实践能力的发展	1. 有求知欲、好奇心。		
	2. 独立思考，自主学习，主动发现问题、提出问题，寻求解决问题的方法。		
	3. 积极实践，发挥个性特长，施展才华。		
在活动中获得的体验	1. 善于提问，乐于研究，勤于动手。		
	2. 有一定的责任心。		
	3. 能进行自我反思。		
	4. 实事求是，尊重他人想法与成果。		
	5. 不怕吃苦，勇于克服困难。		
我最想说的话			

注：

1. 自评即自己评价自己的表现；互评由同组的组员讨论评定。
2. 评价等级：A. 很好　　B. 较好　　C. 一般　　D. 较差
3. 总体评价标准：

A等：获10个以上A；　　　　　　　B等：获5个以上A或10个以上B；

C等：获5个以上B或10个以上C；　　D等：获10—15个D。

接着，进行小组互评。见表2。

表2　劳动课小组评价（交流评价）表

	评价项目	被评价小组					
1	小组有具体的分工计划，计划得到落实。						
2	活动中学到了新的知识和技能。						
3	活动过程中有完整记录和留下资料。						
4	汇报认真、生动、表达简明、流畅。						
总体评价							
意见或建议							

评价人：

注：

1. 根据该组成员的集体表现而作出评定。

2. 评定等级：A. 很好　　　　　B. 较好　　　　　C. 一般　　　　　D. 较差

3. 总体评价标准：

A等：获3个以上A；　　　　　　　　　B等：获2个以上A或3个以上B

C等：获2个以上或3个以上C　　　　　D等：获3个以上D

师：相信同学们在今天的课上有着不少收获，课后可以将今天的心得与体会写下来。最后给大家布置一个任务，希望同学们能继续关注自己包下的防果蝇网袋的情况，定期打理我们的小菜园，让我们一起等待蔬菜成熟吧！

第三部分　教学反思

在这节课中，有理论教学和亲身示范，也有让学生亲自动手的实践活动，学生不仅获得了知识，而且锻炼了劳动能力，有了实实在在的情感体验。同时，小组学习增进了同学间的交流，改善他们的人际关系，促进同学间在学习上的互相帮助、共同提高，培养了同学们的团结合作意识和探究精神。

在过程中会发现，孩子们对于大自然充满好奇，随时随地都有可能提出疑问，在回答问题时也会引出新的疑问。因此对于老师的能力要求很高，要想给孩子一杯水，老师本身需要有一桶水。作为劳动老师，不仅仅要懂得劳动的理论知识，更要有实践的亲身经历，需要通过不断地虚心学习、踏实操作提高自己的综合素质，从而为劳动课堂提质增效。

图1　课例照片1　　　　　　　　　图2　课例照片2

开心菜园欢乐多：阳台种菜

◎ 广州市番禺区钟村中心小学　叶琴心　杨婉欣

一、教学背景

《义务教育劳动课程标准（2022年版）》指出第三学段（五、六年级）学生应进一步体验种植、养殖等生产劳动，建议将农业生产的任务群学习与农业生产新技术、新模式结合起来。孩子们刚经历了"开心菜园欢乐多"的主题学习，本单元是广州版《小学综合实践活动·劳动》的"主题五：开心菜园欢乐多"的第5课时。前4个课时分别为：第1课时：种植知识学一学；第2课时：种植工具做一做；第3课时：蔬菜种子我来种；第4课时：蔬菜管理我知道。学生通过前面课时的学习，掌握了在菜地翻地、播种、日常养护菜苗等种植技能。基于学生发展的需要，以及学生的认知特点、能力要求，本课时的阳台种菜学习是一个很好的补充。学生将在小农田掌握的种植知识进行迁移，也是一次很好的"淬炼操作"，同时还需结合新的种植环境与要求，学习阳台种菜的方法与技巧，让学生有充分的实践机会，提高劳动技能。

二、学情分析

学生在本课前已进行了"开心菜园欢乐多"的单元学习，他们已有一定的在菜地种植蔬菜的经验。本课是基于在菜地种植的基础上进行的阳台种菜，所以学生是能用已有的知识去学习本课的新知。对他们而言，这并不陌生，但又充满挑战，因此，学生会具有较高的参与热情。

三、教学目标

劳动观念：亲历种植菜苗的劳动过程，体会劳动创造美好生活，初步树立劳动最光荣、最崇高的观念。

劳动能力：能按方法步骤规范地种植菜苗；正确地利用材料与工具进行劳动，养成热爱劳动的好习惯。

劳动习惯和品质：亲历种植菜苗的过程，树立安全、规范的劳动意识；通过分工合作培养团结合作的品质。

劳动精神：亲历种植菜苗的劳动过程，感受劳动的艰辛和收获的快乐，增强获得感，培养专注、细致、不怕脏不怕累的精神。

四、教学重难点

重点：掌握移栽菜苗的基本步骤和要领。

难点：能掌握分苗和挖坑的方法技巧。

五、教学过程

（一）问题导入，明确任务

1. 激趣导入

师：同学们，最近有个全民关心的活动，可能你也参与过。我们一起来看看是什么活动？

教师播放视频。

师：看了视频，你知道了什么？

师：是的，这是最近广受市民欢迎的"城市小菜园"工程，鼓励市民利用门前屋后、阳台、房顶等空地及其他可用空间建设"小菜园"。我们学校的同学也积极响应这个活动，大家看，这是同学在学校的小农田、家里的阳台种的菜。

师：看了我们同学种的菜，你是不是也想参与这个活动，在家里的阳台种菜呢？

2. 揭示课题，明确学习任务。

3. 介绍杨老师。

师：同学们，为了更好地帮助大家进行今天的学习活动，叶老师还邀请了我们学校的劳动老师、杨老师来担任这次活动的记录评价员。大家掌声欢迎杨老师。

（二）讨论交流，学习方法

1. 认识阳台种植的工具。

师：同学们，既然要在阳台种菜，根据你以往的经验，我们需要准备些什么工具材料？

师：在阳台种菜跟我们在小农田种菜有很多相似的地方，我们一般需要用到锄头、铲子、耙子、水壶，但是因为阳台空间有限，种植规模不大，我们使用的工具体积也会相应小一些，比如叶老师手上拿着的这个（辅助实物展示）。简单来说，要根据实际需要来选择工具，例如这种两用锄耙，比较节省空间。

师：当然少不了种菜容器。我们除了可以购买这种专门的菜盆，还可以废物利用，进行环保制作。比如像这样的东西（展示实物），制作你们家阳台的专属菜盆。关于盆子的选择，我们可以根据阳台大小和实际情况来选，菜盆的种类是很丰富多样的。

师：今天我们用到的这套工具是城市小菜园的菜盒子，下面有出水口和防虫格，设计更专业一些。

2. 认识阳台种植的材料：种子、泥土、肥料等。

师：工具有了，材料需要哪些？

3. 提出问题，梳理步骤

（1）思考问题：

师：怎样把这些菜苗种到菜盒子？请各小组长组织同学围绕这两个问题进行思考，讨论并简单记录。

（2）汇报交流：

师：好，哪个小组来说说你们的想法？

师：其他小组有不同意见或者补充吗？

4. 个别尝试，总结方法，提醒技巧。

（1）邀请一学生进行尝试种植菜苗，提醒其他同学观察。

师：有没有哪个同学想先来尝试，示范一下给大家看？

师：其他同学注意观察，如果你有不同意见的可以等会补充或提出建议。

（2）点评尝试的同学，点评的过程中梳理方法技巧。

5. 观看微课，突破教学难点：分苗。

师：刚才在交流中，同学们觉得起苗比较难，要注意的地方很多，我们来看看这个视频。

教师播放视频。

师：看了视频，谁来说说起苗要注意什么？

（三）劳动实践，淬炼技能

1. 明确实践任务。

师：知道了步骤、方法，下面我们就要动手实践了！在操作之前请大家先明确要求：

（1）按步骤种菜，注意方法要点；

（2）注意正确、安全使用工具；

（3）清洁桌面、地面，整理工具；

（4）操作时间：12分钟。

2. 按要求进行种菜，过程中老师巡视、指导，评价员老师巡视记录劳动情况。

（四）多维评价，榜样激励

1. 分享交流。

师：刚才的种菜过程中，你有什么想分享的？（收获哪些经验，或是遇到哪些困难）

2. 修正劳动成果：根据总结的经验和自己种的菜的情况进行调整和修正。

3. 小结。

师：实践出真知，只有亲自动手做，才能真正掌握方法。刚才我们通过动手实践去种菜苗，大部分同学还是能很好地完成这个劳动任务，也有同学遇到困难但他们能想办法去解决，给大家点个赞！

4. 完成自我评价并交流。

师：同学们，你觉得今天自己的表现怎么样呢？请你结合参与活动的实际情况完成评价表（表略）上的自我评价一栏吧。

5. 评价员老师反馈情况。

师：为了我们往后的阳台种菜能做得更好，我们来听听杨老师的评价。

6. 小结。

（五）拓展延伸，布置作业

1. 拓展阳台种菜的基础知识。

2. 布置课后任务。

课后实践：

（1）做好菜苗的日常养护工作并做好记录。

（2）了解西瓜苗的种植和养护要求，种好西瓜苗。

3. 小结：同学们，今天我们初步学习了在阳台种菜，希望同学们做好后期的养护工作，多了解关于阳台种菜的知识，我们将在下一次的劳动课交流菜苗、西瓜苗的种植情况。

板书设计：

开心菜园欢乐多：阳台种菜

工具	步骤	方法技巧
铲子	分苗	连根带土
耙子	挖坑	定距
洒水壶	放苗	扶正
锄头	埋土	压土
容器	浇水	浇透

六、教学反思

本课是2022学年第二学期番禺区劳动教育现场会研讨课例。学生将在小农田掌握的种植知识进行迁移，也是一次很好的"淬炼操作"；同时还需结合新的种植环境与要求，学习阳台种菜的方法与技巧，让学生有充分的实践机会，提高劳动技能。在这个背景下设计了本课的教学。纵观整节课的教学，我认为以下几方面是做得较好的：

（一）"研"有深度：用好研学案

本课的研学案很好地为学生指明了自学的方向。研学任务主要是让学生对自家阳台情况进行调查，初步了解阳台朝向与植物生长的关系。因为调查的内容是与学生生活紧密联系的，他们会有较高的积极性去参与调查。然后对蔬菜种植的相关知识也进行了自主探究，掌握了基础的知识。前置任务的学习最大程度地调动了学习兴趣，为后面的"乐学"做了很好的铺垫。

（二）"教"有厚度：让科技为课堂助力

本节课全面体现了新技术支持下的学科应用与融通技术。课上老师通过现场飞控把学生试种菜苗的过程投影给学生看，能最大程度地让学生详细地看到操作细节，为后面的实践提供了宝贵的学习素材。在突破教学难点上，也是通过微课进行针对性教学，体现了信息技术对课堂质量与效率的提升。纵观整节课，从课前准备，到课上学习，最后课后评价，新技术始终贯穿课堂，从多方面促进了课堂教学，真正体现了科技为课堂助力！

（三）创设"乐学"情境：解决生活实际问题

本节课我创设了把中心小学劳动基地的菜苗分享给毓贤学校的学生们，让他们想办法把菜苗种回家的真实学习情境。在真实的场景下去解决生活中的实际问题，学生更能积极参与，深化体验，真正达到"乐学"。

（四）"乐教乐学"：师生关系平等融洽

在本节课，我做到和学生平等对话与交流，不牵引，不主导，充分体现"学生是学习的主体，老师是组织者"的课程理念。允许学生犯错，理解学生学习效果的差异，能根据孩子们的学习情况调整教学任务。

当然，这节课也是有遗憾的。比如在时间的掌控上，学生汇报时间不足，可考虑在课堂的前半段压缩，增加后半段的实践时间。总体来说，本节课很好地体现了融乐课堂的理念，做到了"研"有深度，"教"有高度，以研促教，是一节优质高效的课堂。

课例照片

给石斛浇水

◎ 广州市从化区街口街中心小学　苏惠娟

一、教学背景

我校榕树枝繁叶茂，校园精神以榕树精神为依托，学校的劳动基地不是很大，但学校创造条件，在榕树枝上种植了石斛。"榕田时光"小农田用荔枝木、杉树等搭建了一个石斛园。石斛的日常养护需要学生的参与，不同地方的石斛浇水施肥方式方法不一样，需要指导学生学习。本课教学，旨在让学生掌握浇水的方法和技能，体验劳动的艰辛，形成热爱校园、热爱树木的情感态度。

石斛是今年（2023年）春天3月在我校榕树上尝试种植的特色植物，很多同学对石斛不太熟悉。他们对平时怎么给石斛浇水，用什么工具，用什么方式浇水，是有疑惑的。因此指导孩子给石斛浇水很有必要。

二、教学目标

1. 认知性目标：学生观察石斛，了解石斛的生长特征，认识不同季节的浇水的时间不同。

2. 参与性目标：学生能主动参与石斛的浇水，培养动手操作的能力。

3. 体验性目标：学生使用不同的工具给石斛浇水，感受劳动中出力流汗，体验劳动的艰辛。

4. 技能性目标：学生通过动手操作实践，初步掌握浇水的方法。

5. 创造性目标：用滴水的方法给石斛浇水，使学生逐步养成敢于尝试、敢于实践的劳动精神。

三、教学准备

准备工具和材料：电动喷水壶、手动喷水枪、石斛、水等。

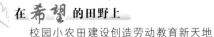

四、教学过程

（一）情景创设：谈话导入，揭示主题

教师：大家抬头看，我们校园的榕树树枝上，你发现了什么？

学生：（抬头观察）树上种植了一些石斛。

教师：现在夏天到了，天气炎热，树上的石斛需要水分和养分，今天我们探讨怎样给石斛浇水。

学生通过观察，发现寄生在榕树上的石斛。这一过程培养学生学会发现、勇于探究的劳动精神。

（二）准备阶段：教师讲解示范、步骤提炼

教师提问：给寄生在榕树枝上的石斛浇水需要准备什么工具？

老师展示一些工具。包括：电动喷水枪、手动喷水枪、水桶等。

教师讲解并示范浇水的方法与步骤。

学习用电动喷水枪浇水，教师讲解示范浇水的方法与步骤（教师一边讲解一边示范）：

1. 把水桶装满水。

2. 用电动喷水枪的吸水端放进水桶中。过程中，请一位同学按压进水口沉入水中。

3. 用喷水压力枪口对着榕树上石斛的位置。

4. 按压水枪的开关，水喷射的位置要在石斛根部及上方位置，要把树干的树皮和石斛的位置淋湿透。

教师一边讲解，一边示范使用电动喷水枪的方法与步骤。

教师提问：看了老师的示范，有哪位同学想尝试用电动喷水枪给石斛浇水？

教师请三位同学先后用电动喷水枪给石斛浇水。

接下来，学习用手动喷水枪给石斛浇水，教师一边讲解一边示范用手动喷水枪浇水的方法与步骤。

1. 将手动喷水枪的吸水端（下端）放进水桶中。

2. 左手紧握喷水枪的圆筒上面的三分之一处，右手抓住喷水枪的顶端手柄往上拉，这样水就吸进喷水枪的圆筒里面。

3. 将喷水枪对准榕树石斛的位置，右手按压水枪的喷水枪把柄，推动喷水枪的把柄，喷水枪里的水喷射而出。

4．一吸一推，手动喷水枪就能给石斛浇水了。

教师活动：一边指导劳动，一边提出劳动过程中的注意事项。如下：

（1）喷射水时，尽量站在顺风位置的前方，避免水吹向自己。

（2）喷水时同学尽量避免站在树下观看，避免淋湿身体。

（3）浇水时要注意互相配合移动位置。

学生活动：两位同学尝试用手动喷水枪、一拉一推地进行浇水。多个小组的同学先后尝试使用手动喷水枪浇水。

设计意图：教师指导学生使用电动喷水枪、手动喷水枪这两种工具给位置比较高的石斛浇水。通过教师讲解示范、再让学生实践的劳动过程，从而使学生学会给树上的植物浇水的方法，学会正确地使用劳动工具，培养与人团结合作的劳动品质。

（三）实施阶段：小组合作，动手实践

教师活动：带同学到石斛园给种植在树桩上的石斛浇水。

学生活动：学生分成8人小组，由小组长带领小组同学到负责的石斛种植范围，给石斛浇水。学生拿出自己带的喷水壶给石斛浇水（要求每位学生自带喷壶参与石斛的浇水）。浇水过程中，教师指导学生对着石斛的根部，特别注意把树枝浇湿。

学生给石斛浇水

学生进行小组合作，一起用喷壶参与石斛的浇水劳动实践。见上图。

设计意图：使学生掌握浇水方法和技能，能在劳动中增强体力，培养艰苦劳动、出力流汗的劳动精神。

（四）反思阶段：交流反思、榜样激励

小组内评选最佳浇水小能手。同学们交流劳动中发现的问题，提出建议，并选出小组的浇水小能手。

（五）课外劳动实践任务

1．尝试给家里的绿植浇水。

2. 小组尝试创意制作一个自动浇水系统。

五、板书设计

给石斛浇水

浇水工具：1. 电动喷水枪；2. 手动喷水枪；3. 水桶。

浇水步骤：1. 灌水；2. 对准根部喷射。

六、教学反思

（一）让学会根据不同的石斛生长环境，选择不同的工具浇水

种在榕树上的石斛位置较高，所以我指导学生选用两种浇水工具：一种是电动喷水枪，一种是手动喷水枪，这两种工具都可以喷水到比较高的位置。夏天温度比较高的时候，尽量每天浇一次。对于"榕田时光"石斛园的石斛，由于高度不是很高，可以让同学用家里常用的喷壶进行喷水，让每位同学都参与劳动实践。

（二）注重浇水方法与步骤的指导

在给石斛浇水过程中，我注重浇水方法的指导，分解方法与步骤让学生更容易掌握；要求每位学生自带喷壶参与石斛的浇水。通过示范，指导学生对着石斛的根部浇水，特别注意把树枝浇湿，引导学生主动参与劳动实践。

（三）注重劳动品质的培养

通过本课教学，让学生体验掌握石斛浇水的方法和技能，在学习的过程中体验到劳动的艰辛、劳动的快乐，培养学生热爱劳动、热爱校园、热爱绿植的情感态度。

甘甜农场齐耕种——水乡瓜菜棚架的搭建

◎ 广州市南沙区东涌第二小学　陈志文

一、教学背景

本节劳动课是我校"甘甜种植"劳动实践主题之一，也是广东省规划课题《"耕·创"劳动教育课程开发与实施的研究》的探索课例，入选南沙区综合实践活动 / 劳动学科教研公开课。本学期学校开设了"我是种植小达人"校本种植类劳动课，教学内容与劳动基地种植活动融合、与数学、木工和技术融合。我班师生一起学习动手研究瓜棚的搭建方法和搭建实践，旨在引导学生了解搭瓜棚的全过程，掌握搭瓜棚的技能和方法，体会劳动的乐趣与艰辛，培养良好的劳动习惯，树立热爱劳动、珍惜劳动成果的观念与态度。学生通过学习搭瓜棚相关原理和亲身实践，掌握搭瓜棚技能；通过实践活动提高种植的劳动技能，增强学生劳动意识，培养劳动观念。同时感受到农耕文化的魅力，明白劳动使人智慧的道理，产生参加劳动的积极诉求。

二、学情分析

五年级的学生经过四年的劳动实践活动，已经具有一定的自主探究、小组合作等能力，掌握一定的劳动技能，形成了较好的劳动习惯。本节课开设的原因，是学生提出的瓜苗生长需要棚架，有棚架才能更好开花结果。教师引导学生积极学习搭瓜棚，使学生对农业产生浓厚的兴趣，了解搭瓜棚的材料和工具、步骤和方法，能在日常种植劳动中进行实践，不断学习和提高劳动的技能。

三、教学目标

1. 认知性目标：了解各种棚架，知道棚架的特点和作用，学会尊重农业种植劳动者，懂得农业收获来之不易，懂得爱惜粮食。经过学习，初步形成安全规范地进行

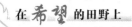

种植生产的劳动意识，初步形成产品质量意识和精益求精的劳动品质。

2. 参与性目标：通过参与小组合作活动，知道搭瓜棚的制作步骤，依据简单的图样，初步尝试使用竹子、绳子、剪刀等工具进行棚架的设计、扎绳、嫁接、组装的技能，并在学习与实践中不断提高操作能力。

3. 体验性目标：经历搭瓜棚实践，体验农业生产的劳动过程，体会到劳动的乐趣。

4. 技能性目标：掌握搭瓜棚的方法、步骤，掌握搭棚架的扎绳、嫁接、组装的技能，并在学习与实践中不断提高操作能力。

5. 创造性目标：学会创造性地开展劳动实践，学会在学习和生活中发现问题，在劳动实践中寻找解决问题的办法，通过自己动手体验木工匠工作的喜悦和成就感。

四、教学重难点

重点：认识搭瓜棚的基本步骤，掌握搭瓜棚的技能。

难点：棚架的设计，搭建棚架的技术方法。

五、教学准备

1. 检查工具有无安全隐患。

2. 工具的准备：竹子一批、扎绳一批。

3. 棚架设计图、自我评价表。

4. 准备帽子和手套。

六、教学过程

（一）引出课题

从学生在瓜苗种植过程中遇到的实际问题出发，明确本节课的劳动任务是搭瓜棚，方便瓜苗生长。

1. 出示甘甜劳动基地的种植图片，让学生回忆日常管理方法。

2. 播放PPT，了解瓜苗生长过程。明确本课任务：为瓜苗搭棚架。

3. 对学生的要求：

（1）思考并回答问题。

（2）观看视频。

（3）明确搭瓜棚的实践活动。

（二）讲解说明

通过了解棚架的结构，认识搭棚架的工具和材料；通过教师操作视频进行讲解说明，直观地让学生从视频中明确搭棚架的步骤。

1. 了解棚架的作用。

2. 认识各种棚架。

3. 提出任务要求：认真观看视频，思考并回答问题。（搭架需要哪些工具？有哪几个步骤？让学生带着问题观看视频、播放搭棚架的视频。师生交流讲解搭棚架的工具和材料和搭棚架的步骤）

4. 准备工具。

5. 探究搭棚架基本步骤（括号内为注意事项）：

（1）插杆做支撑（粗杆斜插）。

（2）扎斜杆（扎紧）。

（3）摆形状扎绳（稳固扎紧）。

（4）剪掉多余的绳子（安全第一）。

6. 对学生的要求：

（1）认识棚架结构。

（2）带着问题观看视频。

（3）师生交流归纳。

（三）指导淬炼操作

引导学生利用生活经验及数学知识进行棚架设计，学习如何合理设计棚架，了解棚架设计的过程。引导学生运用所学知识和方法动手搭棚架，并合理分工。培养学生的竞争意识以及追求卓越、合作互助、努力上进、力争优秀的精神。

1. 教师活动

（1）提出问题：棚架的细节应该如何设计？（组织学生对棚架进行设计，并把数据填入表格。学生完成后，选小组进行分享）

（2）师生交流归纳。提出问题：棚架的形状是怎样的？为什么这样选择？（强调稳定性）

（3）小组分工建议，进行讨论并交流。见表1。

表1　分工建议及要求表

分工建议	要求
插杆员	选择粗杆斜插做支撑。
协助扶杆员	把竹竿摆平放正。
扎绳员	对竹竿进行扎绳，保持牢固。
卫生、安全员	提醒操作过程中的安全事项，做好搭棚架后的清洁工作。

（4）安全注意守则。

安全提示

安全安静记得牢，分工合作效率好；

小竹竿不对人干，看清左右再去放；

工具使用千万条，小心保护第一条；

棚架搭建瓜苗笑，劳动实践技能妙。

（5）优秀小组评价标准。

从劳动内容、安全性、合作、劳动成果、劳动工具摆放等方面对小组劳动进行评价，评选出优秀小组。

2. 对学生的要求：

（1）通过小组讨论交流设计不同的棚架形状，并进行选择。

（2）与教师交流归纳。

（3）观察、动手探究，填写棚架设计图。分享小组设计图。

（4）认真聆听安全注意守则。

（5）了解优秀小组评价标准，争优创优。

（四）劳动操作项目实践

要求：小组有序、迅速分工进行搭建活动；有序排队；注意安全。

1. 组织各小组进行搭棚架活动。

2. 领取材料，安排农田，开始搭建。见图1。

3. 教师巡视指导，及时发现学生搭建过程中的问题并给予指导建议，发现特色和闪光点及时记录。

4. 整理和归还工具。

（五）反思交流，榜样激励

组织学生互评，评选出优秀小组，提高学生劳动积极性，树立榜样，互相激励。

养成正确劳动观念，体现自我价值。

1. 组织学生观摩各小组棚架，进行交流评价（见图2）。教师提出问题：成品完成后，我们的评价标准是什么？（评价标准应包含：稳固、节省材料、美观）

2. 明确小组评价活动要求。

3. 评选优秀小组，给予表扬。

4. 让学生分享解说搭建方法，交流劳动心得。

（六）项目拓展延伸

让学生认识农耕文化的发展，认识农耕劳动的好处；能结合实际，创造性地解决问题，在生活中渗透劳动教育；课后总结劳动心得体会。

1. 让学生分享本节课的收获。

2. 分发并布置学生完成自我评价表。见表2。

3. 教师小结。

4. 劳动作业：

（1）为家里的小瓜苗搭建棚架。

（2）针对当天的劳动活动撰写劳动日记。

七、教学反思

（一）亮点

本节课是一节接地气的劳动课。通过创设真实情境，让学生懂得从实际生活中解决问题；从瓜苗生长需要搭建棚架辅助攀爬的实际问题而引出本节课的主题——水乡瓜菜棚架的搭建。在教学中学习农业种植知识，探究种植问题，培养学生的劳动技能，强调劳动活动的安全性，给学生安排足够的劳动量。

本节课充分体现出学生是课堂的主人这一理念。对于基础内容，以设置问题、小组合交流的方式，去激发学生进行积极探索，主动思考，得出结论。针对教学难点，教师做出了部分提示，组织学生以小组模式展开讨论，然后以小组为单位进行展示，其他同学及时做出补充，最后老师做出点评。每一个环节同学们都积极参与进来，有效将本堂课的重点难点逐一攻破，收获满满。

（二）不足及需要提升的地方

在实践活动中应言传身教，做好示范引导作用。以后的劳动课堂应多鼓励学生在

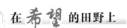
劳动实践活动中既要继承传统农耕文化、出力流汗，也要耕创未来，用新理念、新办法解决问题，在课后延长活动应激发学生对棚架的搭建有更多的思考。

表2　自我评价表

评价维度	☆	☆☆	☆☆☆
1. 学会搭棚架的过程和步骤。			
2. 积极主动地参与到小组的搭建活动中。			
3. 在搭建过程中体验劳动过程的艰辛、合作学习的乐趣和收获劳动成果的喜悦。			
4. 学会搭建的方法和相关工具的使用。			
5. 我想探索更多搭建的方法。			
6. 劳动中注意安全。			

　　说明：你觉得自己表现如何？能得几颗星星？请在相应的表格打勾。

图1　学生搭建棚架

图2　师生交流评价

我是"顺和"新农夫——移植辣椒学问多

◎ 广州市南沙区顺平小学　梁海伦

一、教学背景

劳动教育是中学教育不可缺少的重要组成部分，是全面贯彻落实教育方针，实施素质教育、提高学生总体素质的基本途径。学校要正确认识劳动教育的育人价值与功能。劳动教育具有培养劳动技术技能、技术素养的主要功能，同时还具有以劳树德、以劳增智、以劳强体、以劳益美和以劳创新等促进学生全面发展的综合功能。"我是'顺和'新农夫——移植辣椒学问多"课程便是探索的过程、尝试的过程和创造的过程，旨在让学生在活动中多动手实践，多动脑思考和多动口表达；在实践的基础上培养学生的动手能力，开发学生的智力潜能。本课例为南沙区教研展示课。

二、学情分析

四年级学生经过一段时间的学校劳动教育，已经培养了一定的劳动思维，掌握了植物生长规律，了解了植物生长的基本要素；已具备小组讨论、小组互评等小组合作技能。基于校本课程的课堂理论学习，学生可以在本课中运用理论知识进行实际操作。学生的好奇心较重，本课实际操作较多，对于实践操作比较感兴趣。

三、教学目标

1. 认知性目标：掌握辣椒移植的方法和步骤，树立劳动最光荣的正确观念。

2. 参与性目标：学生能主动参与到移栽辣椒的劳动过程中，感悟农民种植粮食的辛勤付出，珍惜劳动成果。

3. 体验性目标：学生在参与种植过程中，学会分享劳动成果和体会，大胆提出自己的想法与建议，培养整理收纳工具和安全劳动的良好劳动习惯。

4. 技能性目标：学会移植植物的技术，了解辣椒的生长特性。

5．创造性目标：能根据小农田情况，运用所学知识开展移栽劳动，在劳动中发现问题，解决问题。

四、教学重难点

重点：学会移植植物的技术，树立正确的劳动观念。

难点：能根据实际情况移植辣椒，在劳动中发现问题，解决问题。

五、教学准备

材料准备：辣椒苗。

农具准备：小铲子、小锄头、小耙子、浇水壶。

六、教学过程

（一）情景导入

师：同学们还记得我们的二十四节气歌吗？我们请一位同学带我们回忆一下。

老师请一位同学背诵二十四节气歌。

师：今天正是立夏时节，高温多雨的特点适合我们进行种植活动。所以，今天我们的主题是"移植辣椒学问多"，让我们一起帮助一年级的同学丰富他们的种植区。（出示课题）

师：课前同学们已经收集了关于辣椒的生长特点，现在请同学们分享一下你们收集的资料吧。谁来说说辣椒的生长特点分别有哪些？

教师点名学生回答，并作板书：喜温、喜湿、土壤肥沃、土质干净、水源充足、光照充分、肥料充足。

师：同学们收集的资料很仔细。

（二）讲解说明

师：袁隆平爷爷的禾下乘凉梦就是从栽种一棵小小的禾苗开始的，现在我们也来学习如何栽种辣椒。我们先来熟悉操作步骤，种植辣椒基本分为六个步骤：除草、松土、挖坑、选苗、培土、浇水。（板书）

每个步骤都有标准：

除草：要做到地面无明显杂草。

松土：用小锄头挖松土壤，并把结块的大块土敲碎。

选苗：挑选带4—7片叶子、根茎粗壮的苗。每人一苗不多取。

挖坑：要根据西红柿苗的根块的大小挖坑，刚好能埋住根球的深度最佳。

培土：泥土能盖住根茎。用小耙子平整土地。

浇水：夏季高温，土壤干燥需要补充适量的水，雨后地面潮湿则不需浇水。

种植过程我们会用到三种农具：小铲子、小锄头、小耙子。

小锄头：用于松土、翻土，敲碎大块泥土。注意刀尖锋利。

小铲子：用于挖土和填土。注意刀尖锋利，不要用尖头对着同学。

小耙子：用于平整土地。

（三）淬炼操作

1. 示范方法（教师演示）

师：现在由老师来示范一次移栽辣椒的步骤。

第一步，我们要清除地面上的杂草。杂草要收集起来放在指定堆放地，保持场地整洁。

第二步，我们要给土地松土，把结块的泥土敲碎；使用小锄头时要注意刀尖不能对人。农具用完要放回摆放处，并且将掉在过道的泥土清理到种植区域。

第三步，挑选带4—7片叶子、根茎粗壮的苗。

第四步，挖坑要根据西红柿苗的根块的大小挖坑，刚好能埋住根球。每个坑之间的距离保持25—30厘米。并且每坑一苗，不出现两苗或多苗的情况。这里要用到小铲子，注意刀尖锋利，拿的时候刀头朝下。

第五步，培土，高度不应超过原植株根球5厘米。

第六步，浇水，夏季高温，土壤干燥需要用浇水器彻底浇水。

2. 复习巩固

师：同学们，我们来回顾一下种植的步骤。

学生齐读种植步骤。

师：接下来我们有3分钟进行小组分工。确定每人的种植任务。

师：时间到，讨论结束。我们现在请一个小组为我们汇报他们的小组分工。

师：这个小组分工为我们做了非常好的示范。

图1　学生开展种植活动

现在我们以小组为单位，移步到勤耕园对应的小组位置进行辣椒栽种。栽种时间为15分钟，要注意农具使用安全，使用完毕放回小组农具摆放处，大家明白了吗？

学生按分组走到指定种植区。

师：同学们根据分工领取农具，注意使用安全，领取完就可以动手栽种了。

（五）成果汇报，交流评价

师：各个小组基本完成了，现在我们来看一下同学们的成果吧。请同学们集中到第一小组，请第一小组来分享种植过程。

第一小组出列。

师：你们小组在种植过程中遇到什么困难吗？小组合作过程中你们最开心的事是什么。

师：同学们认为他们今天的第一小组种植步骤达标吗？

学生做出评价，老师根据评价奖励小组。

师：请同学们集中到第二小组，请第二小组来分享种植过程。

……

（六）总结延伸

师：本节课上你们的最大收获是什么？可以从种植技术、小组合作等方面说一说你的收获。谁来说一说？

生：本节课我掌握了辣椒的种植方法，并且进行了实践操作，掌握了种植的具体过程，并且和同学之间的合作增强了我们之间的团结协作。

师：看来这节课同学们收获很大呀，老师在观察中也发现在种植过程中有同学很认真听讲、有的同学还帮助其他同学种植，有的还坚持不懈、认真把辣椒苗扶正。其中，天麻小组用时最短，完成效果最好。

师：请同学们进行课后小组讨论，思考种植的辣椒后续需要怎么维护，我们的土地栽种方式或者栽种空间能不能再进行优化，如何使我们的农田生产效率最大化。再请每个小组检查一下自己的小组农具

图2　课堂总结环节

是否摆放正确，并清理过道的泥土垃圾。最后回到集中点。

七、教学反思

　　本节课是以"移植辣椒"为主题的教学实践课。课堂中我设置了情境导入、步骤解说、示范操作、学生实践、成果汇报交流、课堂总结等环节，引导学生深化思索，主动探究，开放学习，进行小组合作。经过课程的学习，学生加深了对移植植物的操作理解，掌握基本技术，提高运用技术的能力，把理论转化为实践操作，并通过小组合作的方式发挥了主体作用和团队精神。

　　在成果汇报环节，设置了小组成果互评，在小组间"展示小组合作种植成果"，放手让学生在评点中自我归纳、总结。

　　课堂中不足之处在于，课堂总结环节未能对优秀个人和小组进行精细点评，学生的分享总结也比较仓促。课堂总结部分须对种植内容进行拓展，让学生思考移植植物以后的养护步骤。

鸢尾花间苗与移植

◎ 广州市天河区长湴小学　樊翠萍

一、教学背景

广州市天河区长湴小学是国家级绿色学校，校园绿树成荫，植物种类繁多。《义务教育劳动课程方案（2022年版）》指出："加强综合课程建设，完善综合课程科目设置，注重培养学生在真实情境中综合运用知识解决问题的能力。开展跨学科主题教学，强化课程协同育人功能。"基于此，我校结合校园环境特点，设计了四年级"校园花圃小园丁"劳动项目。

在此项目中，学生将开展清洁校园花圃，把废弃塑料瓶改造为花盆，种植小植物，间苗、移植、养护鸢尾花等活动，学习规范使用劳动工具，初步体验简单的种植劳动。本项目体现了学习目标的连续性和进阶性，突显了劳动学科的综合性与实践性，发挥了劳动课程的育人价值。

课例"鸢尾花间苗与移植"是"校园花圃小园丁"劳动项目第四课时，属于《义务教育劳动课程标准（2022年版）》"农业生产劳动"任务群。学生通过解决校园花圃中鸢尾花生长过于密集的问题，学习对鸢尾花进行间苗、地栽、盆栽，形成积极参与学校建设的意识和能力，培育积极的劳动精神；围绕劳动过程体验、成果评价进行分享交流，理解劳动实践的价值与意义，养成反思交流的习惯。此课例的设计体现了"教下去的是知识，留下来的是素养"。

二、教学目标

1. 通过劳动实践，学会使用锄头、铁铲、铁爪等劳动工具，掌握鸢尾花间苗和移植的技能，体会劳动的艰辛与快乐。

2. 围绕劳动过程体验、成果评价进行分享交流，养成反思交流的习惯，形成积极参与学校建设的意识和能力。

三、教学过程

（一）情境导入，明确任务

1. 校园花圃中，鸢尾花苗成片生长、非常密集。这对鸢尾花生长有什么影响？

2. 怎么解决花圃中鸢尾花生长过于密集的情况？

（二）学习鸢尾花间苗操作与移植

1. 认识鸢尾花及其结构，重点了解根、茎、叶、花苞（见图1）。

2. 掌握间苗步骤和操作要领。

工具：劳工手套、小锄头、小铁爪、小铁铲。

①选苗。从生长密集区域，选出生长过密的花苗，确定其为移植对象。

②松土。用工具给花苗四周松土。

③起苗。握住花苗靠根部的茎，用小铁铲小心连根带土提起。

3. 观看教师示范，掌握要领。

4. 明确鸢尾花地栽移植操作步骤：

①挖土坑，深约5厘米。

②种植，两株间距约15厘米。

③埋根。

④压土。

5. 明确鸢尾花盆栽移植操作步骤（见图2）。

小组劳动任务：间苗15棵，地栽10棵、盆栽5棵。

6. 收纳工具、清洁卫生。

活动提示：

1. 活动全程注意安全，安全是开展活动的首要前提，间苗操作时分区域劳作，

图1　教师讲解

图2　移植步骤

不扎堆。

2. 间苗时注意不要踩到植物，安全规范使用劳动工具。

（三）交流分享，评选"劳动小能手"

1. 请你分享一下劳动的体会。

2. 说出劳动中遇到的困难和解决的办法。

3. 结合评价标准，自荐或推荐本次的劳动小能手吧！见下表。

"鸢尾花间苗移植"活动评价表

	规范使用工具 成功间苗	盆栽、地栽 移植鸢尾花苗	收拾工具 清洁场地	分享交流 心得体会	科学规划 解决密集
组评					
师评					

评分说明：每项标准最高获评5颗星。

（四）学后反思

请仔细观察校园花圃，看看还有哪些植物需要间苗移植。可以和老师或花工伯伯提建议。

（五）课后作业

1. 回家后照料好盆栽移植的鸢尾花。

2. 根据家庭盆栽植物的生长情况，尝试用间苗的方法移植。

四、教学反思

针对我校鸢尾花圃里花苗生长过于密集的问题，学生通过商量，决定用花苗移植的办法解决问题。在课堂上认真学习劳动工具的规范使用及移植的方法方式之后，学生开始在划分区域内参与小组劳动。每个5人小组需要完成间苗15棵、地栽10棵、盆栽5棵的劳动任务。其中，地栽的10棵鸢尾花苗种在了学校空置的花圃中，盆栽的5棵花苗则移植在自己动手制作的花盆里。

同学们经过了20多分钟的小组合作劳动，小组长汇报各自的劳动成果，基本能按要求完成。原来花圃中鸢尾花苗生长过于拥挤的情况得到了很大的改善。而空置的花圃被同学们移植栽种了凤尾花苗。每位同学也给自己种上了一盆鸢尾花小盆栽，带回家里增添绿意。同学们用劳动美化校园，创造美好生活！

上完"鸢尾花间苗与移植"这一节课，我感觉师生的劳动热情非常高涨，也非常投入。经过总结反思，我认为得益于以下几点：

1. "校园花圃小园丁"劳动项目非常的真实具体，能体现学生在真实情境中综合运用知识解决问题的能力。我校是国家级绿色学校，植物种类繁多，校园花圃郁郁葱葱，每一个班级都会对应管理一个校园花圃作为日常劳动的项目。而在开展花圃清洁和植物种植维护的过程中，学生发现，一方面，鸢尾花圃花苗生长过于密集，导致它们互相争夺空间和营养；而另外一方面，学生的家庭都很喜欢种植小绿植，盆栽美化家居。于是，学生经过讨论，决定把过多的鸢尾花苗移植到闲置的花圃中，同时也可以给自己家庭添置一盆。于是，"鸢尾花见苗与移植"这一节劳动课应学生的需求而产生。因此他们特别的兴奋，特别的投入。

2. "鸢尾花间苗与移植"这一节劳动课的劳动任务非常具体明确。为了让学生更好地完成间苗与移植任务，教师遵循学生的认知逻辑，先从认识鸢尾花苗的结构以及繁殖特点开始，再了解间苗与移植花苗所需要用到的劳动工具，最后学习间苗移植的具体方法步骤。而且，间苗与移植的劳动任务以量化方式呈现给学生，具体明确、指向性很强，非常有利于学生自我评价。见图3。

3. 劳动之后效果非常明显，学生的劳动价值感非常强。在劳动过后的活动反思环节，同学们侃侃而谈。有人说自己间苗的过程中，得到了同伴的帮助，使得间苗效率提高，体会到团结协作的重要性。也有人谈到自己劳作之后又苦又累，大汗淋漓，

图3 "鸢尾花间苗与移植"课例视频截图

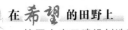

联想到农民伯伯、环卫工人等高强度劳动者坚守岗位、服务人民，顿感钦佩。还有同学谈到，花圃经过间苗与移植之后，更加美观，感觉自己为学校贡献了一点力量，非常的光荣自豪。他们的劳动成果得到了老师和校园花工伯伯的称赞，心里更甜了，真切体会劳动带来的荣誉感。

4. 劳动技能得到高通路迁移。在本节课里，学生学到的间苗与移植技能可以用于其他植物生长密集的情况。学生可以用这节课上学到的劳动技能管理家庭植物生长，甚至运用到社区、学校等公共区域的花圃植物管理中。这体现了在课堂上学生学到的是知识，生活里留下的是能力与素养！

家庭创意菜单我设计

◎ 广州市华侨外国语学校　张颖晖

一、教学背景

本课是广州版《综合实践活动·劳动·七年级》教材的第四单元的学习内容。本校七年级学生已具备了一定的动手实践能力，但对小农田劳动课程却并不了解，我们要逐步培养学生一些探究问题的方法，增强学生的问题意识，能够从生活和学习中挖掘自己感兴趣的活动主题，能够试着和同学展开小组合作学习，在有效的活动中不断提高学生的实践与创新的潜能。

二、学情分析

七年级综合实践活动（劳动课程）要培养学生对生活、学习的积极态度，使他们具备一定的交往合作能力、观察分析能力、动手操作能力。本课先通过图片和视频的学习，再结合学生的动手实践，让他们初步掌握参与实践的方法；通过询问家人等搜集信息资料，为家人设计一份合适的创意菜单，从而提高学生分析和处理问题的能力，使学生形成合作、分享、积极进取等良好的个性品质，成为创新生活的主人。

三、教学目标

1. 认知性目标：通过学习，初步了解膳食营养搭配的基本知识，通过劳动实践，提高对家庭菜单的认知。

2. 参与性目标：积极参与家庭成员我照顾的项目劳动，完成家庭创意菜单的学习任务；乐于小组交流合作，增强合作意识和交流分享的习惯。

3. 体验性目标：通过亲历选菜，根据用餐对象及用餐情境，设计有特色的家庭菜单，表达自己对家庭成员的美好祝愿。

4．技能性目标：掌握家庭菜单的创意设计方法，并把它当做一种技能运用到生活中，锻炼劳动技能与实践操作相结合的能力。

5．创造性目标：能根据实际情况，运用本节所学的创意菜单的设计知识，结合现实，创造性地解决日常劳动中的问题。

四、教学重难点

重点：学会本节创意菜单设计的方法。

难点：能够利用本节学习的创意菜单的方法解决具体情景的实际问题。

五、教学准备

1．所涉及的用具。

2．菜单设计任务表。

六、教学过程

1．任务导入

教师活动：

（1）播放视频合辑，介绍广州美食，家人团聚聚餐场景，复习上节课所学的为家人做顿饭的步骤。

（2）提问：作为家庭一员，看到这些美食你想到什么？

（3）引出家人设计菜单的诉求。

学生活动：

倾听、观看、思考。

设计意图：通过视频引出特色菜单的故事，凸显菜单设计可以增加家庭聚会的乐趣，增强家庭的凝聚力，激发学生的好奇心。

2．讲解说明

教师活动：

（1）宴席菜单特点：菜名方面十分讲究；与节日氛围契合、特色明显；菜单用色喜庆。

（2）宴席菜单的作用及其特点。宴席菜单即宴客时给客人准备的菜肴清单。该菜单的菜名寓意吉祥，表达对宴会者的祝福；菜的数量也有讲究，双数寓意好事成双，多为10个菜或12个菜；菜单款式上常以红纸做底，寓意红红火火……

学生活动：

（1）对比观察，感受宴席菜单与普通菜单的不同。

（2）找出区别产生原因和优缺点。

（3）理解创意菜单的关键技能。

设计意图：让学生在实例中感受菜单设计在特定生活场景中的运用。进一步激发学生的学习热情。

3. 淬炼操作

教师活动：

（1）日常生活中，会因什么原因聚餐呢？不同的主题，菜品的名称可能不同，尝试根据不同的主题，给"白切鸡"起名字。

（2）出示家庭创意菜单设计表，一份设计合理、制作精良的家庭菜单能为家庭聚会增色不少，我们来看看怎样进行设计吧。

（3）教师拍摄学生设计菜单的照片。

（4）操作总结（发现学生在菜单设计中出现的问题）。

学生活动：

（1）每位同学先学习菜单设计的方法。

（2）小组探究，小组交流学习特色菜单的设计方法并讨论它们在实际生活中可能实现的功能和运用的情景。

（3）随机抽选每一小组一位代表展示与讲解特色菜单设计的重点、难点及功能。

设计意图：培养学生的自主学习能力，动手能力，善于观察的能力和归纳总结的能力。并在此过程中提升学生的人际交往、知识迁移等能力。

4. 项目实践

教师活动：

（1）教师准备以"年夜饭"为主题为家庭设计一份有当地美食特色的家庭菜单。

（2）示范操作：填写"设计者""作品名称"；阐明教师自己的设计理念，展示设计图。

（3）教师提问：同学们，这是我做的家庭菜单，你有什么意见或想法吗？（指出造型与内容方面的问题）：如造型、菜品选择、菜名设计等。

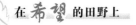
（4）老师按同学们的提醒，再次修改，播放老师制作菜单的视频。

（5）归纳方法，尝试实践：学生借助设计单，制作家庭创意菜单；学生展示；同学们点评。

（6）组长组织组员进行讨论，结合各自的特点和本地饮食特色合作设计一份创意菜单。

学生活动：

（1）分组完成任务。

（2）填写菜单创意设计表。

（3）1—2个小组展示成果（1名同学讲解，2名同学协助展示），其余学生进行补充并展示。

设计意图：体验菜单设计相关技能与其他劳动相互促进的关系，总结技能与知识之间的关系，感受技能来源于生活、又回归生活，指导生活实践的意义。

5. 反思总结

教师活动：

（1）总结本节的技能要点。

（2）邀请小组代表分享劳动收获（对菜单的认识、学习设计菜单的难易程度、学习菜单设计前后在生活中的应用）。

（3）组织学生在学习情况进行自我评价（菜单的难易度、技能掌握度）。

学生活动：

（1）各小组派代表进行反思与交流

（2）用评价表进行自我评价。

设计意图：体验菜单设计解决实际问题的操作过程，培养学生的思辨能力，感受将菜单设计运用到劳动中、提高劳动效率的成就感。

6. 项目升华

对学生的分享进行点评与升华，引导学生在生活中运用菜单设计的技能解决实际问题。学生在劳动中体验快乐，同时拉近了与家人的距离，也是对当地特色饮食文化的探究与延伸，希望在接下来的项目劳动中，能看到学生更好的表现。

7. 榜样激励

邀请一位现场听课的老师，肯定孩子们的劳动实践活动，并鼓励同学对菜单设计开展进一步地学习与探索。

附：

表1 "家庭创意菜单我设计" 设计表

项目	内容	备注
设计者		可独立，可合作。
作品名称		
我的设计		图文并茂。别忘了家庭宴席菜单的特点：菜品名称含祝福之意，菜品数量要双数，菜单款式喜庆等。
设计理念		说明你设计本菜单时考虑的一些因素。
他人评价		有哪些优点，还有什么不足。
后继改进		

表2 课堂评价表

评价内容	自评	小组评
积极参加活动，能完成本课的任务。		
勤于思考，大胆提出问题，懂得从多角度想问题。		
在活动中能与同学团结合作，学会交往，学会沟通。		
能认真进行菜单的设计，有特色、有创意。		
活动成果有自己的观点和特色。		

同学们，我们的课到尾声了，请大家为自己的表现评分吧！用★的数量来评定，良好的是三颗★，一般的是两颗★，需改进的是一颗★。

我是种植小能手

——趣味多肉植物拼盘

◎ 广州市白云区白天鹅京溪实验小学　黄伟珊

一、教学背景

多肉植物萌趣可爱，教材三年级上册主题五为"我是种植小能手"，于是，我们在这一主题下选择种植多肉植物。本节课以"趣味多肉植物拼盘"为主题，让学生在活动中对多肉植物有更多的了解，并体验制作多肉植物拼盘的乐趣。参与本次劳动实践课的是三年级的学生，他们好学且充满好奇心，经过两年多的劳动教育，具备了基本的劳动能力，他们能在老师的指导下运用简单的劳动工具开展力所能及的劳动。本课例为广州市教研活动展示课。

二、教学目标

（一）认知性目标

了解多肉植物的特点，初步掌握制作多肉植物拼盘的方法，认知劳动最光荣、最美丽。

（二）参与性目标

积极参与移栽多肉植物和制作多肉植物拼盘的劳动，培养热爱劳动的品质。

（三）体验性目标

通过动手移栽多肉植物，小组合作制作多肉植物拼盘，获得劳动体验，初步养成良好的劳动习惯。

（四）技能性目标

认识并初步学会使用制作多肉植物拼盘的工具、用品，初步掌握制作多肉植物拼盘的方法并动手制作。

（五）创造性目标

使用初步掌握的制作多肉植物拼盘的方法制作创意多肉植物拼盘。

三、教学重难点

（一）重点

初步掌握制作多肉植物拼盘的步骤和方法。

（二）难点

尝试运用所学方法创造性制作多肉植物拼盘。

四、教学准备

（一）劳动材料

花盆、铺垫片、陶粒、颗粒土、多肉植物、铺面石。

（二）劳动工具

桶铲、小铲子、剪刀、气吹、弯嘴壶。

（三）教学准备

教学PPT、微课。

五、教学过程

师：同学们，上课！

生：老师好！

师：同学们好！请坐下。

（一）观看视频，明确劳动任务

师：同学们，老师在家里摆放了一些植物，这些植物外表可爱，来老师家里的客

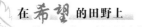

人都非常喜欢，你们想看看是什么植物吗？（PPT播放多肉植物视频）同学们，这些植物是？没错，多肉植物。老师还特地用它们制作了漂亮的拼盘放在客厅，让客厅环境更加美观，你想看看这些拼盘吗？同学们，这些多肉植物拼盘你们喜欢吗？你们想不想亲手制作一盆？今天我们就来学习制作多肉植物拼盘。

（二）观看示范，探究新知

1. 认识劳动工具和材料

师：制作多肉植物拼盘，我们需要先掌握移栽多肉植物的技能。移栽多肉植物需要用到哪些材料？看，花盆、垫片、多肉植物、颗粒土、陶粒、铺面石。铺面石有很多种，大家可以根据喜好选择。同学们，你们桌面都放了这节课需要的工具，有谁认识呢？

生：这个是小铲子，用来铲东西，这是剪刀，用来剪东西。

师：谢谢你！还有这个，叫桶铲，可以铲东西。这个是气吹，反复按压橡皮可以吹走尘土。这个是浇水用的弯嘴壶。同学们，像小铲子和剪刀这些工具，使用的时候要注意些什么？

生：铲尖和刀尖不能对着别人和自己。

师：你真有安全意识！除此之外，用完后要及时收纳，以防划伤。老师还要提醒大家，这项劳动要在老师或家长的指导下进行，确保安全！

2. 观看示范，学习方法

师：怎样移栽呢？咱们班苏同学跟着妈妈种植了一段时间的多肉植物，下面就有请苏同学为大家示范如何移栽多肉植物吧！

苏同学上台示范移栽多肉植物。

师：谢谢苏同学！你真是名副其实的种植小能手呢！下面谁来说说移栽多肉植物的步骤？

生：放垫片，再放一层陶粒。

师：是的，放一层陶粒保持土壤的疏水性。

生：装颗粒土，然后修建根部。

师：怎样修剪？

生：把坏掉或杂细的根部剪掉，种入多肉。

师：然后呢？

生：放铺面石，再去除尘土。

师：嗯，去除尘土让多肉植物更加美观。最后呢？

生：浇水。沿着边沿浇水，把土浇透。

师：是的，还要注意不能把水浇到多肉植物上，如果多肉植物的叶片上有水分，遇到太阳暴晒的天气容易长出晒斑，影响多肉植物的美观。

3. 动手操作，掌握方法

师：清楚了多肉植物的移栽的步骤和方法，同学们想不想动手试一试？那下面每个人来移栽一棵多肉植物。这里老师有几点要求（PPT展示劳动要求）。

4. 展示成果，畅谈感受

师：谁来展示一下？

生：我是按照上面的步骤认真完成的。看到成果，我感到很自豪。

师：那你觉得移栽多肉简不简单？

生：不简单。因为每个步骤都要认认真真的，如果哪一步做错了，那这盆多肉就不好看了。

师：是的，我们要规范劳动，才能得到更好的劳动成果。

（三）创意制作，分享成果

1. 观看微课，学习方法

师：学会了移栽，我们就可以制作拼盘了！怎样制作呢？我们来看视频。

师：制作多肉植物拼盘的要领有哪些？

生：选择品种，合理搭配。

师：怎样合理搭配？

生：把不同品种、颜色、高度的多肉摆在一起，再摆一些小摆件，或者用不同形状的花盆。

师：说得真全面！是的，选择养护方法相似的多肉制作拼盘，方便日后养护。选择颜色、形状、高度不一的多肉可以使拼盘更加美观，在拼盘上摆放小摆件可以使拼盘更有趣味性。

2. 小组合作，创意制作

师：接下来我们就来动手制作。这里有不同形状的花盆、多肉植物和小摆件，大家根据喜好选择。由于上课时间有限，多肉植物修剪根部后需要晾晒至少24小时让伤口愈合，所以老师事先指导小组代表把多肉植物的根部修剪好了，一会儿大家就不用修剪根部了。劳动之前，老师提几点要求：（1）确定主题，给拼盘取名；（2）明确

分工，人人有事可做；（3）根据步骤及要领制作；（4）注意拼盘的美观性；（5）安全使用并及时收纳工具。下面就请各小组派三名代表来选择你们小组需要的材料，然后马上回小组动手制作。

3. 展示成果，交流分享

师：每个小组的拼盘都做好了！下面我们一起通过PPT来欣赏。同学们，这些拼盘好看吗？下面就请你们来展示。展示之前，老师提几点要求（PPT展示要求）。哪个小组先来？好，飞天小组。

生：大家好，我们的作品叫小桥流水。我们用了蓝色的铺面石，它象征着流水。我们放了小桥、小船，让这片海更加美观。我们选择形状不同的多肉，这样更漂亮，谢谢大家！

师：同学们，你们喜欢这个作品吗？谁来点评？

生：小桥流水非常有创意，特别是蓝色铺面石很漂亮。

师：谢谢你的点评，也谢谢展示的小组。还有哪个小组？好，奋进小组。

生：大家好！我们的作品叫刺猬之家，我们在拼盘上放了几只小刺猬，旁边围上栅栏，还种上不同形状、高度不一的多肉植物，谢谢大家！

师：这个作品刺猬之家，很有设计想法，谁来点评？

生：这个作品表现了小刺猬的活泼和幸福。小刺猬很可爱。

师：好，谢谢。同学们，由于时间关系，我们就展示到这。

（四）劳动总结

师：每个小组都制作出美观有趣的拼盘！下面请根据今天自己的表现，围绕劳动评价表进行自我评价吧！

生：我今天上课态度认真，制作盆栽技法熟练，创作出来的拼盘美观实用，富有创意。

师：那你有收获吗？

生：拼盘看起来简单，但要非常认真、手脑并用才能做好看，看到我们做出来的作品感觉很有成就感。

师：同学们，每一棵萌趣生动的多肉植物背后都离不开劳动者的精心照料，今天，我们在制作拼盘的过程中体会到了劳动的艰辛。是的，劳动是艰辛的，那我们是不是应该尊重劳动、珍惜劳动成果呢？老师相信，你们一定能做到！

（五）劳动作业

师：劳动创造美，课后请大家独自劳动，制作出一份美观的多肉植物拼盘来装点我们的生活。这节课就上到这，下课！

七、教学反思

本节课设计了观看微课、优秀学生示范、重点技能重点训练等方式进行重难点突破，效果较好。本节课注重学生的劳动体验，有意识地培养学生正确的劳动习惯、观念和精神。学生在劳动中体验到劳动的艰辛与美好。每次使用完工具学生能自觉收纳，保持桌面干净整洁，说明他们已经养成较好的劳动习惯。而我在学生谈劳动感受和点评环节有意识地培养学生养成规范劳动、尊重劳动，珍惜劳动成果等正确的劳动观念与劳动精神，初步达成了劳动教育的目的。

本节课存在以下不足：学生制作创意多肉植物拼盘时如果给他们准备一个小纸卡，让他们写上作品的名称就更好了。

移栽生菜苗

◎ 广州市白云区白天鹅京溪实验小学　张艾菁

一、教学背景

劳动教育是基础教育阶段实施素质教育的重要组成部分，落实劳动教育对培养学生积极健康的劳动态度、劳动习惯和劳动观念尤为重要。种植蔬菜是一项传统劳动，需要当代中小学生深入了解并进行体验。学生们在动手实践的过程中懂得农作物成长的基本知识，能够了解到农作物的生长过程，这能够帮助学生增进对于世界的了解，让他们掌握更多的生活常识。引导学生从身边的劳动做起，通过动手实操体会劳动带来的快乐，对初步养成学生良好的劳动习惯和劳动态度有着重要的作用。

参与本次劳动的是三年级的学生。他们有团队合作意识，好学且充满好奇心，经过几年的综合实践活动，具备了基本的实践能力，也十分喜爱实践活动。他们能在老师的指导下运用简单的劳动工具开展力所能及的劳动。

二、教学目标

（一）认知性目标

学生在老师的指导下，了解移栽生菜苗的步骤和方法，初步认知劳动最光荣。

（二）参与性目标

学生能做到自己移栽生菜苗，养成初步的种植蔬菜能力。

（三）体验性目标

通过自己移栽生菜苗，学生获得"谁知盘中餐，粒粒皆辛苦"的劳动体验，懂得珍惜劳动人民的劳动成果，爱惜粮食，热爱劳动。

（四）技能性目标

学生掌握移栽生菜苗的步骤和方法，尝试自己移栽生菜苗。

（五）创造性目标

学生用初步掌握的移栽生菜的步骤与方法，能够将其运用到其他蔬菜种植当中。

三、教学重难点

教学重点：

1. 认识移栽的劳动工具。

2. 了解工具的使用方法。

3. 学习移栽的步骤及正确实施。

教学难点：

1. 如何正确且成功地拔出秧苗。

2. 如何移栽秧苗。

四、教学过程

（一）讲解说明

同学们，植物的生长需要阳光和雨露。当生菜种子长出嫩芽后，为了使它们有足够的阳光和雨露，让它长得更快更好，要将生菜苗进行移栽。前期我们种下的生菜也已经到了需要移栽的时候了，那今天我们就来学习移栽生菜苗。

1. 认识劳动工具和材料

师：首先我们来认识一下移栽生菜苗所用到的工具，有小铲子、菜框子、洒水桶。怎样正确安全使用小铲子呢？（边讲边示范）右手握住小铲子手柄中段，铲尖朝下，注意使用时不能把铲尖对着人。下面哪位同学来尝试拿一下小铲子？

学生实际操作使用小铲子的方法。

师：动作正确。你做得真棒！

2. 观看微课、示范，明确劳动步骤和方法

师：接下来我们来学习如何移栽生菜苗。请同学们认真观看视频，了解移栽生菜苗的步骤和方法。

师：视频看完了，哪位同学来说说移栽的步骤吧。

生：移栽的步骤是：

第一步，取苗前，大床秧苗必须浇透水。

第二步，取苗时，要尽量取秧苗的全部根系。见图1。

第三步，移栽秧苗，包括挖坑、将幼苗放入坑中、填土三个步骤。见图2。

第四步，移栽后，要浇透定植水确保成活。

师：你总结得十分到位！同学们，移栽的步骤和方法你们都清楚了吗？实践出真知，下面就让我们一起动手劳动吧。

图1　取苗　　　　　　　　　　　　　　　　图2　移栽生菜苗

3. 强调注意事项

劳动之前老师要提几点要求：第一，按照今天学习的步骤和方法进行生菜苗移栽；第二，注意安全使用小铲子，不要伤到自己和同学；第三，浇水的时候注意把控水量，注意不要弄湿衣服。下面开始劳动吧！

（二）学生实践

步骤。学生观摩教师所作的示范，之后进行浇水、取苗、挖坑、移栽、填土等移栽生菜苗的实践。

（三）反思交流

师：刚刚在移栽生菜苗时同学们都很勤劳认真，老师想请同学们来分享一下自己的劳动感想。

生：以前以为移栽很容易呢，想不到这么辛苦，特别是取苗的时候，要特别小心，不然秧苗很容易断。

生：虽然很累，但是很开心，我学会了怎么移栽，移栽的时候要小心地把秧苗根茎全部取出来，再种到新家里。这样小苗就能苗壮成长了。

师：同学们手头上都拿到了老师发给大家的劳动评价表，下面请拿出笔来，根据自己今天的劳动表现认真完成评价表。

师：哪位同学来谈谈自己的今天的劳动感受？

生：移栽这节课，让我深深地体会到了农民伯伯的辛苦。移栽这只是其中的一个环节，看似简单，但是做起来（特别是要做好），是很不容易的。平时我们吃青菜的时候，一点也不知道青菜的来之不易，以后我一定会珍惜粮食，珍惜农民伯伯的劳动成果，不挑食，不浪费，做到光盘。

生：今天我们学习了移栽，掌握了移栽的劳动步骤，学会了如何移栽秧苗。虽然一开始我总会不小心弄断了秧苗的根，后来我掌握了方法，慢慢地越来越熟练。看着自己移栽的秧苗，虽然累，但是心里特别开心。劳动是辛苦的，但是收获是快乐的！

（四）总结评价

同学们，今天我们学习了移栽生菜苗的劳动技能，大家在劳动中出力流汗，我们体会到了劳动的辛苦。想到能为生菜开辟更好的生长环境，我们的心里又是开心快乐的。谁知盘中餐，粒粒皆辛苦。今天大家切身体会到劳动的不易，希望大家以后能珍惜劳动人民的劳动成果，爱惜粮食，爱劳动，传承中华民族的传统美德，掌握更多劳动技能，用自己的双手创造更加美好的明天。

五、教学反思

从本节课学生的理论学习、实践情况和学生分享的劳动感受等方面来看，课前设置的教学目标基本达成了。而为了突破重难点，我们设计了观看微课、教师示范、指导实践等环节。这些环节层层递进，帮助学生不断在实践中巩固移栽生菜苗的方法，掌握移栽生菜苗的要领。从学生移栽生菜苗的实践结果的情况看，本节课的重难点绝大部分学生是掌握了的，不过还有部分学生虽然掌握了方法，但是实操时没有成功，这无可厚非，因为学生对于种植农作物的这项劳动比较陌生，且其中包含许多方法要领，是需要反复训练才能掌握好的，这部分学生可以在课后多加练习，继而掌握好这项技能。本节课存在以下不足：1. 教学环节之间的衔接还有待加强，要让学生清晰知道每一步骤和指令；2. 在引导学生谈感受及对学生感受进行评价时，教师用语比较单一，这些在以后的教学中要多加注意。

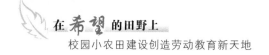

水培番薯

◎ 广州市番禺区大石小学　陈淑榆

一、教学背景

在党的方针政策引领下，我校建设开发了小农田"融耕园"，随着小农田正式开耕，学生们劳动热情高涨。我们年级孩子选择种植乡土特产番薯，因为我校是由附近十个村联合办学的公立学校，绝大多数学生是村民的孩子，一部分学生家长还以兼种番薯等乡土特产为生，番薯在孩子的故乡有着几百年悠久的种植历史。

"水培番薯"是根据广州市劳动教育实验教材《小学综合实践活动·劳动·三年级》主题五"我是种植小能手"设计的劳动实践课。本节课能很好地结合学生的日常生活实际，通过动手实践，掌握水培番薯的步骤，让学生在活动的参与中懂得"一分耕耘，一分收获"的道理，体会劳动光荣、劳动无高低贵贱之分的道理，尊重劳动、尊重普通劳动者，初步形成热爱劳动的态度。本课例为广州市番禺区北片公开课。

二、学情分析

三年级学生活泼好动、学习欲望强、喜欢亲历和尝试、愿意表达自己的想法和心意，但由于掌握的知识和技能较少，动手能力较弱，对于表达的方式相对欠缺。因此，指导学生学习和掌握水培番薯的技能和方法，表达自己的想法和心意，显得尤为重要。本课时充分利用孩子们的这些特点，在指导学生进行水培法种植番薯的过程中注重方法的运用，鼓励学生通过动手主动发现并解决问题，从中树立正确的劳动价值观，培养积极的劳动意识。

三、教学目标

1. 劳动观念：亲历水培番薯的劳动过程，形成遵循植物生长规律，进行科学劳动的观念，初步养成热爱劳动的态度。

2．劳动能力：掌握并能初步运用水培番薯的方法，恰当采用工具按步骤进行种植和养护。

3．劳动习惯与品质：在水培番薯的实践中初步学会与他人合作劳动，养成不怕困难、有始有终的劳动习惯。

4．劳动精神：在体验水培番薯的过程中，感受劳动的艰辛和收获的快乐，形成不怕脏不怕累的精神。

四、教学重难点

重点：掌握水培番薯的五个步骤，能正确使用工具完成自己的劳动成果。

难点：掌握水培番薯的种植要领及养护方法，提升科学种植的劳动意识。

五、课前准备

1．学具准备：学生自带种植瓶、番薯、笔。

2．教学准备：微课视频、PPT、研学案、评价表等。

六、教学过程

1．视频导入，引入学习

师：同学们，二年级的时候，我们在小农田参与了土培种植，我们回顾一下过去的土培经历。

教师播放土培视频。

师：除了土培种植法，其实还有水培种植法，今天我们就一起学习使用水培法来种植番薯。水培是一种所用的工具少，种植的时间短，种植管理简单的一种好方法。

师：同学们看看桌面上有哪些工具。

生1：喷壶和牙签。

生2：瓶子。

师：是的，这就是我们水培番薯所需要的工具，种植瓶、3—4根牙签，还有一个喷壶。

2．初步尝试，淬炼操作

师：我们如何把普通的番薯变成好看的水培番薯呢？请同学们在小组里尝试第一

次种植。

学生分组进行初次尝试。

师：谁来说说刚刚你是怎么做的？

生1：先把牙签插在番薯里面，固定在瓶子上，还要加一点水。

3. 讨论交流，归纳方法

师：哪个小组来说说刚才做得好的地方？

生1：我们能够找到适合的瓶子，用上合适的水量。

生2：要考虑是否用肥料。

生3：要固定好瓶子。

师：同学们总结了不少水培番薯的步骤和技巧，但是还有不太清晰的地方，我们通过一个微课来进行学习。

教师播放微课。

师：看完微课，谁能够说一说水培番薯分几个种植步骤？

教师指名学生回答。

师：在我们种植完之后，可以用标签纸记录好种植时间，以便我们之后进行番薯叶生长的记录。

师：在开始实践前，老师提醒安全监督员、正副组长要带领小组分工合作。

师：本节课有4个评价标准，分别是：规范操作、注意安全、团结合作、效果良好，在实践中要注意按评价标准进行实践。

师：小组旁边有两个水桶，分别用于洗净和加水。在活动的过程中注意不要弄湿自己的衣物，使用牙签要注意安全，明白了吗？

4. 再次实践，反思交流

师：现在请同学们通过小组合作，一起学习水培番薯的步骤吧。

教师巡视指导。

师：刚刚我们通过合作一起完成了水培番薯的实践。现在请我们评价员梁老师来点评一下。

梁老师：很感谢陈老师为你们上了一节这么有趣的课。刚才发现第一小组非常好，能有序地排队取水。第二、四小组也非常好，互帮互助，组长组织得非常棒。接下来的活动希望你们加油，完成得更出色好不好？

生：好！

师：感谢评价员梁老师！刚刚所有的同学都通过自己的动手实践完成了番薯的种

植。哪两位同学愿意到讲台前，分享一下你是怎么进行种植的？

生1：第一步，我先把番薯清洗干净。第二步，用牙签固定。第三步，加水。然后写标签，这样就完成了。

生2：首先第一步是清洗干净番薯。第二步是固定，用牙签固定住它。第三步是加水。第四步是贴上小标签，最后就完成了。

师：感谢两位同学的分享。谁能根据评价标准给同学进行评价？

生3：我想评价李同学，因为她的番薯固定得很稳。她在种植的过程中注意了安全，种出来的番薯很美观。

师：评价非常到位，说明有仔细地去观察同学的实践。谁还能这样给小组同学进行点评？

生4：我想评价廖同学。他用牙签固定得很稳固，也很安全，番薯泡在水里的水量也注意到了，很细心，而且他种得很美观。

师：两位同学展示了如何去给同伴评价，现在请同学们在小组进行互评。

学生进行小组内互评。

师：老师想邀请两位组内的种植能手到讲台前来展示你的劳动步骤，谁能来挑战？

教师点出两名学生到讲台前进行劳动技能比拼。

师：其他同学看看他们怎样进行水培番薯的劳动实践。

两名学生进行劳动比拼。

师：有什么经验要跟大家分享呢？

生1：加水时不能加太多。

生2：用牙签时不要太用力，一用力就会折断。

5. 榜样激励，拓展提升

师：刚刚两位同学进行劳动比拼，被评为了种植小能手。那为什么我们要种植番薯呢？一起来听听种植小博士的介绍。

教师播放知识音频。

师：原来番薯叶这么富有营养，相信通过同学们的劳动实践，一定能够种出又美味又营养的番薯叶。除了番薯能进行水培，还有很多植物也可以用水培法来培育，如块茎植物、菜根植物、发菜苗植物等。回家后我们可以把喜欢的蔬菜用水培的方法种出来。

师：现在请拿出摘星卡（见表1、表2），进行劳动评价。

学生使用摘星卡进行自评和小组评价。

师：成功拿到5颗星星的同学请举手。我们班今天有好多种植小能手。课后，请同学们填写番薯叶生长记录表完成对番薯生长的观察。

师：相信通过这节课的学习，同学们对水培番薯的步骤已经非常了解，期待同学们回家后能够继续认真观察，并用水培法种植其他蔬菜。好吗？这节课就上到这里，下课。

生：老师再见。

师：同学们再见。

表1　自我评价摘星卡

评价项目	星级
我能理解水培番薯的方法和步骤。	
我能通过动手实践，初步掌握水培番薯的方法。	
我能积极主动参与水培番薯的学习和实践。	
我学会安全使用工具、养成做事有始有终的劳动习惯。	
我乐于同小组成员分享种植的体会和收获。	
合计	

注：优秀评三颗★，良好评两颗★，及格评一颗★。

表2　小组评价摘星卡

评价项目	星级
操作规范	
注意安全	
团结合作	
效果良好	
合计	

注：优秀评三颗★，良好评两颗★，及格评一颗★。

七、教学反思

"水培番薯"是根据广州市劳动教育实验教材《小学综合实践活动·劳动·三年级》主题"我是种植小能手"设计的劳动实践课。

本节课基本完成教学目标，通过观看视频回顾过去的劳动经历，观看微课视频学习劳动方法；在动手实践和榜样激励环节解决重点、突破难点、在拓展环节增长了学生见识，强化劳动意识。

同时，在活动过程中，本节课坚持以学生为主体，提倡学生自主合作，教师作为主导，组织学生亲自动手完成劳动实践，给足时间让学生动手操作，做到了把课堂还给学生。在交流展示的同时，教师重视学生表达能力的训练，让学生的语言表达能力能得到提升。

这一节课的教学也给我带来了一些启迪：在教学时应更多地关注课堂生成性资源，灵活地调整教学节奏，丰富教师的评价语言，让学生能根据评价得到更好的发展。

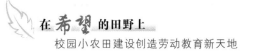

一起种蒜吧

◎ 广州市越秀区登峰小学　颜妍

一、教学背景

班级结合语文、科学、数学、信息等学科知识，融合学科特点，以"五育并举"的实践理念，开展大蒜种植研学活动。利用"蒜"的一系列课程，让文化自信根植心里，让劳动实践意识增强，更让学生成为"绿色生活"践行者。基于学生的年龄特征和学习基础，确定了本次课程课题为"一起种蒜吧"，属于"蒜"的一系列课程，是农业生产劳动。引导学生在学中激发兴趣，提高动手能力，树立劳动创造美好生活的理念。

以种植大蒜为劳动实践的主题，引导学生从现实生活的需求出发，亲历情境、亲手操作、亲身体验。通过种植大蒜为真实的学习情境，任务驱动，充分调动学生动手操作的积极性，培养学生劳动意识，提高劳动效率与质量，帮助学生树立正确的劳动价值观，激发学生积极劳动的热情，提高学生生产劳动的技能水平，全面提升劳动素养，让学生在劳动中成长。

二、学情分析

本课的教学对象是五年级学生，该年级学生有一定的动手和获取知识的能力。前期学习中，他们已经初步认识、使用种植工具。本次劳动课程，与现实生活紧密结合，能激发学生的积极性和参与性。学生具备一定的劳动能力，通过小组合作方式，引导个别劳动能力较强的学生充当"小老师"，互相帮助，共同成长。

三、教学目标

1. 劳动观念：能在种植大蒜过程评价中表述出对劳动创造美好生活的理解。能尊重劳动者，理解劳动过程的不易。

2. 劳动能力：学习种植大蒜的方法和步骤。选择合适的劳动工具，按照一定的步骤完成种植大蒜，提高劳动效率和劳动质量。

3. 劳动习惯和品质：能较规范安全使用劳动工具习惯，积极参与劳动，过程中不怕苦不怕累，认真完成小组任务，耐心细致地面对种植过程中出现的问题，并积极解决。

4. 劳动精神：在小组劳动实践中，提升参与劳动的积极性，培养积极的劳动合作精神。

四、教学重难点

教学重点：学会种植大蒜的方法与步骤。

教学难点：能选择合适的工具，合理分配时间种植大蒜。

五、教学准备

1. 教师前期准备：学生小组建设；准备工具（铲子、水壶）、小组种植范围的规划、移动黑板、教学板书贴、蒜、小组工种贴纸。

2. 学生准备：每组约五头大蒜、每组一个水盆（或器皿）、笔、劳动手套。

六、教学过程

第一板块：激情导入

（一）甲骨文"蒜"的导入

看图，你能猜出这个汉字吗？没错，就是蒜字。根据蒜字的上面部件，我们可以知道它是一种多年生草本植物。大蒜最早是西汉时期从西域传入中原的，现在大蒜是人们日常生活中必不可少的一种食物。大蒜是厨房中很好的调味品，也是很好的营养品，更是天然绿色药品。

（二）引出任务

1. 同学们，今天我们学习种大蒜。（展示一头大蒜）

2. 讨论：该怎么种呢？什么呢？

（预设：需要认识大蒜的结构，剥皮、一瓣一瓣地种……）

设计意图：通过甲骨文"蒜"字的引入，并讲解蒜的历史、作用，让学生知道蒜与人的关系密切，以及种植大蒜的意义。

第二板块：讲解说明

（一）图示解释蒜的结构

离开文化的角度，我们从生长结构的角度继续认识大蒜。先看左图（图略），大蒜由蒜瓣、蒜表皮、根茎组成。右图（图略）告诉我们，种植大蒜可以收获大蒜、蒜薹和蒜苗。

（二）趣味游戏中进一步了解

现在到了游戏闯关时间。

第一题：蒜的种子是什么？A．蒜瓣；B．蒜苗；C．蒜衣；D．其他。答案是A，你答对了吗？

第二题：大蒜能种出什么呢？A．大蒜；B．蒜薹和蒜苗；C．独子蒜；D．多头蒜。相信认真听课的你一定知道答案是ABCD。这题考察我们是否知道大蒜、蒜薹与蒜苗的生长部位；也告诉我们根据蒜瓣的大小、季节与温度的选择，收获的成果可能是独子蒜，也可能是多头蒜。

设计意图：了解大蒜的结构，明白大蒜浑身都是宝。通过趣味游戏，巩固对蒜的了解，为后面教学做准备。

第三板块：淬炼操作

（一）看老师现场操作，初步感知种植大蒜的步骤

1．操作前提出要求：认真观看，关注步骤。

教师出示放大的蒜瓣，现场操作要点：

剥：将大蒜的白衣（保护叶）剥开。把里面的蒜瓣逐一分开。

修：修剪蒜瓣，硬的为底部，用手掰掉，利于尽快生根；尖的为顶部，用剪刀剪一刀，利于生长一致。

平：将土壤修整得平整一点。

挖：每隔两个拳头，挖一条小沟。深约一个大拇指，小沟用于种植大蒜。

浇：向小沟中浇适当的水。

插：（1）将蒜瓣底部朝下，立起来种植。（2）根部插入泥土约一厘米。（3）蒜瓣与蒜瓣之间约隔一个拳头。

覆：将泥土覆盖蒜瓣，露出一点点蒜尖。

浇：再次浇水。

2. 现场一边操作，一边梳理步骤，粘贴相关板书内容。

3. 根据所有步骤，归类小结（板书）：

任务一　处理大蒜：剥、修。

任务二　整理土壤：平、挖、浇。

任务三　种下大蒜：插、覆、浇。

（二）小组分工，提高效率

1. 再看一个小组种植过程，你发现了什么？

预设：这个小组同学在种植大蒜的同时，合理分工，穿插进行，提高效率。

（板书：合理分配时间）

2. 请这一组同学介绍他们分工的好方法（思考为什么不简单将同学分成三组），教师随机将他们的分工示意图贴在黑板上，见表1。

表1　分工任务表

	任务1	任务2	任务3
第一位同学	剥	修	插
第二位同学	剥	修	插
第三位同学	剥	浇	浇
第四位同学	平	挖	覆
第五位同学	平	挖	覆

预设：从表格中，我们不仅看出同学们的分工，还可以知道自己工作的顺序，有利于小组合理支配时间。

思考：根据自己小组实际情况，完成"'一起种蒜吧'学习任务单"（注意事项：设定组长；收拾垃圾杂物，保持整洁）。

3. 小组填写表格

设计意图：通过教师实地操作，以及小组榜样激励，听讲解注意事项，将步骤简化成一个个单字，方便学生记忆的同时，明确合理分工可以提高劳动效率。充分利用分工任务表，学生能更直观发现表格式思维可以帮助他们理顺思维，清晰快速分配好

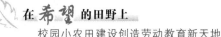
任务，便于实践活动的开展。

第四板块：项目实践

一、教师提出要求（板书）：按照种植大蒜的步骤和分工表进行小组实践，安全使用工具，互助协商分工，看看哪组种的大蒜最快最好。

二、小组实践。

三、教师巡视，发现特殊问题，小组辅导、答疑。

四、教师引导小组互相学习，以合作较好的小组作为榜样，促进学习提升。

设计意图：小组根据合作任务表，完成种植大蒜的任务。

第五板块：反思拓展

一、汇报交流（关注小组优缺点各一个）。

二、其他小组评价值得学习的地方。

三、课堂小结。

今天我们学习了种植大蒜的步骤，懂得了合理分工，穿插劳动更高效。我们将蒜瓣种植泥土中，5天之后，便会出苗。

四、谈收获：这节劳动课，你有什么劳动收获或感受呢？

五、总结。

种植大蒜还有很多其他的注意事项。请同学们通过多种方式，寻找更多的信息，了解种植大蒜的知识与技能，共同分享。劳动是艰辛的，也是光荣的，劳动创造文明，创造我们美好的生活。通过劳动课，我们学会了种植大蒜，在今后，我们会学习更多的种植知识，用双手美化我们的生活。

设计意图：通过多种评价方式，进行交流。用身边的榜样激励学生，树立正确的劳动观。同时也正视小组缺点，注意今后改进。劳动总结，帮助同学们回顾梳理今天所学的知识，并通过布置劳动作业，自主搜集，通过记录、对比，掌握新知识。

七、教学反思

本节课，能立足小农田建设开展教学课程，根据五年级学生的特点，将劳动效率观念与劳动操作相融合，将简单种植，提升到智慧劳动的高度。

在最开始设计的教案中，由于步骤较为繁琐（例如小组合作填写表格占用时间较多），影响实践开展。所以，在充分思考小农田环境之后，将种植步骤简化为一个字，利用便利贴纸、移动黑板等工具，使学生便于记忆操作，也能提高教学效率，增加劳动实践。

附：

"一起种蒜吧"课后劳动作业

一、必做任务

1. 每天来小菜园观察大蒜生长过程，并作记录。（填写大蒜的生长变化观察记录表前四列，见表2）

2. 每组有两次机会约老师进入小菜园，与大蒜"合影留念"。

二、选做任务

1. 了解水培大蒜法。

2. 完成实验，并且分别记录水培大蒜法与土壤大蒜法下的大蒜生长过程。完成表2后两列。

表2　大蒜的生长变化观察记录表

时间	天气	生长变化记录 （土壤大蒜法）	画图	生长变化记录 （水培大蒜法）	画图

三、填表

完成"一起种蒜吧"学习任务单、劳动素养评价表。见表3、表4。

表3　"一起种蒜吧"学习任务单

要解决的问题				
所需材料、 工具与设备				
序号	任务1	任务2	任务3	任务4
1				

（续表）

2				
3				
4				
5				
劳动成果				
劳动体会				

表4　劳动素养评价表

序号	评价项目	评价指标	自我 （5分）	同伴 （5分）	教师 （5分）
1	劳动观念	1. 通过亲身劳动，明白劳动不易，尊重劳动者。 2. 懂得劳动创造美好的生活，并乐于用双手美化生活。			
2	劳动能力	1. 能初步掌握种植大蒜的知识和技能。 2. 正确使用常见的种植工具。 3. 在劳动中懂得分配时间，提高效率。			
3	劳动精神	1. 认真探究，注意观察。 2. 在劳动中能合作互助，耐心细致。			
4	劳动习惯	1. 积极参与。 2. 规范使用工具。			
5	劳动品质	1. 劳动过程中坚持不放弃，完成分工任务。 2. 积极面对出现的问题，并动脑筋解决。 3. 团结合作、珍惜劳动成果。			
自我反思					
同伴寄语					
教师点评					

小浇水，大学问

◎ 广州市越秀区水荫路小学　张典

一、教学背景

　　校园里开设了"百草园"，以"如水学子爱劳动，百草园里展风采"作为课程背景，旨在传承中医药文化，增强学生动手能力，体验劳作的乐趣。学生在农场中开展"节气种植探秘""中草药种植体验"等内容学习，种植中草药、蔬菜、水果等绿色植物。本课结合广州市劳动教育目标，以"小浇水，大学问"为主题，旨在引导学生学会草药浇水的过程和方法，掌握草药养护的技能，培养学生不怕苦、不怕累的劳动精神，树立劳动改变生活的观念与态度。

　　学生在上一阶段学习了草药的播种、除草、施肥的方法。本节课的内容是学习浇水的基本知识，学生将经历认识浇水工具、浇水时间、浇水方法、浇水注意事项等过程，让学生明确植物浇水的目的和方法，引导学生对浇水过程存在的问题进行总结，学生通过自己的亲身实践懂得劳动创造价值的道理，把劳动过程中积累的知识和经验延伸到学习生活中去。

二、学情分析

　　学生在上一阶段的劳动课中已学习了植物护养的方法，实践了播种、除草的过程，知道了植物生长需要的条件，为本课为草药浇水打下了良好的基础。在此基础上，学生还需要学习如何使用相关的农具和浇水的操作方法，在此过程中提升学生的交往、观察、动手操作、解决问题等各种能力。

　　五年级的学生已有一定的学习知识基础，并具备一定的动手实践能力和合作能力。本节课的开展符合学生的知识背景和基本能力，可以较顺利地完成学习任务。

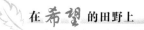
三、教学目标

1. 认知性目标：了解草药浇水的步骤和方法，认识农具和浇水工具的作用和使用方法，树立尊重普通劳动者、劳动最光荣的正确观念。

2. 参与性目标：能主动参与草药浇水的生产劳动过程，提高自主参与草药种植的积极性，尝试自己亲自去浇水。

3. 体验性目标：通过亲历小组合作参与浇水劳动，认识劳动的艰辛，能够安全规范、坚持不懈地参与劳动，形成吃苦耐劳的品质。

4. 技能性目标：学会不同浇水工具的正确使用方法，初步掌握草药浇水的劳动技术，锻炼技术理论与实践操作相结合的能力。

5. 创造性目标：能根据百草园的实际情况，运用所学知识开展浇水劳动，在劳动中发现问题，能结合实际创造性地解决问题。

四、教学重难点

重点：认识草药浇水的过程和方法，树立劳动最光荣的正确观念。
难点：正确掌握不同种类草药浇水的劳动技术。

五、教学准备

水桶25个、劳动手套50副、遮阳帽50顶。

六、教学过程

（一）复习导入

教师活动：

1. 回顾前一阶段劳动情况，引导学生分享劳动记录，各种劳动工具使用方法。

2. 实物展示学生上阶段的百草园种植成果，指导学生观察、发现植物生长变化。

3. 引出课题：浇水大学问。

学生活动：

1. 将草药从播种、发芽到幼苗阶段的生长过程制作为视频。

2. 观看百草园土壤情况，发现植物生长受限制。

3. 确定劳动目标，思考草药浇水的意义。

（二）讲解说明

教师活动：

1. 提出问题：浇水工具有哪些？

2. 浇水的时间是什么时候？

3. 讲解和示范浇水的方法和步骤。

（1）幼苗：贴根淋。

（2）爬藤类：朝根部和叶子浇水，呈小雨滴状。

（3）树木类：根部吸饱水，面积在30—40平方厘米的叶子可接受雨淋。

4. 指导学生规范浇水工具，确保劳动过程安全进行。

5. 引导学生小组合理分工。

学生活动：

1. 思考日常常见的浇水工具，各有什么用处。

2. 思考浇水的时间和原因。

3. 细心聆听老师的讲解、观看老师的示范，掌握浇水的方法和步骤。

4. 学习规范使用浇水工具。

5. 小组讨论，小组成员分工，明确任务分配。

（三）淬炼操作（百草园实践）

教师活动：

1. 指导学生实操草药浇水。

2. 协助解决学生浇水过程中出现的问题。

3. 引导学生学会观察各小组的浇水成果，发现做得好的地方和存在的问题，及时修正不足的地方。

学生活动：

1. 先由小组长完成一次浇水任务，再进行小组分工合作，有序完成草药浇水。

2. 记录浇水过程中存在的问题，小组讨论解决。

3. 观察各小组的浇水成果，及时修正和调整需要改进的地方。

（四）榜样激励反思交流

教师活动：

1. 组织各小组进行浇水成果展示、互相交流评价。

2. 榜样激励，鼓励学生向榜样学习。

3．总结引导学生分享劳动的收获与感悟。

4．扩展提升：还知道哪些浇水小技巧？交流分享。

学生活动：

1．成果分享，进行评价和鼓励。

2．交流本次劳动的收获与感悟。

七、教学反思

本课注重在劳动中培养实践精神，将课堂搬进百草园中，在大力开展学校特色课程实践的基础上，结合"双减"要求，积极组织学生系统开展劳动体验活动。本节课"以劳养行、以劳促品、以劳励志"，从"行"到"品"再到"志"。丰富多彩的活动有效激发学生参与劳动的兴趣，培养了他们的参与意识、协作意识和社会责任感，提升了他们的实践能力和创造能力。

课堂图片

走进小农田——我给农田开荒

◎ 广州市增城区凤凰实验小学　徐翠锋

一、教学背景

根据新课标的要求，四年级学生的学段目标之一是要初步体验简单的种植生产劳动。为使学生能掌握必备的劳动品质和基本的劳动技能，本校开展了"走进小农田"系列课程，让劳动教育做实、做深、做出成效。

二、教学目标

1. 劳动观念：通过给农田开荒，正确认知劳动的价值，初步树立正确的劳动价值观。

2. 劳动能力：通过动手操作实践，能正确使用锄头、铲子、耙子等常见农具，掌握正确的开荒的步骤和方法。

3. 劳动习惯和品质：能自觉主动参与开荒小农田的生产劳动，培养尊重劳动、热爱劳动的态度和团队合作的精神，从中认识劳动艰辛和劳动创造的快乐。

4. 劳动精神：掌握土地开荒的技能后，自觉实践简单的整地种植劳动，有劳动的意愿和审美情趣。

三、教学重难点

学生初步学会农田开荒的步骤和方法，能正确使用锄头、铲子等常见农具，正确认知劳动的价值，初步树立正确的劳动价值观。使用锄头、耙子和铲子等农具进行除草、翻土、整地的技巧。

四、教学准备

手套、锄头、铲子、耙子、垃圾桶、劳动实践任务卡。

五、教学过程

（一）谈话导入

师：在正式上课前，老师想要考一考大家，你们知道什么是开荒土地吗？

（预设）生：把荒地变成可以耕种的地。

师：同学们真聪明！说得都对。开荒就是把荒地开辟成可以种植的土地。吃苦耐劳、勇于开创是我国的优良传统，也流传了不少耳熟能详的动人故事，激励着我们奋发图强、追求美好的生活。

今天，老师给大家带来南泥湾开荒的故事。南泥湾开荒的背景正值抗日战争，我军面临着日军的扫荡和国民党顽固派的经济封锁，陷入"困死""饿死"的局面。为了解决困难局面，我党开展了"生产自给"的计划。我军359旅在南泥湾展开著名的大生产运动。同学们请看。

教师播放1分钟南泥湾开荒的视频。

师：359旅的大生产运动将荒无人烟的南泥湾变成了"平川稻谷香，肥鸭遍池塘。到处是庄稼，遍地是牛羊"的陕北好江南。他们自力更生、奋发图强的精神，激励着一代又一代中华儿女战胜困难，夺取胜利。

我们今天也来学习南泥湾精神，来给农田开荒。

上一节课老师已经给大家介绍过上面这些劳动工具的用途和农田开荒的步骤。现在老师邀请大家玩个游戏——劳动工具连连看。看哪位同学把这几样劳动工具的用途记得最牢。

教师展示劳动工具图。学生回答劳动工具与用途的对应关系：

1. 当农田里长有很多杂草，需要先用什么工具除草？（锄头或铲子）

2. 待开荒的农田上堆积了很多杂草，需要用到什么工具来将它们归拢到一起？（耙子）

3. 翻地需要用到什么工具？（锄头、铲子）

师：同学们真棒，看来大家对这些劳动工具的用途已经很熟悉了。那大家还记得农田开荒的步骤吗？请大家讨论一下，之后派代表来回答。

（二）回顾知识，方法指导

师：上节课，我们了解了农田开荒的步骤，我请同学帮大家回顾一下开荒的步骤。

（预设）学生汇报：

1. 用锄头、耙子清除地表杂草、杂物，并将其放至垃圾桶内。

2. 用锄头、铲子翻土，并将翻出的杂物清理出来。

3. 用铲子、耙子整地，将翻好的土地整理平整。

师：听了同学们刚才的分享，你现在明确了农田开荒的流程了吗？（生：清楚了）看来同学们都记住了。即将要开始劳动了，在劳动过程中我们要确保安全，老师送一首安全儿歌给大家。

安全儿歌

人人劳动真光荣，安全事项记心中。

使用工具要小心，不争不抢秩序好。

安全有序效率高，争当劳动小模范。

（三）劳动实践，教师示范

师：万事俱备，现在就跟随老师一起走进我们的小农田吧。

师：现在已经到达小农田啦！在正式动手劳动前，我们要先环视一遍要开荒的土地，了解土地的情况。这样做，在开荒的第一环节——清理杂物前，我们就知道了这块地哪些地方有杂草，哪些地方有杂物将用到什么样的工具。

现在，我们就开始第一个环节——土表的清理。在劳动前，要记得戴上手套哦，保护好我们的双手。（示范戴手套）

握住锄头，找好着力点，看到哪里用杂草就用合适的力度把它们连根锄起；把草根上沾的泥土抖掉，然后把杂草放在一边，再清除其他杂草；最后用耙子把清理掉的杂草、杂物归拢放至垃圾桶内，将土表清理干净。（师示范握锄头锄草、拿耙子清理，学生观察）

师：土表已经被我们清理干净了，接下来到第二环节——翻地松土。

翻地松土将使用到的工具有锄头和铲子。接下来，老师给大家示范锄头的用法：拿起锄头，把手放到木柄上自己感觉最容易使力的位置，就可以了。站到需要翻的地的一边，用力挥动锄头，将它打进泥土中，再把泥土往自己所在的方向翻动，抽出锄头。在使用的过程中，根据需要不断调整自己握手柄的位置找到最省力的点，这样锄地就轻松不少了。

师：翻地除了用锄头，还可以用铲子。握住铲柄，站到地的一侧，把脚踩在铁铲上，用力下压，待铲身陷入泥土里，再往后侧压下铲柄，这样铁铲就把泥土翻起来了。这样一铲一铲地翻，不断后退，前面就是翻好的泥土了。

以上两种都是常用的翻地方法。同学们，你们学会了吗？

师：经过一番劳动后，土地已经翻好了，接下来，我们来到最后一个环节——平整土地。平整土地，我们可以用铲子、耙子。用铲子可以把较大的泥块敲碎、切碎，用耙子把泥土耙松，耙平整。

师：同学们学得真认真。经过老师的一番劳作，这块土地已经被翻整出来了。关于土地开荒的步骤，你们已经学会了吗？

师：现在轮到同学们上场了。

（四）小组合作劳动

师：现在进行劳动分工。现在开始吧！

预设：学生分工并劳动实践。完成后各小组做好卫生收尾工作，小组合作将自己的收获与感受用劳动实践任务卡记录下来。

（五）总结分享

师：热火朝天的劳动已经结束了，我们现在看一下大家的劳动成果。劳动前，这里布满了杂草；劳动后，这里的杂草不仅被清除了，而且土地被翻松，弄平整，适合播种。劳动后，你有什么感想吗？分享给同学们吧！

预设：学生自由回答，分享劳动技巧、劳动的快乐、劳动的艰辛、团结合作的力量、劳动的价值等。

师：看来，劳动后，同学们都有了不同的深刻体会。接下来，我们来总结今天学习的劳动内容。这节课，我们了解到农田开荒包括清除地表杂物、翻地松土、平整土地等步骤。请同学们回家以后向家人介绍农具的使用方法和开荒土地的步骤，有条件的同学可以尝试开荒一块土地，并在上面进行播种。今天的课就到这里，同学们再见！

六、教学反思

本节课的劳动内容较多，需要用到的劳动知识也比较多，需要在劳动过程中不断唤醒学生的劳动知识。因此，在理论交流部分需花比较多的时间。

在课后劳动实践设计的模块，我设计的是让学生将本节课学习的内容分享给家人，并建议有条件的学生进行开荒播种。这个作业的设计我觉得可以再往两个方向优化。

一方面是对学生要求的。我们在教育教学过程中要立足学生核心素养的发展，加强课程内容的整合，使学生不断内化劳动品质。因此，在课后实践的环节我觉得可以融合语文学科，让学生以日记的方式记录本节课的所得所思所感，在劳动过程用心去感受劳动，课后用文字记录下来，在回忆、记录的过程中，不断内化劳动素养。

另一方面是在劳动评价方面融入家长这个评价主体。在学生的劳动实践任务卡上增加一栏，内容为家长对学生课后实践活动的评价。这样一方面可以增加学生劳动评价的主体，另一方面将更有效落实课后实践作业，使得学生的实践积极性更高。融合家校共育，实现孩子劳动习惯的养成，进而顺势实现以劳动"树德、增智、强体、育美"的综合育人价值。

回收垃圾再利用——有机肥料的制作

◎ 广州市增城区派潭镇第二中学　曾秋荣

一、教学背景

　　"绿水青山就是金山银山"，守一方水土创一生财富，作为以农业生产为主的派潭镇人民来说，耕种好自家田地是幸福安康生活的保障。何为耕种好？科技农耕是促进发展的推动力，但传统绿色无公害生产模式往往是品牌的特色所在，也是立根之本。绿色无公害生产模式包括了从土壤准备到播种到施肥、除草、除虫到收获到产品加工，每个环节都必须做到无残留、无污染、无伤害。就拿施肥环节来说，使用有机肥比使用化肥更符合绿色无公害的要求。有机肥的来源很多，比如：动物和人类的排泄物、植物残枝落叶、厨余垃圾等经过晾晒焚烧或者发酵都可以制成有机肥。在《广州市餐厨垃圾管理办法》指导下，基于广州市教育研究院研发的《综合实践活动·劳动·七年级》上册教材主题二"回收垃圾再利用"的背景，本课在垃圾分类知识深度普及的基础上，引导学生动手参与厨余垃圾的回收和再利用来制作有机肥料，作为校园小农田的主要肥料。本课曾于2023年6月16日在增城区教研活动中进行公开展示。既实现资源价值的扩大化，又有助于学生养成绿色环保意识，树立绿色无公害生产观念。

二、学情分析

　　七年级学生对于垃圾分类的知识已经有了一定的掌握，但同时很多学生是独生子女，在家里父母基本包办了家务劳动，很多学生劳动能力不强，对于厨房垃圾的回收再利用知识掌握不足，平时在家庭生活中一般没有将厨余垃圾制作成有机肥料的经历。

三、教学目标

1. 认知性目标：认识垃圾分类对环境保护的重要性，学会将厨余垃圾制作成有机肥料的方法。

2. 参与性目标：动手进行家里厨余垃圾的分类，科学处理家里的厨余垃圾，将资源价值扩大化。

3. 体验性目标：通过亲身参与利用厨余垃圾制作有机肥料的劳动过程，体验垃圾回收再利用的意义，树立环保意识。

4. 技能性目标：通过学习并积极参与将厨余垃圾制作有机肥料的劳动过程，掌握垃圾回收再利用的方法技巧。

5. 创造性目标：将家庭中其他废弃物，改造成劳动工具，再一次实现垃圾回收和再利用。

四、教学重难点

1. 教学重点：了解利用厨余垃圾制作有机肥料的方法步骤。
2. 教学难点：动手并长期坚持用厨余垃圾制作有机肥料。

五、材料、工具及资源准备

材料：EM菌、厨余垃圾。
工具：堆肥桶、大塑料罐或桶、水果刀、菜板、石臼、铁锤、盆、菜篮等。
资源：拍摄视频、PPT课件。

六、教学过程

（一）创设情境，引出劳动项目

回顾：从学生开展综合实践活动的调查结果出发，引出需求，导入课题。

（二）讲解说明，学习劳动方法

1. 明确目的和方法——堆肥法。
出示3种堆肥方式，学生选出普通家庭容易操作的方式——用桶堆肥。
2. 认识材料工具：厨余垃圾、EM堆肥菌糠、盆、盘、水果刀、菜板、铁锤、石臼、堆肥桶、小铲子等。

3. 观看视频，学习基本操作步骤。

（1）厨余垃圾分类和处理：穿好围裙，戴上手套，将厨余垃圾桶内的垃圾按处理方法的不同进行分类，放入不同的盘中。用水果刀和菜板把菜叶菜头、水果皮和水果核切碎；用手将蛋壳捏碎；用铁锤将小骨头敲碎。

（2）材料入桶：将各种粉碎后的材料平铺在堆肥桶内，每铺一层厨余垃圾后都均匀撒入少量EM堆肥菌糠。

（3）密封发酵：盖紧堆肥桶的内外盖，将桶放在阴凉处。有需要可以开盖加料。

（4）取肥施用：打开堆肥桶下方水龙头，放出有机液肥，稀释10倍灌根施肥或稀释100倍喷叶施肥。当不再有液肥排出时，打开桶盖，取出有机固肥，埋入土中施肥。见图1。

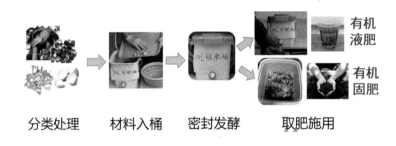

图1 有机肥料制作过程示意图

注意：在使用刀具切碎厨余垃圾时，要格外小心，防止割伤；如果不小心割伤，则先止血，后消毒，再包扎。在使用铁锤或石臼砸碎厨余垃圾时，也要小心操作，防止直接砸伤手或掉落砸伤脚；如果砸伤，则先用冰敷，24小时后再涂抹散瘀药。

4. 小组讨论，利用实践活动记录表，选择每个操作步骤所需的工具，并进行合理的分工。

5. 教师说明实践活动评价表中的评价标准，指导学生运用评价表进行自评和他评。

（三）小组合作，开展劳动实践

小组分工合作，完成本小组的有机肥制作的前期操作，并如实记录本小组的实际操作情况，同时观察其他小组的操作过程。教师在班内走动，对学生的操作进行必要的指导，并提醒学生注意劳动安全。

（四）展示劳动成果，进行劳动评价

每小组将劳动成果在展示台的指定位置摆放好，每小组的观察员用贴纸投票的方式选出最优秀的两个小组，请这两个小组分享其操作步骤和劳动感想。

（五）课堂总结，巩固劳动成果

1. 用个别提问的方式小结利用厨余垃圾制作有机肥料的步骤。
2. 利用今天所学方法回收再利用厨余垃圾，进行家庭厨余堆肥。
3. 与家人朋友分享收获和体会。

七、板书设计

回收垃圾再利用——有机肥料的制作

一、方法——堆肥法

二、材料工具

三、操作步骤

分类处理→材料入桶→密封发酵→取肥施用

四、注意事项：防止割伤、砸伤等

八、教学反思

本节课是"校园小农田建设"和"回收垃圾再利用"双主题下设计的一节面向七年级学生的劳动课，旨在通过学习并积极参与用厨余垃圾制作有机肥料的劳动过程，掌握垃圾回收再利用的方法技巧，体验垃圾回收再利用的意义，树立环保意识。

图2 "有机肥料的制作"授课照片

课堂教学从回顾综合实践活动课的访谈结果导入本课，既实现了从学生实际需求出发，激发学生的学习和实践热情，又体现了"一课两讲"，也为本节课开了一个好头。导入新课之后，着重于通过视频观摩、提取信息、讨论表达、细化学习等方式，使学生能够真正理解和掌握将厨余垃圾制作有机肥料的方法，再通过动手实践，将所

学方法提升为技巧，体会垃圾回收再利用、绿色环保的魅力，这是本节课的重点和难点。小组内部高效分工合作，也是这节课的又一亮点，是学生在将近一学年的劳动实践过程中形成的习惯性操作，也是这节课顺利进行的保障。

由于时间的限制，不能在本节课上让更多的学生展示自己的劳动过程、成果，分享自己的劳动感受，倾听他人的建议等，我们接下来将继续进行展示、分享和评价，换一种方式深化学习。

附：

广州市增城区派潭镇第二中学劳动实践活动评价表

劳动内容				指导老师	
劳动地点				劳动时间	
组别	第　　组		组长	观察员	
组员					
评价：用1-5分对每个项目进行自评，计算总分，用A-C写出自评结果（总分10-15分为A，5-9分为B，0-4分为C），选出一个最优小组。					
学生自评	1. 厨余垃圾分类准确，处理得足够细碎。 2. 厨余垃圾堆肥步骤完整规范。 3. 劳动过程中守秩序，爱护劳动工具，保持整洁。			最优小组： 第　　组	教师评价：
	自评结果		总分		

04

第四部分

人物篇

建生态菜园，育时代新人

◎ 广州市天河区渔沙坦小学　潘国洪

一、建造篇

2017年8月，我来到天河区渔沙坦小学任职。我观察到，校园虽大，但在地面很难找到可以开展种植的地方。我走到楼顶，看到阳台有一块荒废的菜地。我如获至宝，豁然开朗，想到正好利用这个地方开展小农田建设和劳动教育。

有想法就付诸行动。首先，我争取了区教育局的支持，对阳台的表面进行了防漏水工程的改造；然后，我也得到了渔沙坦村委的支持，投入3万元重新建设小农田。经过施工，在阳台地面铺设了20多块的种植区，并填上泥土。这样，一个约300平方米的小农田终于在2019年8月建成了。

潘国洪

渔小小农田赋予了"生态教育"品牌学校建设和以劳育人的使命。我把小农田命名为"生态菜园"，并划分多个区域：科普教育区、中草药区、花卉区、堆肥区、繁育区、蔬菜区和瓜果区，这样小农田的功能就更齐备了。

二、管理篇

舞台搭建起来就可以大施拳脚。一是我引领构建了渔小生态菜园课程体系：包括菜园种植行动课程、菜园生长课程、菜园生活课程、菜园安全课程、菜园艺术课程、菜园德育课程、菜园艺术课程和菜园主题活动课程，并确立"以种植育人"的课程理念，通过课程实施使学生获得种植知识、种植文化、安全、艺术、科学等知识；通过课内外的劳动实践，提高学生的种植劳动技能，并使学生形成良好的劳动观念、劳动精神、劳动品质和劳动习惯。二是配备强有力的师资队伍。我高度重视劳动科组和劳动教师的配备，以我为领头人，广州市中心组成员龙有政老师为科组长，安排优秀的中青年教师为专兼职劳动教师。三是发挥家长指导教师的作用，各班聘请1名教师为小农田指导教师。学校家委会非常支持小菜园建设，为小农田提供菜苗、肥料等物资和技术等支持。四是加强小农田课程管理与保障。学校建立小农田建设领导小组和工作小组，由我担任组长，社区领导和家委会会长作为成员，形成家校社齐抓共管的局面。学校制定《渔小生态菜园管理制度》《渔小生态菜园作业管理制度》等农田运行与管理制度，建立"劳动专用室"，配备充足的劳动工具和肥料。机制的建立和劳动场室的建设，促进了小农田建设条件保障与专业支持。五是加强评比检查。学校开展各班小农田建设评比，每月让家委参与"生态菜园"评比，班级家委进行交叉检查，确保结果的公平公正。

三、教学篇

课堂教学是小农田有效实施的关键。一是我重视小农田课堂教学研究，制定我校劳动课堂评价标准；二是重视小农田课例的教学质量，开展集体备课、说课、研课、磨课活动；三是我两次执教种植劳动公开课，并指导年轻教师上好种植劳动课。近三年，我校形成了10个小农田建设的教学课例。

四、收获篇

渔小小农田建设在全校师生、家长和社区的精心耕耘下焕发着蓬勃生机，并取得丰硕的成果。一是促进了学生劳动素养的提高。大部分学生学会了种植蔬菜的知识、文化和技能，并运用种植技能在家里进行种植，体会到种植带来的快乐和成功，大部分学生形成了良好的劳动观念、劳动习惯和品质。二是学校收获成果和影响力。我校被评为首批"广州市科学种植科技劳动教育示范校园"、2022年广州市中小学劳动教育特色学校；由"渔小生态菜园"衍生出的"渔小食育课程"获得广州市中小学劳动教育课程征集活动"优秀课程"。我校小农田建设获得了专家高度好评，认为我校的小农田非常精致，投入不大，但性价比高，值得推广。此外，我在市区教研活动多次宣传了学校小农田课程建设的经验。由我制作的微课"如何在阳台种菜"还被广州市线上教学平台录用，并在全市教研活动进行展示和方法分享。三是教师专业发展得到

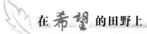
提高。通过小农田建设，不少教师的劳动教学和指导学生能力得到提高，多位老师承担了市区公开课，参加市区教学比赛获得佳绩。

　　渔小的小农田建设取得了良好的开端。今后，我将不断发挥小农田的育人作用，通过小农田建设促进我校劳动教育发展水平的进一步提高。

劳动育人　乐享种植

◎ 广州市天河区天英小学　黄艳钏

走进广州市天河区天英小学，映入眼帘的是干净整洁、蔬果花香的环境。校园"十处微景观"的"时趣东篱""四季花圃"和"百花果园"是师生们最喜欢的地方，这里有郁郁葱葱的菜田、有色彩缤纷的花卉，还有果实累累的果树，一片生机盎然。

为何想到要在学校里建设小农田？这要溯源到学校的开办之初，我的办学理念及个人成长的经历。

黄艳钏

一、明确目标，理念指引，知行合一

天英小学是乘着劳动教育的春风于2019年9月开办的新校，我们确定以"天道酬勤，英才卓跞"为办学理念，致力让每一个孩子成长为"勤德守正、勤思启智、勤锻体康、勤学尚美、勤劳创新"的卓跞英才。

五育融合，劳动筑基。担任校长四年多来，我积极探索，不断创新劳动实践教育的途径和形式，把劳动教育纳入三年发展规划，带领全体同事挖掘、发展、创新劳动教育课程，培育学生劳动素养，落实以劳树德、以劳增智、以劳育美、以劳健体，促进学生的全面发展。

我的祖辈父辈都是农民，对田地我有着深深的眷念之情，我自己的童年、少年课余时光，其实都是在农田里拔草、择菜、浇水、施肥等简易的农活中度过的。这些经历，不仅夯实了我的动手实践能力，也让我对学习、生活和工作更具责任心、更能吃苦，所以建设校园小农田，让我找到了"劳动育人"最佳突破口。

当然，建设校园小农田的初衷，更是我们贯彻落实"立德树人，五育并举"的根本任务，为实现劳动与学科教学、德育、智育等有机结合搭建有效载体，进而培养学生的劳动兴趣，激发创造力，促进学生身心健康和德智体美劳全面发展，为实施素质教育创造更多可能。

历时差不多一年的筹备，在家长的支持下，学校小农田于2020年5月建成，并通过海选征集命名为"时趣东篱"。刚开始，时趣东篱仅仅是由10个种植箱组成的20平方米的豆腐块。经过3年多的不断合理规划、升级改造，加上文化建设，如今的时趣东篱已经是实现每个班级都有一块专属菜田、几棵果树和责任花圃，让劳动种植就在身边真实发生，培养学生热爱劳动的品质，让他们在实践中锻炼耐心、恒心和毅力。

二、组织引领，搭建平台，榜样示范

天英小学作为新学校，90后的老师占比75%，他们大多缺乏种植劳动技能。如何让他们"五谷能分、菜草能辨"，不仅自己会种还要能教会孩子们种植，这对我来说是一大挑战。为此，我首先建立小农田的管理机制，成立了以我（校长）为组长的劳动教育工作小组，建立小农田管理制度，各司其职、携手共建小农田。接着，通过"请进来、走出去"的方式，开展线上线下多元培训活动助力教师专业成长，邀请专家如广州市教育研究院课程研究所邹立波所长、区劳动教育专干、教师发展中心研训员等到校指导，举行"新课程方案""义务教育劳动课程标准"研读学习；开展劳动课教学基本功技能比赛，让年轻教师在研训中不断提升教学指导能力，并爱上了劳动教育。同时，我争取机会搭建平台，承办区劳动教育教研活动，参与区劳动教育现场会，接待市骨干班主任和兄弟学校到校交流，申报市劳动教育优秀科组，着力劳动种植作业方案设计和活动案例撰写，推荐教师申报区、市劳动中心组成员，参加省劳动教育骨干教师培训等，让教师在学习、实践与成长收获中以自己是劳动教师为荣。我也时刻不松懈，不仅亲自在课堂上带领师生实践种植，激发学生们的好奇心，培养他们的动手能力和责任心；还不断反思总结，在市区教研活动中作经验分享，担任区劳动科组长，进行培训与种植活动研讨课的指导，把天英小学的经验推广出去。

三、规划课程，课题引领，纵深发展

俗语说，"创业难，守业更难"。如何让小农田的建设可持续发展，成为学校劳动教育的特色，那么系统的课程建设是关键。于是，在2021年学校评上广州市"4A"

小农田后，我又把课题研究与课程规划提上了日程，依据《广州市劳动教育课程纲要》《广州市中小学劳动教材》和《义务教育劳动课程标准（2022年版）》中"生产劳动"任务群的不同学段的要求及建议，遵循规律设计以"蔬菜、花卉、果树"为内容的主题式劳动种植课程方案。经过两年的实践，我们的课程方案获评为"广州市首批劳动教育优秀课程方案"；同时，我主持的课题《基于城市校园小农场种植劳动特色项目实践研究》也立项为广州市教研院2022年课题，以课题推动小农田建设向纵深发展。

四、种植赋能，蔬果花香，乐享成长

探秘、实践、劳动、收获……小农田是学校探索劳动教育的"田园课堂"，也是学生们亲近自然的"开心校园农场"。劳动小能手从农田里成长起来，每学期的开学赠礼是农田收获的蔬菜与果实。小农田也是"跨学科"教学的"活教材"，数学几何问题与方寸田地、苗壮成长的作物与写景作文、植物名片设计制作与创意美术、自然与科学都能巧妙地结合在一起。

劳动种植赋能师生成长，学校现是广州市劳动教育试点学校、广东省基础教育劳动教育学科教研基地学校，天河区首批劳动特色学校。因为结缘劳动、结缘小农田建设，让我这个有着25年教龄的教师也焕发教育事业"第二春"，被聘为广州市教育研究院第十九届劳动教育特聘研究员，广州教育学会中小学劳动教育专业委员会秘书长（首届）、副理事长（第二届）。

劳动教育　开启新篇

◎ 广州市华侨外国语学校　张颖晖

在东西部创新和加强粤黔两省教育协作帮扶的大战略下，我积极响应号召，肩负重托，带着广州越秀人民的深情厚谊，踏上支援西南教育帮扶援黔支教之路，远赴千里外的镇宁苗族布依族自治县思源实验学校（粤黔教育共建100所协作帮扶示范学校之一）参加教育帮扶工作。

张颖晖

我了解到思源实验学校是由扁担山镇、募役镇、丁旗街道三个不同地域的中学新组建的，学生从不同的地方来，文化素质参差不齐，还没有构成较为科学的、对教学质量的提高有着相当配套程度的教育质量管理体系。怎样才能使学校走出困境，推动学校高质量发展？

我立马行动，通过劳动+N赋能思源素养提升活动，把劳动教育纳入人才培养全过程，实现学生劳动教育的认知、技能、体验、参与、创新五大综合能力，带领镇宁思源努力走出一条新时代劳动教育新路。我带领学校老师开发打造思源小农田劳动实践基地，带领老师一起开展种植课程等。

我在劳动教育和教研工作上，对全校教师开展了"劳动教育课程实施"的培训，给学校制订了新时代劳动教育实施方案，搭建了学校劳动教育课程的框架，以劳动清单扎实推进劳动教育进课堂和常态化实施。手把手带出的徒弟杨小燕获得安顺市优质课一等奖；亲自组织首届学生劳动技能大赛和进行示范课，教育帮扶助力破解劳动教育实施难题。

同时，我组织学校与团委、少先队联合举行"以劳育美启新篇"首届学生劳动技能大赛，这个做法在镇宁是首例。我校根据学生的不同年龄特点，分层次、分年级、分项目进行比拼，围绕学生的每周劳动清单选定了不同的比赛项目。一年级：整理书包；二年级：佩戴红领巾敬队礼；三年级：穿外套；四年级：缝纽扣；五年级：缝沙包；六年级：剥玉米。这些看似平常无奇的小事，却给赛场上的师生们带来了无数的欢声和笑语。小学部各班级先进行预赛，在预赛的基础上，二年级组推选出20名学生代表，五年级组各班推选出7名学生代表，一、三、四、六年级各班推选出10名学生代表，分别参加学校总决赛。学校自筹经费给获奖的劳动小能手购买民族布娃娃作为奖品。

我开展劳动示范课"家庭创意菜单我设计"，课堂中通过任务导入—讲解说明—淬炼操作—项目实践—反思总结—项目升华—榜样激励几个环节，层层深入引导学生们自愿进行菜单创意设计体验，感受劳动的乐趣。

学校成立粤黔协作越秀综合名师工作室，通过综合多学科的研究来名师带徒、名师讲学、名师论坛、课题研究、教学研讨、网络信息交流、成果推广等方式，传播先进的教学理念和教学经验，指导工作室成员在教学教研和教育管理过程中成长。工作室在研究中发挥辐射带动作用，以示范课、研究课、专题课方式，师徒同台竞技等灵活多样的课型活动与形式，引领促进成员及队伍的快速成长，进而实现专业水平的迅速提升与健康发展。通过综合多学科的劳动教育研究，带动工作室成员及队伍的快速成长，进而实现专业水平的迅速提升与健康发展。

我主持的七年级活动课"健康水果茶的创意制作"，是"劳动+学科"融合教研活动的主题化、项目式学习综合性教学活动，具有创新意义。课程很顺畅地融合劳动、英语、生物专业知识，三位老师同时完成一节课。学生在欢快的课堂中不仅学习了如何配制健康的水果茶，还学习了蕴含了大量的生物知识和英文。这样的融合课例在镇宁县甚至安顺市、贵州省都是首例，成为融合教学的范例。

在学校劳动课技能实践课的设计中，经学校少先队大队辅导员老师赵永富提议，我把少先队礼仪实操纳入学校小学少先队员的劳动课实践里，将少先队礼仪实操与劳动课相融合，让队员们动手、动脑。在学校少先队"劳动章"的争夺中，队员们在德、智、体、美、劳上得到全面发展，从而增强了队员们组织归属感和光荣感。

广州市综合实践活动/劳动专委会带给我在思源实验学校开展劳动教育的底气和勇气，今后我将时刻关注教育的创新和发展，将劳动教育工作更好地融入教育生涯中，培养出更多优秀的人才。

综合实践主题活动筑就劳动教育新天地

◎ 广州市天河区沙河小学　郭淑珺

中国是传统农耕国度，中国人基因里就热爱种植。农耕种植是非常重要的学校劳动教育内容，但是如何让学生在校园里就有劳动种植基地呢——这是学校开设劳动课以来我一直想解决的问题。

我们学校在城区，校园面积不大，地面上没有地方可以开发出来做种植基地。但我思索，教学楼的天台还空在那里，如果把天台利用起来，改造成天台小农田，那么学生们上劳动课，上种植的课程，不就有了劳动实践的基地了吗？说干就干，我跑到教学楼天台好好的考察了一番，发

郭淑珺

现确实有可行性。而当我有这个设想之后，刚好就看到市教研院出台了第一届小农田评比的通知，我想这实在太好了，跟我的想法非常一致。而且，小农田是为学生建设的，建设过程就可以让学生一起参与，通过建设小农田这个综合实践主题活动，让学生的实践能力、主人翁意识得到锻炼提升。

于是，我就组织六年级学生们，带他们到天台实地进行综合实践活动——建设小农田主题活动。我引导学生：这个天台我们利用来建设小农田，建设好之后给我们同学作为劳动种植基地，要怎么设计建造呢？学生们本来就对种植很感兴趣，在之前我们都是用花盆或者校园花坛的一小角来上劳动种植课的。他们听到这整个天台都可以建设成小农田，以后可以来劳动种植，并且，这个设计还由他们自己来做主，他们非常兴奋，以小组为单位纷纷讨论了起来。我提醒同学们设计小农田的时候，注意几个要点：一是空间的合理利用最大化；二是有实用性；三是有可行性。哪一个小组设计

得最合理，那么我们建造的小农田就采用哪个小组的方案来进行。孩子们拿着尺子丈量，讨论规划设计，修改设计稿，一周后每个小组都形成了一个设计方案交了上来。我们在班上进行了讨论、评比，最后，根据三个方面的评判标准，评出了三个优秀方案，并把其中一个最合理的方案作为优胜方案入选。

接下来我就让施工单位按照这份设计方案进行施工，进行小农田的建设。小农田建设好了之后，新的思考来了，如何充分利用小农田，让学生上好劳动教育课呢？

于是我又带领六年级的同学们在综合实践课上进行综合实践主题活动——小农田的规划使用。我们讨论确定：第一是要有小农田的管理规章制度，有使用的规则，有安全的要求；第二是种植区域划分由各班级种植管理；第三，学校劳动课的教师上种植内容的时候，带学生上来种植及进行农作物生长管理劳动教育活动。我把同学们的综合实践活动成果——"小农田的规划使用"所拟定的管理制度、安全守则、分配管理方案上墙，并真正在学校劳动科组中实施，同学们非常有成就感。

小农田就在我们进行的综合实践主题活动中从无到有，到规范有序地有效利用，成为学校劳动教育的好场所。

在之后的小农田劳动教学过程中，为了解决兼职劳动课教师上种植课时的随意性问题，我带领劳动科组骨干教师开发了"油菜的一生""西红柿的种植""玉米的播种""我为蔬菜搭棚架""小农田土壤的改造"等课程，还结合学校少年军校特色开发出"种植红军菜"等一系列的小农田特色课程，让上小农田种植课的老师有了学习借鉴使用的课程，保障了小农田上课的质量。

用心耕耘，自然就成果丰硕。小农田课程"油菜的一生"入选了第一批广州市教研院编撰的小农田优秀案例集；包含了小农田红军菜种植课程的学校少年军校课程被评为了广州市第一批优秀特色课程；小农田被评为了第一批广州市中小学校园劳动实践小农田建设5A级单位。而我也被聘为广州市教研院第十九届劳动特约教研员、广州市教研院首届特聘研究员、广州市中小学名教师工作室主持人。小农田的建设丰富了学校的劳动教育资源，提升了教师劳动教育水平，培养了学生的劳动精神和意识，全面提升了劳动素养。

用劳动滋养孩子的心田

◎ 广州市番禺区大石中学　陈永健

我是一位农民的儿子，生长在世代
为农的家庭，后来经过努力学习，考上了
梦寐以求的番禺师范，以中专生的身份成
为了一位人民教师，吃上了邻里们口中的
"皇粮"，成为了他们心中的国家干部。
工作中我积极上进，想办法提升教育教学
效率，通过勤勤恳恳、兢兢业业、乐于奉
献地工作，我成长为广州市优秀教师、德
育高级教师、主管德育工作的副校长，
或许在德育工作这个岗位上会一直干到
退休。

陈永健

机缘巧合之下我重新认识了农耕文
化、农业劳动在教育中的作用。2019年初，广州市深入推进劳动教育，其中推进校园
小农田的建设是重点开展的项目，旨在促进学生树立正确的劳动价值观，感悟劳动实
践出力流汗，磨炼意志。大石中学要建设一块怎样的小农田？才有利于学生德智体美
劳全面发展，在农耕劳动中得到感悟？领导班子经过慎重考虑，决定创造条件，在学
校后门围墙边一块空地上建设属于孩子们劳动的乐园——小农田，并将小农田的规划
建设和管理交给我负责，从此我又跳入了"农门"，担当起学校劳动教育的重任。

"建设一个既有地方文化底蕴、农耕色彩丰富，又能滋养孩子心田的劳动乐
园"，这是我建设管理小农田的基础框架。通过走访和大量翻阅资料，我决定打造具
有岭南乡土特色，突显本土文化，又能起到很好教育作用的劳动实践基地，并融合我
校"自我超越、共荣共生"的办学理念，将小农田命名为"共生园"。

共生园包括"种植园""养殖园""生态园"三大功能区域，其中"种植园"划

分为学生种植体验区、岭南水果研究种植区（间种中草药）、本土作物认知种植区、教师示范种植区、桃李园感恩教育区。这些功能区为广大热爱劳动的师生提供了广阔的天地，师生在种植中享受到了劳动、探究的乐趣。"养殖园"设计为小动物喂养与繁殖区，主要规划有山羊、兔子、鸡、鸭等小动物，由各班轮流喂养，其食物主要来源于种植区。"生态园"为种植园后面的一小片生态林，主要用于师生在种植之余开展观察研究、实验研究等。

为了更好地向学生传递劳动教育的知识与技能，我亲自担任劳动教育专职教师。通过自己先学和实践相结合，开设了"农耕基本知识""小农田种植基本技能""种植作物再加工"等课程，向学生传授农耕文化、本土农业发展史、大石特色农业等知识，传递着整地、除草、浇水、搭架子等技巧，教会学生凉拌黄瓜、豆角炒肉片、红烧茄子等菜肴烹饪。看着同学们在共生园里求知的眼神、欢快的劳动、收获的自豪，心里面的满足感油然而生。

为了发挥共生园的最大教育功能，充分利用共生园教育资源，我牵头挂帅，以"共生园"的开发建设为依据，组织骨干教师编写基于校情与学情，结合学校办学特色以及发展方向的劳动课程，如"约会岭南佳果""传统文化书法教学中渗透劳动教育的实践活动课程""亲子厨房—劳动实践活动课程设计"等，主持番禺区"十四五"劳动教育课题《基于校内小农田的劳动教育资源开发与利用的实践研究》。师生经过不断的劳动实践，形成了100多份劳动教育案例和300多份学生小农田劳动心得体会，打造了具有大石中学校本特色的劳动教育资源。

从劳动中来，到劳动中去，体会劳动的快乐，这就是我作为一个劳动教育老师的最大动力。

深挖资源　创建"百草园"

◎ 广州市番禺区市桥南双玉小学　陈惠茹

2022年，在草长莺飞、春光明媚的二月，我来到了市桥南双玉小学出任校长一职。南双玉小学淳朴热情的师生深深地打动着我。

南双玉小学整体布局合理、群山环绕、绿树成荫、枝繁叶茂、鸟语花香，环境幽静美丽。学校的西南角是一片郁郁葱葱的小菜园，在师生们辛勤的照料下，一年四季瓜果不断。在小菜园的旁边有一片空地，我就和老师们商量，能否把它改造成一片中草药种植基地，结果和老师们一拍即合。

陈惠茹

我们向市桥城区教育指导中心提出规划和申请后，获得了指导中心的大力支持，从不多的经费中拨出一笔资金给南双玉小学，用于中草药种植基地（命名为"百草园"）的建设。

2022年底，百草园破土动工，历时三个月，基本完成了地面施工。百草园刚建成时，土地贫瘠，石块和杂物很多，不利于中草药植物的生长。我就和梁金妹主任，大队辅导员黄振华老师、童淑萍、明莉老师利用劳动课和放学后的时间，一次又一次地带领孩子们清理出泥土里的大石头、砖块、水泥块、枯树根等杂物。南双玉小学地处乡村，多数学生家长也都是农业劳动的能手，家长们也纷纷走进校园、肩扛手提、一掀一铲地将泥中的杂物清理得干干净净。

为了改善百草园的土壤结构，孩子们将每天早上扫到一起的树叶撒入花池，并将树叶翻入泥土。为了肥土，我和孩子们、老师们、家长义工们一起往百草园中运红土和塘泥。塘泥又黑又臭又硬，可是老师、孩子们和家长义工个个不怕脏、不怕累，运石块、抬土、提水，干得热火朝天，汗流浃背。

中草药种类不多，孩子们就从家里或自家爷爷奶奶的地里挖来紫苏、艾草、九层塔、薄荷、火炭母、柑橘、柠檬……半个学期过去了，在学生们辛勤地耕耘和精心地呵护下，百草园已初具规模，第一批种植的中草药也存活了。

每天早晨或中午，都能看到三五成群的学生在自己的"责任地"里观察、测量、记录，然后打扫清洁、除草、培土、浇水，个个兴致勃勃地忙碌着，脸上洋溢着充实而喜悦的笑容。

我们打算将百草园与学生的学习、实践、劳动结合起来，专门安排负责干部，聘请种植技术人员，与科学课老师一起，对学生进行种植、管理培训。利用科学课、综合实践课、劳动课，让学生学习一些中草药的种植方法，能识别"百草园"所有的几十种中草药，能熟练地介绍本班"责任地"里的中草药，知道药名、别名、产地、药性、功效等，并了解如何种植、采摘、焙制这些中草药。

我们还打算每年举办一次"中草药节"，进一步提高学生的劳动实践能力和更好的学习丰富的中草药知识。如展示采集、压制、制作定型的植物标本的过程；利用百草园里植物的叶片、花瓣压制后做成栩栩如生的叶画；通过图文并茂的形式，把百草园中植物的介绍做成科技小报；把制作菊花茶、桂花酒、艾糍的过程，写成科学小论文；把在百草园活动的内容制作成展板。

"青青园中葵，朝露待日晞，阳春布德泽，万物生光辉。"在市桥南双玉小学全体师生和爱心家长义工的共同呵护下，百草园一定会欣欣向荣，生机勃勃。中医药文化是中华文化的瑰宝，百草园一定能不负众望，让孩子们在这里学到丰富生动的中草药文化知识，发扬中医精神，传承中医药文化，并在同学们心中种下一颗"悬壶济世"的种子。

我校的百草园中草药种植实践活动，充分利用了"地、时、人"的因素，将大力提升学生的动手能力、实践能力、种植技能、个性发展、科学创新意识、创新精神及创新能力，使优秀的传统文化——中医学药物研究得到宣扬传承，为祖国中医药方面的人才培养奠定基础。

让"善乐园"小农田成为师生快乐成长的沃土

◎ 广州市荔湾区林凤娥小学　李勉聪

2021年8月，荔湾区教育局组织安排我到荔湾林凤娥小学任副校长。校长彭文辉高瞻远瞩，让我主管学校劳动教育工作。长在农村的我，对土地有着一份深厚的感情。针对本校劳动教育，我采取了如下举措：

一是提升农田质量。当我来到荔江美筑校区看到了有一块200多平方米的小农田时，十分庆幸学校拥有在校内的劳动实践区域，学生可以充分利用时间开展各项劳动。因暑假期间管理不是很周到，校园小农田长满了高高的杂草，土地也是建筑

李勉聪

泥土居多，相对比较贫瘠。于是，我带领体育科几位老师和实习教师利用中午时间，顶着烈日"开荒造田"。一周的时间，校园小农田焕发新貌，每班都整齐划分一块"责任田"。结合学校"善本教育"办学理念，我给小农田起了"善乐园"的名称，希望孩子们在小农田劳动实践中，感受劳动的乐趣。为提升小农田建设水平，我积极申报劳动课题，2022年4月，《基于科技发展产生的学生劳动素养新探索》立项为2021年度广州市荔湾区第二批科技计划项目，2022年投入10万元资金加建大门、铁围栏和周边的宣传设施。

二是科学安排人员。结合学校实际，我全面构建小农田教学队伍，以劳动学科教师为主，聘任保安、清洁工、家长志愿者等为劳动顾问，与农科院、高校等专业单位建立联系，邀请专家不定期到校指导小农田推进情况。有了好的团队，孩子们热情地参与到小农田建设中，在劳动中获得知识，收获快乐。去年我邀请广东艺术促进会、

荔湾非遗协会的杨老师到本校为学生进行岭南押花艺术知识讲解，邀请华南师范大学副教授黄秀军到善乐园进行劳动教育特色品牌提升；聘请四名学校保洁人员和保安为劳动顾问，在学校日常工作之余能第一时间到现场指导学生，及时协助学校做好养护工作；聘请有专长的学生家长为劳动教育顾问，邀请其到善乐园做劳动技术指导。

三是构建特色课程。"如何合理用好小农田，让孩子们能有所收获"，这是我一直在思考的问题。以前常态的管理和劳动课堂学习还有改进的空间，在参加各类培训时，一些有效的做法给了我很多的启示。首先我结合《义务教育劳动课程标准（2022年版）》要求，依托善乐园劳动基地和学校周边资源开发了"荔湾文化精品课程""田园劳动课程"和"快乐生活课程"三个课程群。同时，结合专家的指导意见，我与劳动科组的教师正在探索如何科学种植和构建学校劳动教育大课程体系，在课程设置、整合、资源利用、评价等方面开启劳动课程育人的创新路径。

四是举办主题活动。要让小农田活起来，除了日常的劳动课程还远远不够，我带领教师们积极开展喜闻乐见的小农田实践主题活动，充分发挥劳动综合育人的功能。每年5月的劳动周系列活动，让孩子们到小农田里体验劳动的艰辛。2022年9月23日，在善乐园举办以"庆丰收，迎盛会"为主题的2022年中国农民丰收节庆祝活动，感受丰收的喜悦，感悟分享的快乐。邀请劳动专家教授实地指导小农田建设，邀请技术人员到学校传播劳动技能，为学生带来丰富的知识，让孩子明白劳动的意义。

五是探索评价体系。当前学生的劳动很多是过程性的，如何客观综合反映一个学生的劳动素养，是当前比较关注的问题。党的二十大报告首次将"推进教育数字化"写入"办好人民满意的教育"部分，提出"推进教育数字化，建设全民终身学习的学习型社会、学习型大国"。我从2022年10月起，组织学校劳动学科和综合实践学科的教师，以善乐园小农田建设为平台，积极探索劳动教育评价系统，综合劳动教育课程、劳动周、家务劳动、社会实践活动等，对学生的劳动素养给予客观的评价。在新课标前已经修订6稿评价方案，在新课标之后又再修订2稿，近期将推进劳动评价与科技结合，按照计划推进系统建设，争取能形成区域劳动教育可以推广的经验成果。

六是搭建成长平台。善乐园小农田不仅仅是孩子的劳动乐园，也是教师的成长乐园，基于此，我鼓励相关的学科教师以善乐园为依托，一方面让基地具有的优势融入教学过程，让教学"活"起来，另一方面改变学生在教学中的地位，使他们成为名副其实的知识的发现者、探究者和运用者，学习的积极性和主动性被大大地激发。教师在利用基地开发课程资源这个大课堂中，努力向实践型和研究型教师迈进。学校老师自主开发的"善动手，乐劳动"劳动实践案例获广州市劳动案例评比二等奖，"岭南花卉探究"劳动教育项目课程获广东省项目学习二等奖。2021学年，学校分别参加

广州市劳动教育现场会和广州市大中小学2022年"学校劳动周"成果展示现场会，我校成为广东省基础教育劳动教育学科教研基地实验学校，广州市劳动试验教材试点学校、广州市综合实践活动基地学校。

在传承中发展，以农田育心田

◎ 广州市天河区长湴小学　杜碧红

广州市天河区长湴小学是一所有着30多年"劳动教育"特色的学校。在这里，一批又一批的长湴学子热衷于种植各种蔬果，这已成为校园里一道美丽的风景。自2019学年担任长湴小学校长以来，我就开始思考：结合新时代赋予劳动教育的内涵，学校的劳动教育应如何在"传承"中"发展"呢？我想，让学生成为懂劳动、会劳动、爱劳动的时代新人，应该成为我们的劳育目标。

杜碧红

于是，我带领全校师生在校内积极开辟小农田，以班级责任制的形式进行建设和管理，并以"农业生产劳动"课程群为载体，把劳动教育与德育、美育等各学科融合一起，培养学生劳动兴趣，磨炼学生意志，激发学生创造力，促进学生劳动素养的全面提升。

一、因地制宜，让学生动起来

学校占地面积为21940平方米，绿化面积10944平方米，场地开阔、环境优美，但缺乏对劳动实践场域的整体设计与科学规划。为了能给予每个班、每个学生有参与小农田劳动实践的机会，我带领老师们在校园里反复考察，深入挖掘学校环境资源，以学校原有的"种植"特色为主，因地制宜，不断开辟新的种植基地，使学校的小农田种植面积从原来的216平方米发展到414平方米。

在保证学生有充足的劳动种植实践的空间后，我在师生中进行调研，对不同区域的小农田进行了重新规划：天台以棚架类的瓜果为主；升旗台、校道旁的小农田以种植蔬菜花卉为主，生物园和小操场的小农田由各班承包，以粮食作物为主。这样的设计使学生进出校园、参加各种活动均能见证植物的生长过程，感受植物生长的力量。各班及学校种植小组的同学在教师、家长、与学校建立共建关系的植物园专家的指导下，结合春夏秋冬的季节特点，开展小农田种植的实践与研究。

二、学科融合，以课程育素养

接着，我要思考的是如何才能发挥小农田最大的育人价值呢？我一方面认真学习《中共中央　国务院关于全面加强新时代大中小学劳动教育的意见》《义务教育劳动课程标准（2022年版）》《广东省教育厅关于印发〈广东省加强学校体育美育劳动教育行动计划〉的通知》《广州市中小学劳动教育指导纲要》等政策文件，领悟文件精神。另一方面积极立足校本，依托小农田实践基地，以"作物成长记""作物变身术""鱼菜共生乐"三个项目，整体构建1—6年级的基于项目式体验的农业生产劳动框架，劳动种植活动与语文、数学、英语、美术、科学、综合实践等学科融合，积极推进小学劳动课程的校本化实施。我还鼓励班级积极链接资源，建立小农田种植实验室，由学生搭建、安装科学种植棚，组装自动浇灌装备，开展土壤成分研究、虫害预防实验等，推行间作种植，改良耕作方法。学生在劳动中不仅有实践，还有体验、有经历、有思考，提升问题解决的能力，促进学生劳动素养的提高。

三、促行育心，让劳育助成长

在小农田耕作期间，学校里出现过"偷菜"的故事、"过度浇水"的事故、"劳动工具失踪"的情况，等等。我带领老师们把这些事件转变为宝贵的教育资源，引导老师们关注于解决问题，寻找行为背后的原因，了解学生的需求，进而引导学生寻求解决问题的有效方法，培养学生解决问题的技能，帮助孩子体验到归属感和自我价值感。

学生在长期的劳动实践中，对农作物产生浓厚的感情。小农田里的植物应季而生，让学生感受四季轮回、八方繁衍；培养了学生解决问题的能力，让学生懂得了分享。他们将自己的劳动成果以文字、图片、视频等方式与他人进行分享。小农田不再仅仅是流汗出力的地方，更是让学生学习种植技能，磨炼心智，学会合作，收获友谊，体验生命的价值和劳动的快乐的场所。学生的劳动实践滋润了每一块小农田，更滋养每一个学生的心田。

近几年，学校的小农田建设在传承与发展中卓有成效。学校被评为了广东省基础教育劳动教育学科教研基地试验学校、广州市劳动教育特色学校、广州市中小学校园劳动实践小农田建设5A级单位。未来，我也希望能继续立足校本，让劳动成为一种巨大的教育力量，成为我们学生精神生活的需要，为学生的成长赋能。

用耕耘的汗水孕育希望的种子

◎ 广州市增城区派潭镇第二中学　龙锦胜

"立德树人"是国家教育的根本任务，培育德智体美劳"五育并举"的学生是新时代的需求。在派潭二中校园小农田建设中，作为学校德育副校长的我坚持以《义务教育劳动课程标准（2022年版）》和《中共中央　国务院关于全面加强新时代大中小学劳动教育的意见》为指导，将"培养有中国灵魂、有世界眼光、具有正确劳动观念、良好劳动习惯和品质的现代人"作为目标，结合荔乡文化特点，高效组织学校相关部门设计方案、开发项目、督导实施，积极探索校园小农田建设的路径和策略，因地制宜地开展各项小农田劳动探究实践活动，提升学生劳动素养。

龙锦胜（左）

一、设计小农田建设方案，构建组织领导机构

在学校教育中，培养什么人，其实是由课程体系决定的，派潭二中校园小农田建设要有成效，我认为首要的环节就是设计好小农田建设方案，构建组织领导机构，让这门课程有案可循，有组织、有指引、有保障、能实施、有成效。在"派潭二中校园小农田建设工作方案"中，本人任组长，主要负责各方面的统筹和协调，比如人员的分工、课程项目的选定、后勤保障、教师培训等。同时，我还注重通过管理落实和考核评价、家校沟通、校外专家活动平台的搭建等多方面促进我校小农田建设健康有序高效推进。

二、规划校园小农田，建设劳动探究实践基地

在校园小农田规划和创建中，我组织总务处人员，结合校园文化、荔乡文化和劳动教育的实际需要，综合考虑校园各个场所和园地的布局和用途，将校园的东北角约130平方的空间改建为校园小农田探究实践基地，命名为"勤耕园"，寓意我校师生能够用耕耘的汗水来孕育希望的种子，通过劳动教育辐射德育、智育、体育和美育。派潭二中校园小农田现已成为传承荔乡文化、具有体验意义和劳动探究价值的师生参与的校园劳动探究实践基地。

三、借助专家资源，开发小农田劳动探究实践项目，培养学科带头人

我组织教学处和劳动科组教师，运用广州市教育研究院课程教材发展研究所所长邹立波教授主编的《综合实践活动·劳动》教材资源，进行卓有成效的系列研讨，借助专家力量开发适合我校实际的小农田劳动探究实践项目。同时，我还邀请综合实践和劳动教育名师、教研员对我校劳动教育老师进行培训、备课、听课、评课指导，支持劳动教育老师参加各级各类教研活动。群策群力下，我校曾秋荣老师成为增城区劳动特约教研员，刘智铭老师成为广州市劳动教育中心组成员。

四、完善各项制度，督导课程实施

借助《综合实践活动·劳动》教材资源，我认为校园小农田劳动探究实践项目应该与学生的日常生活劳动、生产劳动和服务性劳动深度融合，制定相应的教师管理制度、学生管理制度、劳动工具使用制度等，以规范管理流程。在学生进行小农田探究实践活动过程中，只要能抽出时间，我都会到勤耕园观察，乃至亲自示范指导，为进一步落实、落细各项制度，为督导校园小农田课程有效开展提供保障。

五、搭建内外平台，激发课程活力

为了激发师生教学动力，我建议政教处和教学处在期末联合组织评选"劳动能手"和"小农田劳动达人"。为了拓宽师生视野，增添校园小农田课程的活力，我还鼓励师生积极参加各项展示、竞赛活动。比如，指导学生参加广州市中小学"五个一"劳动教育实践活动，指导学生开展派潭镇万果小镇研学活动，带领学生将具有农耕特色的非遗文化节目"舞春牛"在广州北京路展演，带领学生将我校的"丰收锣

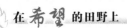

鼓"在增城区开耕节上奏响并参加插秧活动，指导学生参加航模建模比赛，用现代科技服务传统农耕，等等。在各项竞赛活动中，我校师生收获了多项殊荣，其中国家级4项、省级5项、市级9项、片区级3项。在各级展示活动中，我校用艺术形式展示的农耕文化深受人们的欢迎，收获了掌声和赞誉。

笃定前行　行稳致远

◎ 广州市越秀区水荫路小学　冯毅妍

本人冯毅妍，广州市第18、19届特约教研员（综合实践），第三届骨干教师，2019年荣获广州市中小学教师素养大赛二等奖，2018年、2022年分别获市教学成果先进个人奖和特约教研员研究成果特等奖。

冯毅妍

我很荣幸参与了水荫路小学小农田的规划与建设工作。围绕学校小农田建设工作，作为市、区理事、特约教研员，我主要围绕以下三点开展工作：

一、坚定信念，做好传递桥梁

水荫路小学全体行政与教师一直有"笃定前行，行稳致远"的工作原则。用汗水浇灌收获，以实干笃定前行。正所谓心无旁贷，方得始终。我牢记原则，每次参与市区教研与各项评比活动，都以最虔诚、专注的心认真学习各种理论知识，理解与传递文件及大纲精神，做好上级与学校传递的桥梁，落实好一线上的教育教学。如小农田的建设，我校已荣获广州市中小学首届5A小农田荣誉，如何把它建设得更科学、合理、规范和实用？如何使其更适配并更广泛地应用到综合与劳动的教学，甚至在STEAM的课程研究中，提升学生的综合素养与各项能力？这时，我会把市专委会的最新的理念与政策带回学校，通过与负责行政的汇报与沟通，往往能很快碰撞出最直接、有效建设与发展方案，并在正副校长们与后勤的保障下，很好、很快地落实课程与硬件的建设，使得"百草园"这块5A小农田更有实用意义。如参观广雅小学的现场会，我们观察到其小农田对鱼塘肥料进行再利用并用枯枝落叶沤肥，很受启发。在与校长的沟通中，我们又找到了我校小农田下一步改造和完善的方向，并悟出科技管理小农田的必要性。这无疑是一个创新性的开始。

二、学习经验，根据实际实施

每次市组织的现场会或教研活动，对一线老师来说都是一个很好的学习机会。记得2022年到天河渔沙坦小学调研，潘国洪校长介绍天台菜园，其建设与完善的管理让我们眼前一亮，他们还开设了水培研究。2023年，我市"一课两讲"推进双课程均衡发展教研现场会在该校举行，从邹立波所长"一课两讲归回主题"的专题报告到一个个精彩的课例展示令与会者耳目一新，既提升了综合与劳动课程水平，也推进五育并举的落实，让我们收获甚丰。在与正副校长详细汇报后，我们借鉴该校蔬菜常识的宣传，针对我校小农田药圃的中草药特色种植，由我校大队部牵头带领各年级队干完成了小农田内各种植物的标识，并录制介绍草药的特征、药效和食用方法的视频，再以二维码+英文做简介，让走进百草园的每一个人都可以第一时间了解中草药的生长和作用。这就是我校灵活借鉴、学习和创新发展小农田的又一举措。

三、不断改进，合力行稳发展

我市小农田的建设，各区、各校是百花齐放，芬芳满园。我曾经参观与见证了越秀中星小学、增城石海小学、西宁小学小农田与劳动课程的建设成果，在学习之余，更多思考的是如何促进本校小农田与科组的建设与发展。也只有学校自身紧跟教改的步伐，不断地改进，才能让各科组焕发新的力量。对于我校小农田的建设与发展，一直以来我很注重三种合力，也积极推进这三股力量对我校小农田和科组建设的助力。

一是学科与学科的合力；二是学校与共建单位的合力；三是学校与学校之间的合力。

我校是我区最早的一批STEAM实验学校，本学期由梁校长牵头，我们一起规划了我校小农田的建设与发展。首先，把语文、科学、信息、数学、美术、英语、劳动与综合实践活动等多学科相融合，开展了在百草园小农田相关系列的课程研讨。其中激光驱鸟、英语介绍中草药、美学教育、数学统计等已经分别融入教学，相互渗透，极大提升了劳动教育的水平和素养。其次，利用共建单位中医药大学、四会劳动基地、园林科研所等开展讲座进校园、走进科普基地参观学习等，极大提升了学生吃苦耐劳、不怕出汗的劳动精神和主动参与劳动的意愿和态度。最后，和其他学校合作，促进小农田的发展。2023年下半年，在我区育才中学的联动下，我请学校给小农田安装了两个可旋转的摄像头，用于学生在家能观察到本班种植的中草药生长情况：一是近距离观察药株，二是远距离观察整片草药的生长。这种校与校的合力，也有利于学生的学习。一句话，资源的共享和三者的合力或者以后更多的合力，更有利于小农田的建设与学校的科组的发展。

"笃定前行，行稳致远"，一切为了学生，为了学生的一切，我们都在努力着！

"耕·创"园里"耕·创"人

◎ 广州市南沙区东涌中学　熊翠梅

东涌中学的小农田取名为"耕创园"，是省教育科学规划重点课题"'耕·创'劳动教育课程开发与实施的研究"的研究基地。东涌中学立足本土的东涌水乡文化的传承，开展创新劳动教育活动，既有农耕实践又有创新技术的融入，通过践行"耕"，融入农耕劳动、科技、生态环保等进行"创"，"创"中知，让学生成为一个全面发展的人，爱劳动懂创新，事稼穑立性命，把劳动教育的内涵和外延与时代变化紧密相连。

熊翠梅

这个耕创园由学校的生物园升级而来，耕地总面积有3043.2平方米，分为水生植物区、中草药园、乔木区，学生只在这里开展基础的农耕劳动体验活动，没有被很好地利用。我请示了学校领导，走访了广雅实验小学的科技小农田和其他现代农业园区，访问了部分家长，也找了学生面谈，找到我校小农田劳动教育活动正常有序开展活动的路径，即"借助"—"完善"—"融合"—"育人"。"借助"外部项目平台力量，"完善"我校小农田的升级改造，"融合"多学科的力量开发小农田课程案例，实现劳动"育人"。

首先，借助外部项目和劳动研学基地的力量。我校是省教育科学规划重点课题"'耕·创'劳动教育课程开发与实施的研究"基地学校，同时加入广州市小菜园工程食农盒子项目、广州市教育局中草药种植进校园活动和广州市中小学结对共建劳动教育活动，这四个项目都能够提供教师资源、课程资源，甚至外出研学的机会，让学生学习参与更加专业的劳动教育课程。我校还组织老师和学生参观南沙现代农业园、南沙东涌种业小镇、广州市花卉研究中心，学习到基本的种植原理和技术。如，挖大的番薯要找地面裂缝最大的地方挖、阳光玫瑰的温室种植技术、截取一小块叶面细胞就可以培养出很多跟母体一样的红掌幼苗等。学校借助外部平台的力量提供更多的劳动实践活动的机会，让师生开阔眼界。

其次，"完善"小农田的升级改造。打铁还需自身硬，要想活动开展好，自身的小农田的设施设备也要跟上去，不然单是浇水就要花费大量的人力物力。于是我申请了2022年广州市科技教育项目经费5万元，邀请了邹立波教授、广雅实验小学吴坎宋老师莅临指导，学习如何规划小农田的升级，如何更有价值地开展小农田劳动教育课程。何冰校长也非常支持我的工作，批准了近10万元的经费用于小农田的升级改造，完成了耕创园中智慧农田的建设。现在我们可以使用手机小程序监控土壤的温度和湿度情况，远程控制智能浇灌系统。

再者，"融合"多学科的力量。一群人才能走得远，邀请多学科老师学习小农田课程设计、课程指导纲要，对学校小农田课程进行顶层设计，分为立志、尚德、博学、创新课程，贯穿于日常教学和课后劳动的全过程，将学科知识学习应用转移到小农田环境中，促进所学知识，让同学们学知识、练技能、悟人生。除了种植劳动课程，还有结合植物识别对应古诗词或者文学作品赏析，植物扎染、拓印、压花工艺学习与实践，融合了信息技术的智能灌溉系统的搭建学习、监测动植物的生长情况、生物发酵液态肥料制作与使用、液培监测、营养液配置、耕创园水环境的净化作用研究、土壤情况监测与改造、农田景观模型设计与制作等活动。这些活动使学生获得丰富的劳动实践经验，形成正确的劳动观念、养成良好的劳动习惯、培养真挚的劳动情感、掌握必备的劳动技能和训练创造性的劳动思维。

最后，劳动育人，五育并举，促进学生健康成长。学生在劳动教育中越发灵动、自信。我校有常规的每周一节劳动课，还有逢周二和周五课间操是劳动实践活动固定时间，内容有：催芽、育苗、定植、除草、拉网、吊蔓、施肥，除虫等，还有开耕仪式的劳动周，内容有：翻土、培土、晒土、定植等。学生参与自己包干区的农事劳动，体会到劳动的艰辛——鞋子衣服会脏，小农田里有很多蚊子，但是同学们都一一克服，培养了他们吃苦耐劳、奋发向上的劳动意志和品格；当学生熟练地拿起锄头翻地，呼唤小伙伴一起拉网时，他们的种植技能、组织能力及合作能力得到了培养和提升；当孩子们采摘酢浆草的根茎并比大小、拔出铜钱草回教室水养美化环境、采摘小番茄送给老师们品尝、每天去小农田摘黄瓜奖励班里当天表现优秀的同学时，他们更深刻地体会劳动创造美好生活。

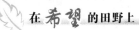

耕创园收获了很多荣誉，如：广东省劳动教育教研实验基地，广东省劳动教育特色学校，广州市首批科技种植示范学校，广州市4A级小农田等。耕创园更见证了同学们成长的点点滴滴，让我这个耕创人不忘育人初心，砥砺前行！

建设校园小农田　推进劳动促成长

◎ 广州市番禺区沙湾龙岐螺阳小学　梁绮铭

本人梁绮铭，2003年毕业于华南师范大学教育学专业，取得全日制教育学学士学位。2019年担任学校德育主任职位，主抓劳动教育。为了抓好劳动教育，我主持制定学校《广州市番禺区沙湾龙岐螺阳小学劳动课程建设与实施方案》，以点带面全覆盖推进学校劳动教育实施，特别注重建设校园小农田，为师生提供劳动实践平台。

2019年，我校开始建设小农田——知行园。园地占地面积480平方米，分两期建设，投入资金近20万，配备自动灌溉等

梁绮铭

技术化设施。这是一项由无到有的工程，由我主要负责。为做好建设工作，我和施工方共商设计，多次修改图纸，跟进每项设备的具体细节，历经两年的不断改进，终于建成现在功能齐全的小农田——有科普展示区、花卉种植区、瓜果和蔬菜种植区、叶菜种植区等。我校小农田还取得突出成果：2019年我校被评为广州市番禺区中小学劳动教育实验学校；2021年被评为广州市番禺区中小学劳动教育特色学校；2021年知行园被评为"最美广州城市小菜园"，同时获得广州市最美城市小菜园优秀组织奖；2021年知行园在番禺区中小学校园小农田建设与评比中，获评4A小农田；2023年我校被推荐为广州市第二批小农田建设优秀成果学校。

为了使知行园劳动教育的推进处于规范和有序的最佳状态，我主持制定《龙岐螺阳小学劳动实践阵地劳动实施与管理方案》，把知行园分为24块实验田，按照二十四节气命名，24个教学班每班负责一块责任田，配备充足的劳动设备和工具，各班自主

经营管理。学生每天参与农耕管理，学习农耕知识，享受劳动的喜悦。

为了避免劳动教育课程内容的杂乱、单一，我协助建构了学校"244"劳动教育课程体系。其中，种植劳动教育课程依托知行园开设。为了整体优化种植劳动课程设置，落实劳动课程常态化，我带领劳动科组设计劳动教育课程目标，进行种植劳动课型及课堂环节设计，每学期常态开展劳动教师种植劳动知识和技能培训、开展常态教研课，引导老师在教学内容中实现学科知识和技能的渗透融合，提升师资队伍建设。我校劳动科组在2022年番禺区首届劳动优秀科组评选活动中获二等奖。

依托"244"劳动教育课程体系，我还作为主编人员开发了校本劳动教育课程教材《劳动我最美》，构建课程资源。教材从学校、家庭与社会三个层面指导学生开展劳动实践活动，其中第二单元"知行种植小能手"结合知行园指导学生科学种植。

作为德育主任，我还依托知行园推动学校开展多姿多彩的劳动教育实践活动：开展"知行园快乐种植"系列活动，指导学生在知行园种植、观察及记录；成立"爱心农作物赠送月"，把农作物的收成赠送给社区困难户和孤寡老人；收成的蔬菜瓜果让学生带回家进行"快乐种植，健康烹饪"活动。我同时也是劳动教师，带领学生在知行园实践探索，学生依次开展了"中草药研究""如何让玉米高产""逗你玩"等创造性劳动探索活动。

由于我的积极推动，近三年，我校师生的劳动作品参加各级劳动主题比赛，获得省级荣誉、奖项6项，市级荣誉、奖项2项，区级荣誉、奖项26项，镇街级荣誉、奖项29项。2020年12月我校承办沙湾片区中小学劳动教育工作经验交流活动，提供了一至六年级共六节优质的劳动教育课例；2021年10月在番禺区教研室视导活动中在知行园展示了两节劳动教育课例。课例展示获上级部门和兄弟学校的一致好评。

我积极参加教研活动，是番禺区"十四五"课题《小学新劳动教育课程的开发与实施》的成员，是番禺区教育科学规划课题《区域性义务教育劳动素养评价工具的开发与应用》的成员；论文《依托劳动基地推进劳动教育的实践研究》发表在《少男少女·教育管理》杂志。

"以劳树德，以劳增智，以劳强体，以劳育美，以劳创新。"我将继续深耕劳动教育，继续建设学校小农田，继续带领螺阳师生不断进步！

以耘为乐　实践育人

◎ 广州市番禺区钟村中心小学　张嘉韵

　　本人张嘉韵，是广州市番禺区钟村中心小学劳动教育科组长，也是一名普通的班主任。我校以"实践出真知"为理念，加强小农田建设，开发"觅真园"劳动基地实践课程，让学生在劳动实践中获得体验，传承工匠精神，培养观念，形成品质；在实践中创新，感受劳动创造生活美，做到真正意义上的"知行合一"。结合学校劳动教育的开展，我在小农田建设中作出了以下尝试：

张嘉韵

一、开发"觅真园"劳动基地实践课程

　　我与课程研究小组成员们依据不同学段分层设计，开发"觅真园"劳动基地实践课程。课程强调知识习得与技能训练相结合，理论与实践相结合，课内外相结合。课上学习种植技能，然后来到劳动基地里种植、浇水、松土、除草、捉虫、施肥，并记录好，按照分工与老师们投入到劳动实践中去。在课程开发与实施过程中，我带领科组成员进行课例研究，在各个年级围绕花卉的种植、日间养护、设计制作一共上了6节课，钻研劳动实践基地劳动课的教育模式，推进耕作劳动教育课程的实施。在各班的种植基地，每一寸土地都活跃着勤劳的师生，有的锄草，有的松土，有的浇水，有的施肥……师生们顾不得脸上的汗珠，尽情享受着劳动带来的快乐。课后，学生把在学校学习到的知识和技能运用到阳台种植中，在实践中强化劳动技能。

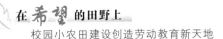

二、开发"花花世界"系列课程

广州有花城的美称，花城文化像一股清泉，流淌在广州城的每一个角落。而钟村花场很多，不少人以种花养花为职业。我们科组基于地域特色，以"花"为主题，利用"觅真园"劳动实践基地种花、养花。各年级以"花"为主题衍生出不同的特色课程，利用劳动基地的花卉材料，开发"花花世界"系列课程，让学生学习到与"花"相关的劳动技能，如趣味花艺、制作鲜花书签等，让学生体验劳动辛苦与收获幸福的同时，提高动手操作能力，培养想象力与创造力，还养成热爱生活的态度，感受劳动创造生活美。

三、班级特色文化建设，培养"以耘为乐"小能手

耘乐班结合学校德育工作开展了四个以"耘乐"为主题的班级特色系列活动，各个活动主题鲜明有特色，活动形式多样化。耘乐班感知劳动带来的快乐，从行动上优化"劳动育人"的观念，打造班级品牌，落实学校培育小真人的教育理念。劳动教育背景下的班级文化建设，不仅给予了学生成长、成才的实践平台，而且激发了学生不断挑战自我的行动内驱力。耘乐班开展丰富的劳动活动，如校内劳动实践和"觅真园"劳动基地实践，每个同学积极参与校园卫生保洁和绿化美化、种植活动、果树养护等，让学生在具体的劳动活动中收获劳动技能、培养劳动态度、形成劳动习惯，内化劳动行为，从"我要做"，到"我乐做"，培养学生养成刻苦耐劳的劳动习惯，形成正确的劳动价值观。

躬耕力行　成就最美

◎ 广州市越秀区小北路小学　黄惠兰

根据教育部发布的《义务教育劳动课程标准（2022年版）》，劳动课从早先的"综合实践活动课程"中完全独立出来，正式成为中小学的一门课程，可见劳动教育的重要性。我牢牢把握这个契机，在劳动教育这片乐土上耕耘得有声有色。

我校的劳动特色教育围绕"小农田"展开，充分利用教学楼天台场地开设了多块"小农田"。早在2019年10月，我就带领孩子们率先在校区楼顶天台上，分区、分季种植农作物。四时八节、朝暮勤至，通过亲手翻土、育苗、施肥、除草、灭

黄惠兰

虫、浇灌、收成，直观地发现自然生命的成长规律，在农作中逐渐掌握劳动技能。此外，我还不断拓展丰富小农田活动内涵——随季节更替种植品种，让孩子感受四季的变化轮转；教孩子们用草木灰制作肥料，从小培养绿色环保理念；让大家把收获的蔬果带回家制作菜品，与爸爸妈妈一起分享劳动成果；将劳动实践活动和学科教育有机结合，鼓励孩子们将劳动感受写入文字，集结成《小农田躬耕记》纪念册，为孩子们留下珍贵的回忆。

在种着各类农作物的小农田里，你常能看到孩子们化身为一个个"庄稼人"，挽着裤腿，撸起衣袖，在小农田里挥洒汗水。劳动后我常鼓励孩子记录农耕场景和体会，以下几段摘自同学们在作文中所描述的劳动场景：

"'同学们跟上，今天中午我们去锄草。'在黄老师一声号召之下，同学们立即行动起来，跟着黄老师来到天台小菜园。我们抖擞精神，细心地将这些'捣乱'的杂

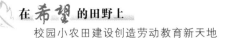

草一根根拔了起来，免得它们吸收了我们耕种的农作物的营养以及水分。烈日当空，太阳公公毫不留情地洒下炙热的光芒，才劳作了一会儿，老师和同学们都已满头大汗，但是谁也不在乎，依旧是欢声笑语。

"'走，同学们，今天我们去打扫天台。'黄老师兴冲冲地喊道，原来我们每天到小菜园里翻土锄草，在天台地板上留下了许多污泥，于是平常淑女范十足的黄老师立马变了装，换下高跟鞋，戴上农夫帽，带领我们这群小农夫出发了。"

"今天我们的黄美人又带我们去我们的秘密基地小菜园去干农活了。一来到菜园，这菜园的'守护者之一'太阳公公就发出了连草帽都难以抵挡的热情，只见我们穿着时尚的黄美人农民带着她可爱的大风扇，对我们说：小农民们！快干活！今天我们的主要任务就是浇水，大家一起行动起来！我们有的拿起水壶，有的拿起水管，开始浇水行动，我双手提着沉甸甸的水壶，来到试验田前，开始给蔬菜们发放我沉甸甸的爱，'嘿嘿，小可爱们，好好喝水吧，喝得越多越好……'蔬菜们乖巧地接受着'爱的洗礼'，仿佛在说：啊！被太阳公公晒了那么久，终于有水喝了，好舒服啊！谢谢小主人。"

"移植中草药了，我们迈着欢快的步伐，再一次来到我们的秘密基地——天台小菜园。我们两人一组拿着小树苗，把外面的包装拆开，在泥土中挖个坑埋进去，再把土埋平，小树苗就顺利移植成功了，我们充满期待地看着小树苗，等待着丰收的那一天。"

字里行间无不透露着孩子们对劳动的热爱。

在引导孩子动手、记录的过程中，我也采取合适的评价机制鼓励孩子。我会根据孩子们日常的劳动表现颁发劳动特色章，待到期末再颁发班级劳动奖章。学期末，当我把金灿灿的班级劳动奖章挂在孩子胸前时，每个孩子脸上都挂着自豪的笑容，我能从中感受到了劳动带给他们的快乐和成就感。

这样劳动实践转眼一干就快五年了，一千多个日子里从未间断。作为教师，能借助天台上那小小的菜园，领着孩子们通过实实在在的付出与收获成为劳动最光荣、劳动最崇高、劳动最伟大、劳动最美丽的践行者，我无比骄傲，因为我不仅教孩子读书，还让孩子从小就明白自己动手，出力流汗，丰衣足食的道理，懂得"幸福生活是奋斗出来的"的真谛，这些都是能让孩子终身受用的教育。

多彩小农田，师生共成长

◎ 广州市增城区永宁街第二小学　湛芷珊

从踏上教育工作岗位以来，多样的教学经历让我深深体会到劳动教育工作的艰辛与重要。作为一名年轻老师，我工作踏实认真，积极寻求教育得当方法，在2022年被评为永宁街"优秀教师"。2023年本人执教的劳动课获学校"雅乐杯"课堂教学比武大赛二等奖，同年被评为广州市增城区永宁宁西劳动教育优秀指导老师。本人指导洪艺鑫同学获广州市增城区永宁宁西劳动教育优秀劳动小能手。执教以来，承蒙学校领导重视，科组长带领，本人积极参与到学校劳动科组建设中，在小农田

湛芷珊

建设方面贡献力量，积极探索以"展示馨雅风采，感受劳动快乐"为主题开展的劳动实践活动，旨在通过劳动、实践等方式，培养学生的劳动素养。在2023年永宁宁西片区小学"学校劳动周"成果评选活动中，主题为"展示馨雅风采，感受劳动快乐"的视频作品获一等奖；指导多名学生获一等奖、二等奖，获"校园劳动小模范""劳动小能手"称号。

一、创造农田劳动空间，走进农田开展种植

学校将"馨雅田园"劳动实践基地的土地"分包"给六个年级，我带领学生在年级的"承包地"里种植一些时令蔬菜、瓜果，做到春秋两季合理规划种植。买种子、播种子、松土、培土、除草、除虫、浇水、施肥……整个过程中，学生在我的引导下感受劳动的奇妙，体验劳动的幸福，体会到食物的来之不易。学生在与自然的亲密接触

过程中，学到的不单单是有关劳动的技能，还有发现问题、分析与解决问题的能力，更是一种劳动价值观和态度素养的养成。在学校的统筹下，每个年级在"馨雅田园"的不远处还开辟年级花圃，我时常利用劳动课和课余时间，与学生维护年级花圃，力求将农田花圃种植维护课成为学生的必修课，让德育工作建设拓展到了种植地里。

二、探索学科融合路径，参与农田推进工作

在业务上，我积极利用各种机会，学习教育教学新理念，钻研教材教法，坚持不懈地进行"自我充电"。要与时俱进，坚持不懈学习探究教学新理论新实践，才能更好推进学校小农田建设，在此理念的推动下，我积极参加学校每一次教研活动，努力备好课，写好反思。在增城区教师发展中心开展小学教育教学集体调研中，本人主动担任劳动教育的课例教学任务，该课例被增城区教研员李元元老师评为优秀课例。

三、引导学生走近观察，指导学生管理农田

本人设计的课堂灵动活跃，找到适合孩子们的教学方法，让孩子们爱上劳动课堂，然而劳动教育不仅在课堂中，更在生活中，在日常里。在学生日常学习生活中，我还设计了丰富多彩的活动，根据学生实际情况选材，特别是开展了"岗位责任小能手"的竞赛活动，让学生在课余时间分组到小农田观察、维护自己亲手种下的劳动成果。"我们种的冬瓜又大了；我发现叶子有些蔫，应该是天太热了我们得去浇些水……"同学们管理农田的热情日益高涨，学生通过劳动教育从他律转变为自律，沟通能力与动手能力都有明显提升。

四、采摘收获共同分享，延续劳动喜悦成果

每到收获的季节，我还组织分享成果会，在紧张的学业中，把同学们的劳动成果带进课堂。同学们将青瓜、西瓜、辣椒等亲手种在小农田的作物在课堂上一一展示，同时讲述自己对这些小农田作物的观察与种植感受。我还让学生动手制作自己挥洒辛勤汗水收获的食材，令学生深刻体会劳动的幸福。

老师是学生劳动课堂的引导者，是对学生进行劳动教育的组织者，是青少年成长过程中的引路人。校内劳动实践小农田建设，营造了崇尚劳动的社会氛围，让学生在动手实践、出力流汗中，播撒崇尚劳动的种子，接受艰苦劳动的锻炼，养成劳动的习惯，涵养不懈奋斗的精神。我们收获用汗水换来的多彩硕果，体验"幸福都是要靠辛勤的劳动来创造的"。

千金百草　五育相得

◎ 广州市南沙区榄核中学　马雪俏

马雪俏

　　我是来自著名音乐家冼星海故里榄核镇的一名中学音乐高级教师。2016年的某一天，崔海生校长站在校长室的窗旁，指着窗外不远处的篮球场对我说，日后在此划分一亩多的园地，种植中草药等草本植物，园内设计形状如同一个封闭的剧院、一个迷宫中心，又或者是一个被层层包裹的洋葱内核。校长饶有兴致地拿起他亲自设计并命名的园地图纸向我解说，眼中充满着对未来的美好憧憬。

　　接着校长来到室外走廊，指着一楼大堂两侧的草地，规划在未来几年内建两个场馆，其中一个是中医馆。借助广东省中小学校长联合会霍英东鹤年堂中医城建立"中医药文化进校园"特色学校的契机，校长希望将中医药这项中华优秀传统文化融入学校"玉成"教育课程体系中，计划在校内开设中医药校本课程，问我是否愿意去做此课程的开拓者。听到校长的这一番话，身为学习传统中医文化的爱好者，我深深地感动，校长拥有一颗赤诚的心，对学校教育有着长远的规划和思考，我仿佛看到了未来传统文化的希望和崛起，做课程的开荒牛实在是义不容辞。这便是榄核中学"千金百草园"种植基地的缘起。

　　2017年3月，榄核中学正式成为广州市首批"中医药文化进校园"特色学校暨C-STEAM项目首批示范基地，我的工作重心开始从音乐老师慢慢转型为中医老师，负责将中医药文化知识纳入学校的课程体系，将中医药文化渗透到学校传统文化教育和健康教育当中，增进师生对中华优秀传统文化的了解和传承传统中医文化。同事们都笑言我"不务正业"。

中医课程在七年级开展，每周一节常规课。我把一个地理功能室改造成为一个有中医元素和氛围的专用场室，充分利用墙上原有的中国地形图，指导学生观察国家地理的南北差异和东西走向的地势而导致气候的不同，从而认知这些因素是会对人的身体产生不同的影响。学生自己动手在墙体张贴中药百子柜和药名，远看去效果逼真，仿佛置身于中医馆。学生在课前还可以在课室内学习到不同中药的名字和药性；人体经络挂图让学生认知人体的结构和经络循行路线。一切布置妥当后这里便成为日常上中医药课程的专用教室。

作为课程的主编和主讲，我的教学理念是在玩中学习，课程内容以二十四节气为主线，通过"见、闻、觉、知、做"五个方面，把节气文化内涵、中医基础理论知识、古今名中医高尚医德、中草药的故事等方面内容渗透到日常教学和生活当中，学唱节气歌、春分立鸡蛋、节气膳食文化、缝制四季香囊、讲好中医故事、练手指操五禽戏等。这些课堂内容都是在传播中医文化的中医室内完成，而"千金百草园"这一亩三分地便是学生们户外实践的乐园，规划园内农田建设、种植与维护顺理成章成为我工作的一部分。

早期园内小农田的泥土砂石多，植物不易存活，于是我在课堂组织学生进行劳动大比拼，捡石头、换泥土、搭棚架、植树苗，里面的一草一木都是历届学生的参与建设、完善补充才有今天的景观。我依据植物种类、特性将区域划分为凉茶区、药膳食用区、香草区等，根据季节变化适当更换不同的草本。园内分地种和盆种植物，安排并落实到七、八年级各个班级，定期由各班的劳动小组进行种植、管理和收获等，利用中草药小研究校本课程指导学生学习种子的培育、发芽、土壤改良、科学施肥、制作五花茶和艾糍等，让学生的动手能力、实践能力、种植技能、个性发展、科学创新意识及创新能力都得到锻炼和培养。

我们将二十四节气名称刻在园内东南西北四个不同方位的地板砖上，融入春生、夏长、秋收、冬藏的自然规律当中，巧妙的种植布局，生机勃勃的岭南中草药，芬芳的花草香、缤纷的色彩和更迭的季相调动着人们的感官，让同学们在学习的同时也能沉浸在美丽的大自然当中。

2023年1月6日"杏华堂"中医药主题活动馆正式投入使用，榄核镇中小学"1+N"特色项目品牌建设成果展示活动在此举办。在我的引领下，中医药文化特色课程融合美术学科，指导学生进行抄药方、描草本、扎染、篆刻等多种传统工艺制作，利用百草园种植的鸡蛋花、玫瑰花等花晒干后制作五花茶，采摘新鲜艾草制作青团……这些与中医药有关的成果展示得到上级部门领导的充分肯定，更加坚定了我多年来开发中医药课程进行学科融合的想法。

2023年5月25日，广州市南沙区新课标下的中医药种植课例研讨活动在"杏华堂"举行。我向参会人员介绍千金百草园劳动基地的建设，主要从"组织领导、园地建设、日常教学实践、成果展示、建设总结"五大方面进行经验分享，区劳动课程教研员对千金百草园的建设给予了高度的评价和肯定。接着我上了一节"千金百草，闻香服气"课例，教学中用到的香茅、艾草等材料也是取材于园内。课堂旨在让学生合作动手碾香及缝制香囊，体验古人称药和辗药的劳动情景，让学生认识闻嗅药物之气治疗疾病的中医特色疗法，传承中医文化传统手艺。广州市劳动专委会理事高度赞扬课例的实践性与实效性，用"芳香四溢、心旷神怡"两个词来评价，芳香的课堂来自领导的高度重视、教师的高度投入和学生的课堂实践。

中医药文化特色课程融合了劳动教育、艺术教育、综合实践活动多种形式实施，中草药种植课程同时也可以作为中华优秀传统文化进校园、劳动教育新课程标准与跨学科教育融合的多元化课程开发的结合点，逐渐形成了具有揽核中学鲜明特色的品牌教育项目，成为探索学校劳动教育特色发展新路径。

05

第五部分

影像篇

图1　广州市番禺区市桥新世纪小学：番禺区农技推广办公室专家为学生讲解插秧技术

图2　广州市番禺区钟村谢村小学：为节瓜搭出漂亮而且稳固的棚架

图3　广州市星执学校：学生在老师指导下为小农田插上班牌

图4　广州市星执学校：学生在小农田开展田间管理实践活动

图5　广州市番禺区石楼镇海鸥学校：学生劳动场景

图6　广州市海珠区昌岗东路小学：校园小农田的稻谷成熟了，师生合力收割稻谷

图7　广州市海珠区梅园西路小学：学生体验丰收的喜悦

图8　广州市海珠区梅园西路小学：学生进行田间除草

图9　广州市海珠区江南新村第二小学：老师带领孩子们观察薄荷

图10　广州市第九十七中学蓝天学校：师生共同浇灌蔬菜

图11　广州市海珠区客村小学：劳动+数学融合课堂

图12　广州市海珠区南武小学：亲子共耕种

图13　广州市江南外国语学校："智慧+躬耕园"一角

图14　广州市荔湾区林凤娥小学：举办"庆丰收　迎盛会"2022年"中国农民丰收节"庆祝活动

图15　广州市荔湾区林凤娥小学：采摘番薯叶

图16　广东实验中学荔湾学校第一小学部：岭南蔬果园丰收的南瓜（之一）

图17　羊城铁路总公司广州铁路第八小学：六年级学生在班级负责的小农田上进行田间管理

图18　羊城铁路总公司广州铁路第八小学：社区居民到校指导学生进行田间管理

图19　羊城铁路总公司广州铁路第八小学：白瓜苗在阳光下吐蕊

图20　广州市从化区江埔街罗洞小学：学生正在校园小农场进行除草劳动

图21　广州市从化区江埔街罗洞小学：学生劳动场景

图22 广州市从化区街口街沙贝小学：学生开展果园建设

图23 广州市从化区街口街沙贝小学：学生在栽培果树

图24 广州市从化区街口街沙贝小学：学生采摘胜利的果实

图25 温泉镇石海小学：教师指导学生在劳动基地进行实践

图26 温泉镇石海小学：学生悉心照料庄稼

图27 温泉镇石海小学：劳动基地玉米大丰收

图28 温泉镇石海小学：学生收获沉甸甸的果实

图29 广州市从化区流溪小学：我与蔬菜共成长

图30 广州市从化区西宁小学：收获

图31 广州市花都区新华街棠澍小学：耕读为乐 劳作至美

图32 广州市花都区新华街棠澍小学：浇水灌注希望

图33 广州市花都区新华街棠澍小学：硕果累累

图34　广州市花都区新华街第七小学：丰收啦

图35　广州市南沙区北斗小学：
收获满满

图36　广州市南沙区莲塘小学：我和蔬菜共同成长

图37　广州市南沙区莲塘小学：一年级学生到基地农
耕劳作

图38　广州外国语学校附属学校：收获

图39　广州市南沙区南沙小学：丰收

图40　广州市天河区前进小学：五年级学生在拔草

图41　广州市天河区前进小学：学生在测量水稻

图42　广州市天河区新塘小学：学生在菜园里种下自己喜欢的蔬菜

图43　广州市天河区长湴小学：学生正在测量班级种植基地的面积

图44　广州市天河区长湴小学：学生正在为土豆铺地膜

图45　广州市越秀区东川路小学："椒椒"有新意

图46　广州市越秀区署前路小学：勤做细耕喜种田

图47　广州市越秀区署前路小学：幸福小农人

图48 广州市第十六中学实验学校：学生给玉米人工授粉

图49 广州市第十六中学实验学校：快乐播种

图50 广州市第十六中学实验学校：收获的喜悦

图51 广州市第十六中学实验学校：种植水稻